国家古籍整理出版专项经费资助项目

讀古人書

朱天曙

读古人书之

孟子

邵永海 ◎ 著

北京大学出版社

图书在版编目(CIP)数据

读古人书之《孟子》/邵永海著.—北京:北京大学出版社,2018.11

ISBN 978-7-301-29973-9

Ⅰ.①读… Ⅱ.①邵… Ⅲ.①儒家 ②《孟子》-研究 Ⅳ.①B222.55

中国版本图书馆CIP数据核字(2018)第234212号

书　　名	读古人书之《孟子》 DU GUREN SHU ZHI MENGZI
著作责任者	邵永海　著
责任编辑	武　芳
标准书号	ISBN 978-7-301-29973-9
出版发行	北京大学出版社
地　　址	北京市海淀区成府路205号　100871
网　　址	http://www.pup.cn　新浪微博:@北京大学出版社
电子邮箱	编辑部 dj@pup.cn　总编室 zpup@pup.cn
电　　话	邮购部010-62752015　发行部010-62750672 编辑部010-62756449
印　刷　者	北京中科印刷有限公司
经　销　者	新华书店
	850毫米×1168毫米　32开本　13.25印张　300千字 2018年11月第1版　2024年4月第3次印刷
定　　价	68.00元

未经许可,不得以任何方式复制或抄袭本书之部分或全部内容。
版权所有,侵权必究
举报电话:010-62752024　电邮箱:fd@pup.cn
图书如有印装质量问题,请与出版部联系,电话:010-62756370

前　言

孟子名轲,战国中期邹人。其生卒年代大致为前372年—前289年。他比孔子晚了一百多年,基本上继承了孔子的思想体系,是战国时期儒家学派的代表人物。

孟子生活的时代,诸侯国之间的兼并战争日趋惨烈。当时策辩之士奔走于各诸侯国之间,纵横捭阖,游说君王,都企图让君王接受其主张,实现一统天下的目标。孟子也周游列国,大力宣扬自己的仁政学说,却始终不得志。于是在晚年回到家乡,退居讲学,著书立说,直至去世。

一

孟子幼年丧父。其母仉（zhǎng）氏非常注重对他的教育。《史记·孟子荀卿列传》言孟子"受业于子思之门人"。东汉赵岐《孟子章句·题辞》中称孟子"幼被慈母三迁之教,长师孔子之孙子思"。东汉应劭《风俗通》也说孟子"受业于子思"。唐代韩愈《送王秀序》认为孟子思想得之于子思,子思得之于曾子。

孟子一生的主要活动内容是游说诸侯,宣传他的行王道、施仁政的政治主张。《史记·孟子荀卿列传》关于孟子的记载极尽简易,述其生平有两条主要线索:一,"游事齐宣王,宣王不能用。适梁,梁惠王不果所言,则见以为迂远而阔于事情。"二,"而孟轲乃述唐、虞、三代之德,是以所如者不合。退而与万章之徒序诗书，述仲尼之意，作《孟子》七篇。"

由《孟子》一书可知，孟子游说的对象主要是齐、魏和滕三国的君王，另外还包括宋、邹、鲁等诸侯国。

他第一次到齐国，应是齐威王在位时。《孟子》一书记载了孟子在齐的两件事，一是与名气不大、传言不孝的匡章交游，一是回答了陈臻的问题。

宋王偃声称要兴仁政，孟子于是离开齐国赴宋国。《孟子》记述孟子在宋的事情，有《孟子·滕文公》中的三章，共"兴仁""荐贤""征税"三事。

《史记·宋世家》记宋王偃乃淫逸酒色之徒，而《孟子·滕文公》载万章问孟子："宋，小国也；今将行王政，齐、楚恶而伐之，则如之何？"与《史记》所记不同。孟子观察到宋王偃身边尽是逸佞之臣，曾向宋国大夫戴不胜提出应该为宋王建设向善的环境。孟子离开宋国返回邹国，是因他认为宋王偃无贤臣而导致朝政污浊，根本不可能实施仁政。

孟子回到邹国时，正值邹、鲁两国发生冲突，邹国百姓眼看官吏们纷纷战死，却漠然旁观。邹穆公为此征求孟子的看法。孟子告诉穆公，邹国官吏平时作威作福，根本不关心百姓的疾苦；因此当发生危难的时候，百姓自然也不可能为君王献身。孟子此言惹怒穆公，于是离开邹国前往鲁国。鲁平公刚刚即位，任用孟子学生乐正克掌管政事。因平公宠臣臧仓诋毁，平公不用孟子。孟子慨叹，离开鲁国，到了滕国。

孟子在宋国的时候，曾两次见到滕国太子即后来的滕文公，主要谈性善的问题。滕文公接受了孟子的思想，继位之后推行仁政，实施礼制，兴办学校；贤君善国，声名远播。孟子在滕国,向滕文公详细阐明其仁政学说中的经济主张,包括行井田、什一之税,论述小国事大国应秉持的原则,与农学家派的陈相辩论,主张"劳心者治人,劳力者治于人"。

孟子自滕国前往魏国时已年逾七十。在魏国,他多次向梁惠王阐述其仁政学说。孟子到魏国的第二年,惠王去世,襄王即位。孟子与之接触后很失望,于是离开魏国,重返齐国,居稷下学宫,齐宣王给予大夫职位。宣王问"齐桓、晋文之事",孟子大谈仁政。后齐、燕两国发生战事,宣王在这一事件中没有接受孟子的建议,导致齐国大败。孟子便辞去大夫之职,返回邹国。

二

《史记·孟子荀卿列传》称孟子在游历齐、魏诸国,确定其仁政主张不会被诸侯接受之后,"退而与万章之徒序诗书,述仲尼之意,作《孟子》七篇"。这一说法为后世采信。如东汉应劭《风俗通义》:"孟子去齐,又绝粮于邹薛,因殆甚,退与万章之徒叙诗书、仲尼之义,作书内外十一篇。"我们接受司马迁的说法,《孟子》一书是孟子在周游列国而始终不得志之后,于晚年退居讲学时与弟子共同完成的。孟子去世后由弟子编定成书。

下面择要介绍另外三种观点。

东汉赵岐《孟子题辞》认为:"此书孟子之所作也,故总谓之《孟子》。"后世学者从不同方面论证《孟子》一书系出自孟子之手。宋代朱熹从文章风格前后一致性上论证《孟子》为孟子自作:"《论语》多门人弟子所集,故言语时有长长短短不类处;《孟子》疑自著之书,故首尾文字一体,无些子瑕疵。非是自下笔,安得如是否?""观七篇,笔势如镕铸而成,非缀辑可就。"

清代焦循《孟子正义》指出:元人何异孙《十一经问对》言《论语》乃诸弟子集善言而编成集,故称《论语》而不曰《孔子》;《孟子》则为孟轲所自作之书,如《荀子》,故谓之《孟子》。清代阎若璩注意到《孟子》没有像《论语》一样记述孔子形容举止的文字,证明此书为孟子自著。《孟子生卒年月考》:"《论语》成于门人之手,故记圣人容貌甚细;七篇成于己手,故但记言语出处耳。"晚清魏源亦从同样的角度加以证明,《孟子年表考》:"七篇中无述容貌言动,与《论语》为弟子集记其师长不类,当为手著无疑。"

唐代韩愈提出《孟子》乃万章、公孙之徒在孟子死后所记述。唐代张籍予以附合。宋人苏辙亦表示赞同。宋代晁公武《郡斋读书志》首次对这一观点作了证明。他说:"按此书韩愈以为弟子所汇集,非轲自作。今考其书,则知愈之言非妄也。书载孟子所见诸侯皆称谥,如齐宣王、梁惠王、滕定公、滕文公、鲁平公是也。夫死然后有谥,轲著书时所见诸侯不应皆死,且惠王元年至平公卒,中间七十年矣,王因称之叟,彼已老矣,决不见平公之卒也。"清代崔述《孟子事实录》从另外两个方面作了论证:"《孟子》七篇之文,往往有疑义者,如'禹决汝汉,排淮泗而注之江',伊尹'五就汤,五就桀',皆与事理未合,若孟子自著,不应疏忽如是。""七篇中孟子门人多以'子'称之,如乐正子、公都子、陈子、高子等,不称子者无之,果孟子所自著,恐未必自称其门人皆为'子'。细玩此书,盖万章、公孙丑等所追述,故二子问答之言为最多,而二子在书中也都不以子称之。"清人周广业《孟子出处实地考》注意到:"此书叙述数十年之行事,综述数十人之问答,断非集自一人之手。"

三

清代方宗诚《论孟子文法》说:"凡读一书,须得其宗旨。仁义二字,是七篇宗旨。无一章一言非发挥此也。性善是仁义之原头,尊王黜伯、辨异端、崇圣学,皆是扶持仁义也。"比较准确地概括了孟子思想的宗旨和框架。

孟子力主性善论,认为人性本善,包括人的社会本性如恻隐之心、羞辱之心、辞让之心、是非之心四种德性,也是与生俱来的。由此引申出两个重要命题:一是人的善性需要思考和发见,需要不断修养保护,否则便可能失去其本性;二是人应当扩充和推广自身的善性,从而成为具有仁、义、礼、智四种美德的君子。

孟子的性善说是他仁政思想的理论基础。孟子继承和发展了孔子"先富后教"的政治理念,明确阐述了民为邦本的思想,提出了系统的仁政学说。他认为,仁政的核心是善待百姓,通过行仁政得到百姓的拥戴,这是君主、政权、国家存在的价值和基础,反之,权力便成为祸害百姓的罪魁。具体的政治措施包括:首先要养民、保民和教民,即让百姓有比较充足的物质生活保障,在此基础上再通过引导和教育,提高百姓的道德水平。其次,孟子强调要尊贤使能,使俊杰在位;减轻或免除各种赋税。孟子认为,只有实行仁政,才能真正达到政治清明、社会太平、百姓富足的目标。从提倡仁政出发,孟子反对霸道,反对以暴力取天下,反对战争。

孟子继承了孔子的天命说，认为天命决定社会上的一切。孟子的教育思想大体上也是来自孔子，主张因材施教；重视感化，即师者应以身作则，行不言之教。孟子在文学方面没有专门的系统论述，但他提出的"以意逆志"和"知人论世"两种主张，对后世的文学批评影响深远。

综观《孟子》全书，孟子围绕仁政学说，发表了诸多关于人性、社会、政治、思想、历史等问题的观点，其中多有闪耀着人道主义和理想主义光辉的精彩论断和创新思想。孟子并非不食人间烟火的愚腐之人，相反，他对当时的社会现实有极深切的洞察和清醒的认识，并深入到权力的本质进行思考。在当时的时代背景下，并不存在限制权力所需要的制度设计的可能性，也缺少相关的思想资源。因此，他继承孔子的仁学思想，从社会和生活的常识出发，提出仁政学说，试图以此改变权力的品质。两千多年前孟子能够有这样的思想，已是极为难能可贵；孟子"民为贵，社稷次之，君为轻"一语，更是石破天惊，成为两千多年历史进程中的绝响。

孟子强调士人的思想独立和精神自由，强调士人的人格尊严，认为士人追求并掌握真理和大道，从而拥有了与傲慢的权力平等对视的资格。阅读《孟子》，人们会不由自主地被孟子的浩然正气所感染。正是这种浩然之气，使他的文章显示出雄浑博大的气势。正如清代方宗诚《论孟子文法》所言："诸子之书，理纯义正，气盛词达，奇纵变化而语不离宗，未有如《孟子》者也。"

四

就总体而言,《孟子》的体例是问答体。全书条理性较强,但又不能通篇连贯,因而需要借助于问答体。在辩论体的说理文的发展史上,《孟子》具有创始者的地位。

方宗诚《论孟子文法》曾分析《孟子》一书的结构:"七篇之中,前数篇论治体治法之文多;中数篇伤时道古之文多;末数篇直指心体、著明性善之文多。前数篇文字,多发皇气象,光焰百丈;后数篇文字,多纯粹,去孔子气象不远。盖孟子前时是在知言养气上用功,又有经世之志,故发出气象如彼。后来知世不可为,专在尽心知性、存心养性上用功,故发出气象又自不同。即文辞气象亦可见古人进德无时而已也。"又说:"《孟子》之文,一段有一段之章法,一章有一章之章法,又有连数章是一章,又有连一篇是一章。章法者,所谓大营包小营也。分观合观,无所不妙。其开合纵横,虚实先后,起伏照应,线索串插,极齐整亦极变化,无非是义理精熟,一以贯之之妙。"这些论述,对今人阅读《孟子》一书,仍具有启发和参考作用。

本书秉承"读古人书"系列丛书的宗旨,选取《孟子》的经典段落,详加注释,逐句翻译,最后予以深入浅出的解说,兼顾古籍整理的专业性和普及读物的趣味性、可读性。在择取原文段落时,首先考虑应努力呈现孟子的思想宗旨和不同侧面,其次照顾到文义的自足完整。有些篇章如《梁惠王上·齐桓晋文之事》,原文篇幅较长,但因在该章中孟子深入论述了他的仁政主张，同时充分地展示了其论辩技巧，于是离析为若干篇目分别阐释，阅读时仍宜连为一体。注释部分不避重复，以方便读者利用碎片时间将每篇作为独立的对象进行阅读；同时注意说明在特定语境下较为特殊的语用现象，以利于读者更准确细致地理解原文。

  本书在写作中得到杨逢彬教授、孙玉文教授的热诚帮助，万群、王先云、雷瑭洵、许典琳、张嘉悦等诸友生对每篇文章都认真审读指正，谨向他们表达诚挚的谢忱。

目　　录

一、人性善与仁爱之心

1. 种树与养身　2
2. 与人为善　4
3. 大人和小人　6
4. 言与不言　10
5. 舜的泰然　13
6. 鸡鸣而起　14
7. 芸己之田　16
8. 关于一名道德楷模的评价　18
9. 不忍之心　24
10. 求放心　29
11. 良贵与人所贵　31
12. 距人于千里之外　34
13. 自暴自弃　37
14. 孰能事亲若曾子？　39
15. 五种不孝　42
16. 父子之间不责善　44
17. 谨慎择业　47
18. 人人可以为尧舜　50

二、仁政的理念与设计

1. 仁者无敌　56
2. 仁与不仁　61
3. 得民心者得天下　63
4. 尽信书不如无书　67
5. 五十步笑百步　70
6. 保民而王　77
7. 君子远庖厨　82
8. 不能和不为　86
9. 推恩　90
10. 缘木求鱼　93
11. 仁政的效用　97
12. 恒产与恒心　101
13. 民弗去　104
14. 引领而望　106
15. 一暴十寒　109
16. 政客的拖延症　112
17. 民可使富　115

三、民、社稷与君—孟子政治学

1. 天下国家　120
2. 民为贵　122
3. 为民父母？　124
4. 孟子的微言大义　128

5. 王霸之争　130

6. 文王的园林和宣王的园林　133

7. 谁能救民于水火？　135

8. 自作孽不可活　140

9. 率土地而食人肉　143

10. 糜烂其民的君王　146

11. 君正莫不正　149

12. 君王的能耐　151

13. 得道多助，失道寡助　154

14. 罪人　158

15. 逢君之恶　162

16. 惠名昭著的子产　167

四、致君尧舜上

1. 厨子伊尹　172

2. 视民如伤　177

3. 规矩　180

4. 王顾左右而言他　187

5. 与民同乐　190

6. 殷鉴不远　193

7. 臣之四品　197

8. 齐宣王问卿　199

9. 厉民以自养　202

10. 率天下而路　206

11. 尧舜之治　211

12. 相率而为伪 215

13. 鲁平公与他的男宠 218

14. 学说齐国话 223

15. 善不可失 226

16. 人性向善 230

五、反求诸己—修身与为政的统一

1. 茅塞顿开 234

2. 习焉不察 236

3. 出尔反尔 238

4. 各得其所 241

5. 无名之指 243

6. 敬人者,人恒敬之 246

7. 机变之巧 249

8. 思诚 251

9. 万物皆备于我 254

10. 有错不改 256

11. 自求多福 260

12. 君王之罪 263

13. 虽千万人吾往矣 266

六、义利之辨与处世哲学

1. 天下熙熙,皆为利来 274

2. 贱丈夫 276

3. 曾经沧海难为水 282

4. 男女授受不亲 284

5. 冯妇搏虎 287

6. 闭户 290

7. 以邻为壑 293

8. 弟子提问,孟子为何不答? 295

9. 侮夺人之君 297

10. 交友之道 299

11. 右师不高兴 305

12. 礼与食色 308

13. 何必曰利? 311

14. 舍生取义 315

七、人的尊严与士的使命

1. 独善其身 322

2. 无以小害大 325

3. 天爵与人爵 328

4. 大丈夫 331

5. 牛羊茁壮 334

6. 声闻过情 336

7. 进锐退速 339

8. 揠苗助长 340

9. 贤士的姿态 343

10. 孟子的底气 345

11. 君子入仕的前提 347

12. 孟子的不臣之论 350

13. 君子何养？　355

14. 狂狷与乡愿　359

15. 齐人之福的背后　362

16. 无耻之耻　365

17. 豕交兽畜　367

八、孟子的心声

1. 圣之清者　372

2. 圣之和者　375

3. 圣之时者　378

4. 孔子之为孔子　382

5. 君子三乐　385

6. 知人论世　387

7. 时雨化育　389

8. 不合时宜的孟子　391

9. 浩然有归志　393

10. 舍我其谁　397

附录

《十三经注疏·孟子注疏》与本书篇目对照表　401

参考文献　407

一、人性善与仁爱之心

1. 种树与养身

原文

孟子曰:"拱把之桐、梓,①人苟欲生之,②皆知所以养之者。③至于身,而不知所以养之者,岂爱身不若桐、梓哉?④弗思甚也。"⑤(《孟子·告子上》)

注释

①拱:两手合围,常用以表示物体的粗细大小。《说文》:"拱,敛手也。"把:指可用一只手握住的粗细。桐:梧桐树。梓(zǐ):梓树。按:桐木和梓木是比较珍贵的木材,常用来制作琴瑟和棺材等。②苟:假如。生之:使之成活。③皆:都,这里用"皆"总括宾语"所以养之者"。所以养之者:用来养护树木的方法。④岂:副词,表示反问,难道,怎么。不若:不如。⑤弗思:不之思,不思考这些问题。甚:过分,严重。

译文

孟子说:"一只手或两手就能围起来的梧桐和梓树,人们假如想要让它们成活,那么各种用来养护树木的方法就都能了解清楚。到了人自身,却不懂得用来养护身体的方法。怎么爱惜自身反倒不如爱惜梧桐和梓树啊?真是太没脑子了。"

解说

在《告子上》中,孟子论证了人性善的学说,并进一步阐述了后天修养的重要性。人的善性是与生俱来的,可是如果不注意保持,这种善性会被蒙蔽、被侵蚀,最终许多人便失去了自身的天赋善性。

孟子注意到,物欲横流是造成人心向恶的重要原因。因此,他从不同方面反复陈说,个体生命的价值首先在于精神层面,而不在于物质层面。在现实生活中,人们往往更注重物质的追求,而忽略人自身,特别是自己的心灵世界。

在孟子的话语体系中,养身不仅指保养自己的形体。身是内在精神与外在形体的整体,养身包括而且主要是指修养自己的内心,从而形成健全的人格。他认为,一个人只有做到"居仁由义",才能使自己的心灵有可靠的寄托,不会走向堕落。他说:"吾身不能居仁由义,谓之自弃也。"

为什么人们可以精心养育、呵护自己种植的树木,却不能用同样的态度去爱惜自己宝贵的身体呢?为什么有人会为了追求名利而不顾及道义,甚至连人格和生命都可以放弃呢?孟子用"弗思甚也"评论这一现象,似乎失于简单化。不过,他由此揭示了人性中的一个重要问题:人会成为贪欲的奴隶,更会成为观念的奴隶。在这方面,孟子的认识远不及庄子深刻、透辟。

2. 与人为善

原文

孟子曰:"子路,①人告之以有过则喜。禹闻善言则拜。②大舜有大焉,③善与人同,④舍己从人,⑤乐取于人以为善。⑥自耕稼、陶、渔以至为帝,⑦无非取于人者。取诸人以为善,⑧是与人为善者也。⑨故君子莫大乎与人为善。"⑩(《孟子·公孙丑上》)

注释

①子路:字仲由,孔子的弟子。②禹:传说中古代的圣王,曾奉舜命治理洪水,后来建立夏朝。善言:有益之言,好话。拜:行揖拜之礼,表示恭敬和感谢。③舜:传说中古代的圣王,史称虞舜,后来让位给禹。有:通"又"。大焉:大于是,比子路和禹的作为更大,即超过了他们。④同:偕同,共同。善与人同,在向善的方面跟人们偕同,即跟他人一起向善。⑤舍己:放弃自己。从人:跟随别人。舍己从人,是说在与他人一起向善的过程中,看到自身的不足,能够主动放弃自己的私见,转而向别人学习。⑥乐:以……为快乐。取于人:从别人那里吸取(长处)。为(wéi)善:字面上可以理解为行善,实际包含的意思比"行善"更丰富,包括培养个人的善性并引导社会向善的风气。⑦耕稼:翻土犁地和种植谷物,泛指种庄稼。陶:动词,制作陶器。渔:打鱼。⑧诸:"之于"的合音。⑨是:

这。与：帮助。⑩莫大乎：没有什么比……更大。

译文

孟子说："子路这人呀，别人拿他犯的过错告诉他，他就满心欢喜。禹呢，听到有益之言，就赶紧朝人家行礼下拜。伟大的舜又超过了他们，跟众人一起向善，在此过程中能够放弃自身的不足，学习他人的优点，乐于吸取别人的长处来为善；舜从种庄稼、制作陶器、打鱼，到当帝王，没有哪一点长处不是吸取自他人的。吸取他人的长处来为善，这又是在帮助他人变得更好。所以对于君子来说，他最伟大之处在于能够帮助他人为善。"

解说

《孟子》此章主旨似乎并不复杂，不过仔细体会之下，实有言简意丰之感。在古代汉语中，"善"是一个高度抽象化的概念，凡人们心中认为善良和美好的属性，都可以用"善"表述。如"善人"是向善积德的人；孔子评论《韶》乐达到了尽善尽美的境界，善、美同义，都是美好的意思，美指形式，善指内容；孟子"道性善"，是说孟子相信人的本性是良善的。与善相反的，是不善，是恶。孔子以"不善不能改"作为自己忧虑的事情。不善，指认为存在于自身的不良习惯和品性等，凡是自己感到不满意的地方都可称为"不善"。能够时时通过反省修正自身的不善，这是自我修养的重要内容。在这方面，子路做得非常出色，所以颇为后世称赞。宋代周敦颐说："仲由喜闻过，令名无穷焉。今人有过，不喜人规，如护疾而忌医，宁灭其身而无悟也。噫!"有错误、过失却厌憎别人批评纠正,讳疾忌医的结果必然是错上加错,甚至滋长更大的祸患。但是,孟子认为,对君子来说,像子路这样还远远不够。他盛赞大舜,不仅能够独善其身,而且具有推动社会向善的担当和勇气;尤其是能够舍己从人,不固执己见。正是这样的胸怀和品格,使大舜从农夫做到帝王,成为万世景仰的楷模。

孟子在此章提出了一个重要的命题:善不仅是一种私德,更是社会的公共品性。什么是善?似乎从来不必定义,而人们的心目中总有明确的衡量尺度。只是建设社会的善性是极为复杂的系统工程,恐怕不能像远古时代的大舜,仅凭个人树立榜样的办法就能够实现。一个向善的社会,首先应该对是非、善恶有共同的价值判断标准,而且这种判断标准足以规范每个人的行为。是非、善恶不明的社会是混沌的、丑陋的,一方面每个人抱着自己盲目信奉的东西攻击他人,另一方面又为了现实利益而不分是非地做乡愿,"与人为善"也就演变成只栽花不种刺的同义语,结果必然是价值观的混乱。

3. 大人和小人

原文

公都子问曰:①"钧是人也,②或为大人,③或为小人,④何也?"孟子曰:"从其大体为大人,⑤从其小体为小人。"⑥曰:"钧是人也,或从其大体,或从其小体,何也?"曰:"耳目之官不思,⑦而蔽于物。⑧物交物,⑨则引之而已矣。⑩心之官则思,⑪思则得之,⑫不思则不得也。此天之所与我者。⑬先立乎其大者,⑭则其小者不能夺也。⑮此为大人而已矣。"(《孟子·告子上》)

注释

①公都子:人名,孟子的弟子。②钧:通"均",副词,同样。是:系词,是。按:战国时期,"是"还没有从指示代词发展出系词的用法。这个例子或许是后世传抄之误。③或:有的(人)。为:成为。大人:指德行达到最高境界的人。④小人:指道德平庸、见识浅陋之人。⑤从:跟随,顺从。体:人身的各组成部分。大体:最重要的部分,指心。⑥小体:分指耳、目、口、鼻等器官。⑦官:官能,人体器官的功能。按:(宋)朱熹《孟子集注》:"官之为言司也。""官"在语义上强调一个整体各组成部分的功能。⑧蔽:掩蔽,遮挡。⑨物交物:前一个"物"指耳、目等人体感官,后一"物"指人体以外的事物。交:交接,接触。⑩引:引导,带领。⑪思:思考。⑫得之:指得到思虑的结果。思虑所得是人的想法。在本篇第六章中,孟子指出:"仁义礼智,非由外铄我也,我固有之也,弗思耳矣。故曰:'求则得之,舍则失之。'"所以,"得之"也就是得到人与生俱来的"仁义礼智"四种德性。⑬此:指代心的思考能力和运用思所得到的"仁义礼智"四心。所与我者:赋予我们的东西。按:这里"我"泛指一切人。⑭乎:介词,相当于"于"。大者:重要的方面。指人的心和运用心做的思考判断,包括思考得到的"仁义礼智"四心。立乎其大者:立身在重要的方面。也就是让重要的方面成为自己的立身之本。东汉赵岐

注:"大者谓生而有善性也,小者情欲也,善胜恶则恶不能夺。"
⑮小者:次要的方面。指耳、目等感官受到的刺激以及产生的欲念。夺:强取。小者不能夺:指耳、目等感官受到的刺激以及产生的欲念不能使人失去天赋的思考力和"仁义礼智"四心。

译文

公都子问道:"同样是人,有的成为君子,有的成为小人,这是为什么呢?"孟子说:"若是顺从自己最重要的器官就会成为君子,顺从自己的次要器官就会成为小人。"公都子说:"同样是人,有人顺从自己最重要的器官,有人却顺从自己的次要器官,是为什么呢?"孟子说:"耳朵、眼睛等并不具有思考的功能,因此会被外物所蒙蔽。耳朵、眼睛等作为不具有思考能力的物体,在与外物接触时,就会受到引诱。心的官能是思考,思考就得到人与生俱来的'仁义礼智'四心;若不使用心的思考能力,就得不到人的四心。心的思考能力和运用思所得到的'仁义礼智'四心,都是上天赋予我们的。如果一个人能先立身在重要的方面,那么就不至于因耳、目等被外物所诱惑从而失去天赋的思考力和'仁义礼智'四心。要成为君子,如此而已。"

解说

人有四肢百骸、七情六欲。在孟子看来,人首先有心,懂得思考,明白人作为人的道理,孜孜于道德修养,具备独立而有尊严的人格,这才配称为人,这样才能作为大人立于天地之间。一个人如果失去思考的能力,被本能的诱惑所支配,满足于物欲的追求，浑浑噩噩，蝇营狗苟，声色犬马，醉生梦死，他的精神生命便已经提前终结，只剩下行尸走肉留在人间。这样的人，孟子用小人称之。

孟子一直在努力追问人之所以为人的涵义，努力明确地回答什么是人的真正价值。他关注人性的尊严，努力阐明人性的力量。所以，孟子观念中的大人和小人，或者说君子和小人，在很大程度上不再与社会地位相关，而更多地与人格信仰、道德境界相关。

本章的核心词是"思"。在孟子看来，"思"既是区别大人和小人的标准，又是成为大人和小人的关键。在这一语境中，孟子事实上将"思"的语义作了纯个性化的阐释，或者说，孟子设定人的思考力是指向善性的。"心之官则思"，人们只要听从心的召唤，就能保持自身的善性。人之所以失去善性，是没有使用天赋的思考力，而顺从因感官被外物诱惑而产生的欲望，由此迷失了自己。

虽然孟子的这一论述在逻辑上是自洽的，但不可否认，其论述有把复杂的人性和社会作简单化处理之嫌。其实，心之官与耳目之官一样，都是具有欺骗性的。在被人为固化的思维模式下，按照规定好的逻辑，人们只能片面地看到自己愿意看到的表象，只相信自己愿意相信的所谓的道理。人们仿佛在思考，只是思考的结论必然是被要求的、被预先设定好的结论而已，套路而已，荒诞的思维游戏而已。

4. 言与不言

原文

孟子曰:"人皆有所不忍,①达之于其所忍,②仁也;人皆有所不为,达之于其所为,义也。③人能充无欲害人之心,④而仁不可胜用也;⑤人能充无穿逾之心,⑥而义不可胜用也;人能充无受尔汝之实,⑦无所往而不为义也。士未可以言而言,是以言餂之也;⑧可以言而不言,是以不言餂之也,是皆穿逾之类也。"⑨(《孟子·尽心下》)

注释

①忍:狠心,残忍。汉代贾谊《新书·道术》:"恻隐怜人谓之慈,反慈谓之忍。"有所不忍,有无法狠心做的事情。②达:使到达。之:指上文的"有所不忍"。③义:道义。按:所谓道义,是全社会公认合宜的道理和行为。④充:使满,这里有完全做到的意思。(宋)朱熹《孟子集注》:"推而满之也。"无:通"毋",不要。⑤胜(shēng):尽。⑥穿:打洞。逾(yú):越过,翻过。《论语·阳货》:"色厉而内荏,譬诸小人,其犹穿窬之盗也与?"穿窬之盗,就是用挖墙洞、翻墙头的手段到别人家偷东西的窃贼。⑦尔汝:先秦时代两个最常用的第二人称代词,相当于现代汉语的"你"。按照古代的习俗,只有尊长称呼晚辈或地位在自己之下的人,才使用第二人称代词。通

常情况下，平辈之间相互使用敬称。如果平辈之间用第二人称代词，则含有轻视鄙薄的意味。⑧是：这。餂（tiǎn）：探取，诱取。⑨类：同类。

译文

孟子说："人人都有无法狠心做的事情，把这种不忍之心推而广之，一直到达人们所狠心做的事情上，这便是仁德；人人都有不肯去做的事情，把这种不为的意愿推而广之，一直到达人们愿意做的事情上，这便是道义。一个人，如果能够把不想害人的心理贯彻到底，那么仁德就用不尽了；一个人，如果能够把不肯打洞翻墙去行窃的心理推广开去，那么道义就用不尽了；一个人，如果能够把不接受别人轻贱的心理推广开去，那么无论何时何地，言行都会合乎道义了。一个士人，在不可以说话的时候说话，这是要用说话从对方那里获取什么；可以说话却不说话，这是用不说话从对方那里获取什么，这些都是打洞翻墙一类的行径。"

解说

孟子认为，"有所不忍"发自人的本心本性，只是在后天的成长过程中，有的人把这样的本心本性丢失了，有的人则让各种肮脏黑暗的东西蒙蔽了心性，于是这些人越来越残忍暴虐，做出各种丑陋的令人发指的事情。

孟子呼吁人们，把与生俱来的"有所不忍"之心推而广之，用不忍之心对待与自己密切相关的人和事物，从而达到仁的境界。

孟子的可贵之处在于，他借助于人们具体生动的日常经验和感受，把抽象的道德范畴阐述得相当直观，而且富有穿透人心的力量。比如仁、义，要定义清楚这两个概念的内涵和外延，实在不是一件容易的事情。孟子用扩充"不忍"之心和"不为"之念来解说，简明扼要，而读者自可会意其丰富的言外之意。

孟子推阐仁、义之用，也同样是"即其所居之位，乐以日用之常"（朱熹语）。不想害人、不肯偷窃、不愿被别人轻贱，这些都是普通人的平常心。如果能把这样的平常心扩充开去，那么也便称得上仁义之人了。

对于士人而言，还有更高的要求。孟子曾经说："不仁者可与言哉？"（《孟子·离娄上》）对于毫无仁爱之心、根本不可能实行仁政的君主，还要极力迎合进言，甚至说假话，说违心的话，无非是要趋炎附势，求得赏识以获取利益。

孟子又说："齐人无以仁义与王言者，岂以仁义为不美也？其心曰'是何足与言仁义也'云尔，则不敬莫大乎是。"（《孟子·公孙丑下》）不肯与君王谈论仁义，是担心触怒君王，影响自己的前程。对于士人为攀附权势、捞取利益而畏首畏尾、蝇营狗苟的这类做法，孟子怒斥之为"穿逾之类"，即打洞翻墙一类的行径。

言，还是不言，体现的是义；从更深一层分析，表现的是当事人的仁。只是，在君主集权的体制下，"未可以言而言"与"可以言而不言"，这其间的区别和选择，也是很不容易把握的啊！"未可以言而言"，在某种意义上是主动放弃不说假话的权利；"可以言而不言"，则是主动放弃说真话的权利，可以说已经完全丧失了士人应有的道义感。

5. 舜的泰然

原文

孟子曰:"舜之饭糗茹草也,①若将终身焉;②及其为天子也,③被袗衣,④鼓琴,⑤二女果,⑥若固有之。"⑦(《孟子·尽心下》)

注释

①舜:传说中远古的圣王,史称虞舜。饭:动词,吃。糗(qiǔ):用米、面炒熟或焙熟做成的干粮。茹:吃。草:此指野菜。《说文》:"菜,草之可食者。"②若:好像。③及:等到。④被(pī):穿在身上。袗(zhěn)衣:有花纹的华贵的衣服。⑤鼓:弹奏。⑥二女:指尧的两个女儿娥皇和女英。传说尧把两个女儿嫁给舜。果(wǒ):通"婐",女侍,女子服侍。⑦固:本来,原本。表示在情理上应当如此,且在事实上一直这样。

译文

孟子说:"舜吃干粮咽野菜的时候,好像将会一辈子如此。等到他做天子以后,穿着华贵的衣服,弹着琴,尧的两个女儿服侍他,他好像本来就拥有这一切。"

解说

孟子很喜欢讲述尧和舜的事迹,《孟子》一书总计三万五千多字,"尧"出现的次数达到六十次,"舜"的频次竟然达上百次。这次孟子大概又在向学生称赞舜的品性,说舜还是一介平民的时候,平静安心地过着平民的日子;等他做天子,也同样泰然处之,仿佛一切都是自然而然,原本如此。孟子仅仅进行了这样白描式的叙述,并没有做进一步阐发,这叙述之后的内涵他相信学生自会领悟。

在孟子心目中,舜的伟大在于他可以做到"弃天下犹弃敝屣(xǐ,鞋子)";能够放弃天子的高位如同抛弃一只破鞋子,是因他明白人的德性是内在的,与身份、地位、权力、财富、名声等一切外物并无关系。世人多被外物所蒙蔽,处于普通人的位置上,便野心勃勃,一心追逐功名富贵,殚精竭虑,苦心伤神,得不到便会怨天尤人,痛苦不堪;一旦发达,则骄纵放荡,睥睨众生。这其实都是误将外物当做自己的德性,已经丧失了真正的自我。

6. 鸡鸣而起

原文

孟子曰:"鸡鸣而起,孳孳为善者,①舜之徒也;②鸡鸣而起,孳孳为利者,③跖之徒也。④欲知舜与跖之分,⑤无他,⑥利与善之

间也。"⑦(《孟子·尽心上》)

注释

①孳(zī)孳:勤勉不懈怠的样子。为善:行善,包括培养个人的善性并引导社会向善的风气。②徒:同一类的人。③为利:追求利益。④跖(zhí):人名,古代有名的大盗,故又称盗跖。⑤分:分别。⑥他:别的。⑦间:中间。按:关于"间"在此语境中的用法,可详参杨逢彬先生《孟子新注新译》(北京大学出版社,2017年)中的论证。

译文

孟子说:"鸡鸣就起身,不知疲倦地行善的人,是与舜同一类的人;鸡鸣就起床,一刻不停地牟利的人,是盗跖的同类。想要知道舜与跖的分别,没有别的,就在利与善中间。"

解说

本章论述利和善的关系。在一般人的观念中,圣王舜集所有理想人格于一身,完美到无以复加的地步;反之,盗跖则是人性恶的集中体现。孟子认为,其实,善、恶在普通人性中的对立远没有如此尖锐鲜明。一个人,成为舜,还是成为跖,就在于选择善还是选择利。

那么,孟子是否认为"利"是万恶之源呢?其实,遍检《孟子》全书,找不到孟子彻底否定利的论述。《孟子·尽心下》:"周于利者凶年不能杀,周于德者邪世不能乱。"大意是说:对利考虑周全的人,荒年不会丧生;而在道德方面考虑周全的人，即使身处乱世也不会乱来。这实际是承认利对于生活的必要性。

孟子所坚决反对的，是利成为目标和动力。对君主而言，把利益驱动作为社会管理的唯一手段，则必然出现"上下交征利"的局面；而一个纯粹的逐利型社会，在本质上是由赤裸裸的丛林法则支配的。在这样的社会里，良知成为奢侈品，人将在良知与魔鬼两难之间承受痛苦的煎熬。

孟子曾设定，如果人们信奉"枉尺而直寻"的原则，即委屈一尺可以伸直八尺，也就是后来人们常说的"吃得苦中苦，方为人上人"之类，其实都是"以利言也"，也就是根据利益原则来看问题。他认为，这样看问题的逻辑后果，必然是"枉寻直尺而利亦可为"，即委屈了八尺能伸直一尺而获利，也就可以去干，最终人心和社会将不再有底线存在。社会道德的沦丧，正是从这种无原则的妥协发端的，而穷根究底，还是将逐利作为社会发展主旋律的结果。

7. 芸己之田

原文

孟子曰："言近而指远者，[①]善言也；守约而施博者，[②]善道也。君子之言也，不下带而道存焉；[③]君子之守，修其身而天下平。人病舍其田而芸人之田，[④]所求于人者重，而所以自任者轻。"（《孟子·尽心下》）

注释

①指：意指，意向。②守：遵守，奉行。这里指奉行的主张原则。约：简易可行。施：恩惠。按：在这个意义上，旧读去声。博：广博。③带：束衣的带子。不下带：在带以上。古人视不下带，带以上指最为常见的眼前事物。④病：有病，有……毛病。舍：放下不管，舍弃。芸：通"耘"，除草。

译文

孟子说："言谈浅近而含意深远的，是善言；所奉行的主张简约而施惠广博的，是善道。君子的言谈，内容都是最为常见的眼前事物，可是其中却包含了大道；君子所奉行的，修养完善自身而天下太平。一个人，舍弃自己的田地，去给别人的田除草，那就有问题了；对别人的责求非常严格，而自己所要承担的却很轻松。"

解说

"人病舍其田而芸人之田"，看似荒唐，实则常见。人们经常从自身出发考虑问题，凡遇到不如意的事情，首先把原因归咎于外部因素；在考虑问题的时候，往往对别人的要求很严格，而对自己的要求却很宽松。

孟子以"芸田"作喻，说明每个人首先从自身做起的必要性。不要用空话、大话、套话愚弄别人，也欺骗自己；应该先从眼前最具体的事情做起，先做好自己。

"芸己之田"，便是做好属于自己的本分，同时也暗喻加强自身修养。这个要求其实相当高。孟子并非简单地主张人们各扫门前雪,莫管身外事;他反复强调君子心中要有"守",有"道",有"天下"。

因此,孟子所说的"善言""善道",是说要立足于当下,同时心中有对大道的追求;修身,意味着明白大道、明达公义、明辨是非。否则修身修成乡愿,那便越修离君子越远了。

8. 关于一名道德楷模的评价

原文

匡章曰:①"陈仲子岂不诚廉士哉?②居於陵,③三日不食,耳无闻,目无见也。④井上有李,⑤螬食实者过半矣,匍匐往,将食之,三咽,⑥然后耳有闻,目有见。"孟子曰:"于齐国之士,吾必以仲子为巨擘焉。⑦虽然,仲子恶能廉?⑧充仲子之操,则蚓而后可者也。⑨夫蚓,上食槁壤,下饮黄泉。⑩仲子所居之室,伯夷之所筑与?⑪抑亦盗跖之所筑与?⑫所食之粟,伯夷之所树与?⑬抑亦盗跖之所树与?是未可知也。"⑭

曰:"是何伤哉?⑮彼身织屦,妻辟纑,以易之也。"⑯曰:"仲子,齐之世家也。⑰兄戴,盖禄万钟。⑱以兄之禄为不义之禄而不食也,⑲以兄之室为不义之室而不居也,辟兄离母,⑳处于於陵。他日归,则有馈其兄生鹅者,㉑己频顣曰:㉒'恶用是鶃鶃者为哉?'㉓他日,其母杀是鹅也,与之食之。其兄自外至,曰:'是鶃鶃之肉也。'出而哇之。㉔以母则不食,㉕以妻则食之;以兄

之室则弗居,以於陵则居之。是尚为能充其类也乎?㉖若仲子者,蚓而后充其操者也。"㉗(《孟子·滕文公下》)

注释

①匡章:孟子的朋友,齐国人,齐威王、宣王和湣王时曾为将军。②陈仲子:齐国人,文献中或称"田仲"。因居住在於陵,又称"於陵子"。岂:难道。诚:真的。③於(wū)陵:地名,据考证,在今山东邹平东南。④耳无闻、目无见:耳朵没有听见的声音,眼睛没有看见的东西,即因过度饥饿,完全失去了听觉和视觉。⑤井上:指井边。李:李子树。螬(cáo):也称蛴螬,是金龟子的幼虫,俗称地蚕,是一种杂食性的作物害虫。按:蛴螬生活于地下,以植物根茎和土中有机物为食,破土成虫为金龟子,喜食梨、桃、李等果实。实:果实。⑥将:拿取。咽:吞吃。三咽:吃了三口。⑦巨擘(bò):大拇指。比喻杰出的人物。⑧虽然:尽管如此。恶(wū):疑问代词,怎么,哪里。⑨充:使满,这里有完全做到的意思。操:指人的志节、品行。蚓:蚯蚓。⑩夫(fú):那。槁(gǎo):干枯,干燥。黄泉:地下的泉水。⑪伯夷:商朝末年孤竹国君主的长子,跟弟弟叔齐相互推让君位,相继出走。伯夷、叔齐曾劝阻周武王伐纣。武王攻灭商朝后,耻食周粟,宁可饿死在首阳山。古人把他们看作清高廉洁的典范。与(yú):句末语气词,表示疑惑、探询的语气。⑫抑:还是。表示选择的连词。亦:语气副词,不过,只是。⑬粟:谷子。泛指粮食。树:种植。⑭是:这些。⑮是:这,指代陈仲子所居所食由什么人提供这类事情。何伤:伤何,妨害什么。哉:句末语气词,表示感叹语气。整

个句子是反问语气,用了"哉",有不以为然的口气。⑯彼:他,指陈仲子。身:自己。屦(jù):鞋子。当时的鞋子多以葛、麻编织而成。辟(bì):治,这里指绩,即把麻析成丝再搓捻成线缕。纑(lú):搓捻成的麻缕,用来织布。以:用,指用编织的鞋子和搓成的麻线。易:交换。之:代词,指代前文提到的所居之室和所食之粟。⑰世家:本指世禄之家,这里泛指世代显贵的家族。⑱戴:陈戴,是陈仲子的哥哥。盖(gě):地名,陈仲子之兄的食邑,在今山东沂水西北。禄:指从食邑收取的作为俸禄的钱谷。钟:古代的容量单位,一钟合六斛四斗。⑲不义:不合乎道义。⑳辟:躲避。这个意义后来写作"避"。㉑他日:某一天。馈(kuì):赠送。生鹅:活鹅。㉒频:皱眉。这个意义又写作"颦"。顣(cù):同"蹙",也是皱眉的意思。㉓恶(wū):疑问代词,哪里。是:这。鶂(yì)鶂:拟声词,鹅叫声。㉔哇(wā):吐。㉕以:因为。㉖是:这。尚:还。类:种类,同类,即具有相同属性或特点的事物。所谓"充其类",意思是在任何情况下都应该用相同的原则,不可以有变通。㉗若仲子者:像仲子这样的人。

译文

匡章说:"陈仲子难道不确实是一位有操守、有原则的士人吗?他居住在於陵,三天没吃东西,因过度饥饿,完全失去了听觉,眼睛也什么都看不见了。井边有一棵李子树,上面的果实被金龟子吃掉了大半。陈仲子挣扎着爬过去,取过李子吃,吃了三口,然后耳朵才能听见声音,眼睛才能看见东西。"孟子说:"在齐国的士人中,我认为陈仲子一定是其中最为杰出的人物。尽管如此,仲子哪里能算得上有操守、有原则呢?要是完全做到仲子所追求的操守,那么只有变成蚯蚓才可以。蚯蚓向上吃干土,向下饮用地下的泉水。仲子(能做到吗?)他居住的房屋,是像伯夷一样廉洁的人建造的呢,还是像盗跖一样的强盗建造的呢?他吃的粮食,是像伯夷一样廉洁的人种植的呢,还是像盗跖一样的强盗种植的呢?这些情况是尚未得知的。"

匡章说:"这有什么妨害呢?他自己编织鞋子,他妻子搓制麻线,拿自己制作的这些东西去交换房屋粮食。"孟子说:"仲子出身于齐国的世家大族,他的兄长陈戴从盖邑收取的钱谷俸禄有上万钟。他把兄长的俸禄视为不合乎道义的俸禄,一口都不去吃;他把兄长的房屋视为不合乎道义的房屋,不去居住。躲避兄长,离开母亲,跑到於陵去住。有一天回家,正好有人送给他的兄长一只活鹅,他自己皱着眉头嘟囔道:'用这嘎嘎叫的东西做什么呀?'过了几天,他的母亲杀掉了这只鹅,跟他一起吃鹅肉。他的兄长从外面回到家,就说:'这就是那嘎嘎叫的东西的肉啊。'他马上跑出门去,把刚吃下的肉都吐了出来。因为是母亲的食物就不吃,因为是妻子的食物就吃;因为是兄长的房屋就不住,因为是於陵就住在那儿。这还算是能把自己的原则贯彻到底吗?像仲子这样的人,只有变成蚯蚓才能完全做到他所追求的操守啊。"

解说

匡章和孟子讨论的主题是:陈仲子的品性能不能用"廉"来加以评定。那么,什么是廉呢?"廉"的本义是指殿堂台基的侧边,即台基的竖面与台上平面相交形成的外交角。引申之,凡有角有棱都可称"廉"。有棱角就容易伤人,所以《老子》五十八章说:"廉而不刿,直而不肆。"一个人做人守节操,讲原则,重清白,不苟且,不随波逐流,不看风使舵,别人与这样的人打交道时,就会感觉有棱角,不圆滑,所以也用"廉"来命名这样的品性。东汉刘熙《释名》说:"廉,敛也,自检敛也。"这是在解说"廉"的引申义,即自我约束,品性端方。《淮南子·氾论》记述陈仲子的品行说:"陈仲子立节抗行,不入污君之朝,不食乱世之食,遂饿而死。"可见陈仲子以绝不与现实妥协的姿态,坚守自己的气节。《孟子》此章匡章也叙述了陈仲子贫困潦倒的情景,其言下之意是,假如陈仲子能够接受现实,善于投机钻营,以他的能力和背景就一定不会陷入如此悲惨的境地。

孟子认为,人既然生活在社会当中,很难做到彻底的清高廉洁。蚯蚓那样的昆虫可以纯粹依赖自然而生存,但是,人与人之间则需要相互依存。如果一定要标榜清高廉洁,那么,就不能住在不清高廉洁的人造的房子里,不能吃不清高廉洁的人种植的粮食。换言之,要真正做到彻底的清高廉洁,可能只能像伯夷一样饿死。所以,孟子觉得,像伯夷这样的圣人,只能作为一种道德榜样供人们学习,在现实中不能照搬。孟子对伯夷很推崇,《孟子·万章下》:"伯夷,圣之清者也。"《孟子·尽心下》:"闻伯夷之风者,顽夫廉,懦夫有立志。"既然孟子对"廉"这样一种道德品质持肯定态度,而由匡章讲述的陈仲子的事迹来看,仲子忍饥挨饿,顽强地与贪欲进行抗争,一丝不苟,坚忍不拔,那么孟子何以不愿给仲子授予"廉士"的称号呢?

从开始讨论陈仲子是否可以评为廉士这个话题,我们便感觉到孟子的话里话外似乎对陈仲子颇有些看法。他使用蚯蚓的比喻说明，若是按照陈仲子对"廉"的解释，那除非变成蚯蚓才能完全做到；仲子作为世家公子，坚持跟被他断言为不义的兄长划清界限，可是哪里那么容易呢？只要稍作考察，仲子得以闻名于世的事迹和口碑，诸如"不入污君之朝，不食乱世之食"，其实他本身不可能完全做到。仲子所拼命倡导和标榜的，已经超出了常情常理。凡违背人情和常识的观点和说法，或者是在认识上陷入片面极端，或者是欺世盗名，或者是包藏了不可告人的用心。从当时的社会背景看，纵横家们喜欢大话炎炎，有些学派的人物以夸诞的行为艺术吸引眼球，以求自己的观点主张得到关注。对此，孟子持批判态度。

孟子对"廉"的理解是："可以取，可以无取，取伤廉。"意思是说，一样东西，无论是钱财还是功名，可以取，也可以不取，在这样的前提下，如果取了，就会伤害到廉。因为可取可不取，却选择取，证明此人还处在贪欲的控制下；不能克制贪欲的人是做不到廉的。由此可见，孟子认为廉在本质上是懂得人性的界限，明白大义所在；同时，任何一种主张都应有合理的度，超过合理的度便会走向反面。

顺便说到，东汉赵岐《孟子章句》认为这章的主旨是："志士之操，耿介独立，可以激浊，不可常法。"即孟子承认陈仲子的清高廉洁，但反对将仲子作为普通人的典范和表率。宋代朱熹《孟子集注》引范氏说："天之所生，地之所养，惟人为大。人之所以为大者，以其有人伦也。仲子避兄离母，无亲戚君臣上下，是无人伦也。岂有无人伦而可以为廉哉？"这是认为孟子否定陈仲子的出发点是仲子无人伦。这两种对本章章旨的解释，恐怕都值得商榷。

9. 不忍之心

原文

孟子曰："人皆有不忍人之心。①先王有不忍人之心，斯有不忍人之政矣。②以不忍人之心，行不忍人之政，治天下可运之掌上。③所以谓人皆有不忍人之心者，④今人乍见孺子将入于井，皆有怵惕恻隐之心。⑤非所以内交于孺子之父母也，⑥非所以要誉于乡党朋友也，⑦非恶其声而然也。⑧由是观之，⑨无恻隐之心，非人也；无羞恶之心，⑩非人也；无辞让之心，⑪非人也；无是非之心，⑫非人也。恻隐之心，仁之端也；⑬羞恶之心，义之端也；⑭辞让之心，礼之端也；⑮是非之心，智之端也。人之有是四端也，犹其有四体也。⑯有是四端而自谓不能者，自贼者也；⑰谓其君不能者，贼其君者也。凡有四端于我者，知皆扩而充之矣，⑱若火之始然，⑲泉之始达。⑳苟能充之，㉑足以保四海；㉒苟不充之，不足以事父母。"㉓（《孟子·公孙丑上》）

注释

①忍：狠心，残忍。所谓"不忍人之心"，即人对同类无法狠心，包括残害人时难以下手，也包括见到同类遭受不幸时内心会感到不适。②先王：指上古贤明的君王。斯：连词，于是，就。③运：使转动。运之掌上：在手掌里操纵转动它；比喻轻

松如意。④所以谓……者：说……的原因。⑤今：假如。乍：忽然。孺子：幼儿，儿童。怵（chù）：恐惧。惕：害怕，胆战心惊。恻（cè）：痛心，难过。隐：伤痛，哀痛。⑥所以：用来……的方式。内（nà）：获得，取得。交：交情，友情。内交，即结交。⑦要（yāo）：求，求取。誉：称赞。乡党：同乡。按：乡和党都是周朝的居民户籍编制单位，一万二千五百家为乡，五百家为党。⑧恶（wù）：厌憎。然：这样。⑨由是观之：由这一点看来。是：这，指代一个人在看到幼童落入水井的场景会不由自主地心痛。⑩羞：羞耻，指为自己的品行作为而感到可耻，觉得难过痛苦。恶（wù）：讨厌，不喜欢，这是指对各种不好的事物和现象感到厌憎。⑪辞：推辞，不接受。让：推让，谦让。按：辞让之心即面对种种利益时首先想到他人，而不是立即考虑如何据为己有。⑫是非：正确与错误，这里指辨别是非。无是非之心，即不辨是非，不分好坏。⑬端：发端，开头。按：孟子观念中的"仁"，是关心爱护他人；所谓"仁之端"，是说仁爱之心正是由本来存在于人性之中的恻隐之心扩充发展而来。⑭义：道义。按：所谓道义，是全社会公认合宜的道理和行为。⑮礼：礼制，即社会成员共同遵守的行为准则和规范。《荀子·礼论》："人生而有欲，欲而不得，则不能无求；求而无度量分界，则不能无争。……故制礼义以分之。"⑯是：这。犹：好像，如同。四体：四肢。⑰自谓：自认为，自以为。贼：伤害，败坏。⑱充：使满。⑲若：好像。然：燃烧。这个意义后来写作"燃"。⑳达：畅通。㉑苟：假如。㉒保：守护，安定。四海：相当于说天下、全国各地。按：孟子不言"有四海""有天下""兼天下""克四海"等，而称"保四海""保天下",正是他仁政学说的体现。㉓事:侍奉,服事。所谓"事父母",包括为父母提供生活保障、照顾好父母等方面。

译文

孟子说:"人都有对人不能狠心的心意。先王有对人不能狠心的心意,于是有对人不能狠心的政治。用对人不能狠心的心意,实施对人不能狠心的政治,那么,治理天下就仿佛在手掌里操纵转动它一样轻松如意。我说人都有对人不能狠心的心意,其依据是,假设有人猛然见到一个幼童要掉进井里了,都会生出恐惧害怕、痛心难过的感觉。不是想以此跟幼童的父母结交,不是要用这样的表现在同乡朋友之中取得好名声,也不是因为不喜欢听到幼童的哭叫声才有这样的反应。由此看来,没有那种因同类受到伤害而产生的痛心,就不是人了;没有对自己的不良品行作为的羞耻心,没有对邪恶现象的憎恶心,就不是人了;没有谦逊推让之心,就不是人了;不明白什么是对的,什么是错的,就不是人了。因同类受到伤害而产生的痛心是仁爱的发端;对自己的不良品行作为的羞耻心和对邪恶现象的憎恶心,是道义的起点;谦逊推让之心,是礼制的源头;能够辨别是非、区分好坏,是智慧的开端。人生来便拥有这四个开端,就如同人生来便具备四肢。拥有这四个开端,却自以为自己不能做到仁义礼智,这样的人是自己败坏自己的人;认为自己的君长不能做到仁义礼智,这样的人是败坏他的君长的人。凡是拥有这四个开端的人,知道把它们都扩展开并充实起来,就好比火开始燃烧起来,涌到地表的地下水刚开始畅通一样(势不可挡)。如果能够把它们都扩展开并充实起来,就足以保有天下；如果不能够把它们都扩展开并充实起来，就连自己的亲生父母也无法照顾好。"

解说

本章的主旨，是论述"仁义礼智"四种美德源自人与生俱来的四心，即恻隐之心、羞恶之心、辞让之心和是非之心。这是孟子性善论的基础，也是仁政学说的人性依据。人性善还是人性恶，这是个很大的哲学问题，在此不予讨论。需要指出的是，选择不同的视角观察和定义人性，推导出来的政治伦理就大不相同。因此，把《孟子》和《韩非子》放在一起对读，同时用历史事实加以参验，会给我们很深刻的启发。

民间经常形象地解说"忍"是心头悬着一把刀。其实这个字是形声字，"刃"是声符。汉代许慎《说文解字》界定"忍"的语义是"能也"。清代段玉裁指出，"能"本有两个方面的意义，一是"凡敢于行曰能，今俗所谓能干也"，这个意思比较容易理解；二是"敢于止亦曰能，今俗所谓能耐也"。段氏理解"能耐"是有能力克制自己。由此，他认为既然许慎用"能"解释"忍"，就暗含了"忍"字实际也包含了这两层意思："忍之义亦兼行止：敢于杀人谓之忍，俗所谓忍害也；敢于不杀人亦谓之忍，俗所谓忍耐也。""敢于杀人"，是心肠够狠够硬；"敢于不杀人"，则是说在受到普通人难以忍受的挑衅时，能够控制住冲天怒气，保持冷静和理性。段氏的解释把狠戾残酷义跟容忍义贯通起来了。可是，如果由此说明孟子的"不忍人之心""不忍人之政"同样兼具这两层含义，恐怕难以完全讲通。

如果按照许慎对"忍"的解说，来寻绎孟子的"不忍之心"，更合理的分析是，孟子认为在有能力、有条件也有理由伤害别人的时候，人的本性中的良知良能会发挥作用，让人有能力克制冲动，避免使用暴力手段解决问题。为了论证这个观点，孟子设想了一幕现实情景，说明当一个人在看到幼童落入水井的刹那间所迸发出来的内心的刺痛和颤抖，正是源自人的本性。人之初，性本善，只是后天的生活经历逐渐掩蔽和消磨了人性的善；同样，不忍之心是人的本性，而一些人失去了不忍之心，变得暴戾和残忍，则需要追问造成人性反常、扭曲的社会原因，包括教育、文化、体制等。

仔细咀嚼孟子关于恻隐之心的论述，可以体会到恻隐之心首先是物伤其类的感觉，把自己摆在对方的位置，设身处地地感受到对方的痛苦，才有感同身受的痛和哀。人的这种同情心、同理心，是否来自人的本性，确实不是容易论证的问题。不过，假如以孟子所举出的情景来测试，目睹幼童落入水井的场景会不由自主地心痛，这样的感受既然不是出自任何利害关系的考量，那么只能是一种本能的自然流露。如果有人目睹这样的情景而无动于衷，恐怕一定会受到普遍的谴责："你还是人吗？"人类社会发展到今天，无数的经验教训也已经充分证明了人的同情心、同理心对于人类社会的重要性。

能够体会他人的情绪和想法、理解他人的立场和感受，并站在他人的角度思考和处理问题，无论对人际交往还是对国家外交，都是不可或缺的。但是，人的物欲或者外部的压力，都会障蔽、泯灭人性，致使人同此心、心同此理的感受能力荡然无存，从而变成铁石心肠，古人称之为"忍人"；冷酷残忍的忍人若是普通人，人们避之唯恐不及；假如忍人掌握了权力，那就是社会的灾难了。

10. 求放心

原文

孟子曰："仁，人心也；义，人路也。舍其路而弗由，①放其心而不知求，哀哉！人有鸡犬放，则知求之；②有放心而不知求。学问之道无他，③求其放心而已矣。"（《孟子·告子上》）

注释

①舍（shě）：放弃，放下不用。由：从此行走，经由。弗由：不之由，不从这条正路上行走。②放：丧失，丢掉。求：寻找。③学问：学习和请教（知识、技能等）。他：别的。

译文

孟子说："仁爱，是人的本心；道义，是人的正路。放弃道义的正路不去走，丢失了自己仁爱的本心不知道去找回来，真是太可悲了！人们要是有鸡狗丢失了，还知道去把它们找回来；可是仁爱的本心丢失了却不知道去找回来。求学问道的道理没有别的，就是找回丢失了的本心罢了。"

解说

"放"本表示"放逐""流放"的意思，即把犯罪之人逐出社会，使之在荒远之地自生自灭。由此引申出"放纵"之义，如"放马"是说不再束缚马匹，任由马匹自寻水草。人在放纵的状态下，便可能具有"放荡"的特征，即对自己毫无约束、任意妄为。如果是主动摆脱约束和控制，则是"逃逸"；这种情况对于控制者来说，则意味着"丧失"。

"心"本是人体的器官，孟子设定人生来具有天然的善良心性，他称为"良心"；许多人在后天"放其良心"，原因是天生的良心"失其养"。那么，怎样才能使自己的良心"得其养"呢？孟子说"心之官则思，思则得之，不思则不得也"，意思是说，心这个器官的功能是思考，思考就能得到善性，不思考就得不到善性。所谓"思"，用孟子的话讲，就是"以仁存心，以礼存心"。

如此说来，孟子所言"放心"，就是指一个人不思考，没有认真管理好自己的心，结果让自己的心长期处在放任自流的状态中，最终丢失了自己的良心。在孟子看来，求学问道的第一要义应是"求其放心"，即收拾起散失得七零八落的本心，重建自己完整的天赋四心：恻隐之心、羞恶之心、辞让之心和是非之心，并使之成为自己的恒心。

需要一提的是，现代汉语的"放心"指心情安定，没有忧虑和牵挂，其中"放"是安置的意思，这是中古以后才产生的意义。

11. 良贵与人所贵

原文

孟子曰:"欲贵者,人之同心也。①人人有贵于己者,②弗思耳矣。③人之所贵者,非良贵也。④赵孟之所贵,赵孟能贱之。⑤《诗》云:⑥'既醉以酒,既饱以德。'⑦言饱乎仁义也,⑧所以不愿人之膏粱之味也;⑨令闻广誉施于身,⑩所以不愿人之文绣也。"⑪(《孟子·告子上》)

注释

①贵:指官位、禄位等级高,显贵。同:共同。②贵:以为贵,看得贵重,珍视。于己:在自己身上。③弗思:不之思,不去思考它。"之"指代"贵于己者"。耳:句末语气词,罢了。④人:别人。相对于"己"而言。贵:使显贵。所贵:指使之显贵之处,即官位、禄位等。人之所贵者:指别人使之拥有的显贵。良贵:最好的显贵。指天然具有的显贵。⑤赵孟:指春秋时晋国的赵氏宗主。按:《左传》中赵盾、赵武、赵鞅、赵无恤均称"赵孟"。晋国长期担任盟主,而身为晋国六卿之一的赵氏宗主世代执掌晋国朝政,权倾朝野,当时大概流传着赵孟能贵人的说法。贱:使低贱,使地位低下。按:贵之,指用爵禄使他飞黄腾达;贱之,指剥夺他的爵禄,使之一无所有。⑥《诗》:以下两句引文出自《诗经·大雅·既醉》。这是一首祭

祖祝福的歌辞。周王在宗庙祭祖仪式结束后，宴飨助祭的群臣，并由祝官代表受祭者唱歌传达神意，表示祝福。⑦饱：充足。德：恩惠。⑧乎：介词，同"于"。⑨所以：……的原因。愿：希望，羡慕。膏：肥肉。粱：精细的小米。膏粱：肥美的食物，精美的饮食。⑩令：善，美好。闻（wèn）：名声。广誉：四处流播的美誉。⑪文绣：刺绣华美的服饰。

译文

孟子说："想要显贵这件事，是人们共同的想法。每个人身上都存在固有的可贵之处，只是不去想到它罢了。别人使之拥有的显贵，并不是天然具有的显贵。赵孟能使一个人显贵，赵孟也能使他低贱。《诗经》上说：'美酒已经使人醉意盎然，恩惠已经令人心满意足。'这是说在仁义方面充足了，因此就不会再羡慕别人的美味佳肴了；美好的名声、流传的赞誉加在自己身上了，因此就不会羡慕别人的华美服饰了。"

解说

《说文》："贵，物不贱也。"这个释义很有意思，一则表明"贵"的词义来自市场交易，二则说明其反义词是"贱"。孟子区分出两种贵，即贵重之贵和珍贵之贵。前者是市场交易中的概念，是可以用金钱衡量的价值；后者则加入了道德判断。

人本是商业活动的主体，后来人也成了货物。春秋战国时代的文献中有不少贩卖奴隶的记载，如《左传·昭公元年》《韩非子·内储说下》《战国策》都讲到"买妾""买仆妾"。《国语·吴语》《韩非子·六反》中有"妻子鬻""嫁妻卖子"的说法。

《孟子·万章上》说春秋时的百里奚用五张羊皮的价格把自己卖到秦国。

上面所述除百里奚外,被贩卖者都是失去自由的奴隶,被当做货物买卖是身不由己的事情。百里奚的自卖,则是为了寻求施展才能的机会。后来这种自卖便成为士人的常态,出卖的手法千奇百怪。最常见者,是自我炒作,沽名钓誉,给自己披上种种亮丽炫目的外衣,戴上各类非凡神奇的桂冠,目的只有一个,就是要把自己卖个好价钱。

到了后世,贴签自卖俨然成为高大上的行为,自以为耻者近乎绝迹,而在世人眼里这也被视为正常、正当的社会现象。元杂剧《庞涓夜走马陵道》的"楔子"里开口便道"学成文武艺,货与帝王家"。在言者心中,这样的人生观才是正常的,跟天要下雨一样自然。

既然是生意,便需要学会兜售,懂得包装,精于算计。在市场监管不善、社会环境污浊的年代,胆大妄为的人就能浑水摸鱼,他们既无深刻的思想,又无系统的建树,却是一派硕学鸿儒的气象,靠着虚浮无实的老生常谈,赚个盆满钵满。于是假冒伪劣的货色泛滥于世,坑蒙拐骗之徒充斥于大雅之堂。

孟子提出"良贵"的观念,充分利用了"良"的语义特征,即"良"表示美善义,指品质、性能优异出众,是人或事物与生俱来的自然特征。良贵,是人的本性中值得珍惜的成分,包括恻隐之心、羞恶之心、辞让之心和是非之心。懂得珍惜"良贵",就要小心保持,就要努力扩充发展它。

孟子认为,一个人拥有完备的仁义之心,就足以在社会上卓然而立,凭借高贵的人格和优秀的品质得到社会的承认。比起被动获得的功名利禄，这种良贵才是做人最可宝贵的。

12. 距人于千里之外

原文

鲁欲使乐正子为政。①孟子曰："吾闻之，喜而不寐。"②公孙丑曰：③"乐正子强乎？"④曰："否。""有知虑乎？"⑤曰："否。""多闻识乎？"⑥曰："否。""然则奚为喜而不寐？"⑦曰："其为人也好善。"⑧"好善足乎？"曰："好善优于天下，⑨而况鲁国乎？⑩夫苟好善，⑪则四海之内皆将轻千里而来告之以善；⑫夫苟不好善，则人将曰：'訑訑，⑬予既已知之矣。'⑭訑訑之声音颜色距人于千里之外。⑮士止于千里之外，则谗谄面谀之人至矣。⑯与谗谄面谀之人居，国欲治，可得乎？"⑰（《孟子·告子下》）

注释

①乐（yuè）正子：东汉赵岐注说是乐正克，姓乐正，名克，应是鲁国的大夫。为政：主政，管理国政。②寐（mèi）：入睡，睡着。③公孙丑：孟子弟子。④强：坚强有力。⑤知（zhì）虑：智慧和谋略。⑥闻识：知识；学问。⑦奚为：为什么。⑧好（hào）：喜欢。⑨优：充裕。⑩况：何况。⑪苟：假如。⑫四海之内：天下，这里指称全国各地的人。轻：以为轻，觉得轻易。⑬訑（yí）訑：听别人意见时不耐烦的声音。⑭予：我。既已：已经。⑮颜色：脸色。距：排斥，拒绝。这个意思

多写作"拒"。⑯谗（chán）：说别人的坏话，诬陷和挑拨。谄（chǎn）：奉承。面谀（yú）：当面恭维，当面用不实之辞奉承人。⑰居：相处。

译文

鲁国想让乐正子管理国家政事。孟子说："我听了这消息，高兴得睡不着觉。"公孙丑问："乐正子坚强有力吗？"答道："不。""有智慧谋略吗？"答道："不。""见识广博吗？"答道："不。"公孙丑疑惑地说："既然这样，您为什么会高兴得睡不着觉呢？"孟子道："他这个人热爱仁善。""热爱仁善就够了吗？"孟子道："热爱仁善，治理天下都绰绰有余，何况治理一个鲁国呢？假如热爱仁善，那么全天下的人都会乐意不远千里地前来，把仁善告诉他。假如一个在上位者根本不喜爱仁善，那么他就会说：'呵呵，这些我早就知道了。'呵呵的那种腔调脸色足以把人拒绝在千里之外了。士人止步于千里之外，那么喜欢进谗言和吹牛拍马、阿谀献媚的人就会迅速把上位者包围起来了。跟喜欢进谗言和吹牛拍马、阿谀谄媚的人混在一起，国家要治理好，可能吗？"

解说

善指人们心中认为善良和美好的属性。好善，是对一切善良和美好的事物充满热爱、积极追求，包括善性、善人、善言等。好善以对仁善的明确认识为前提，特别是能够清晰地区分善与恶的界限。孟子用"好善"来评价乐正子，认为具有好善品性的人物当政，必然以惩恶扬善为己任，从而引领鲁国社会向善。孟子坚信善性深植人心，一个社会的善性需要依靠道德建设来成就，这种善性既是抽象的，又是非常具体的。缺少善性的社会，人与人之间相互戒备、相互利用、相互争抢、相互撕咬，如同回归到原始丛林的生存状态，这样每个成员无法获得幸福，社会的维系也需要付出更大的代价。孟子正是考虑到这一点，因此主张人性善，并努力证明，崇尚和张扬善性才是真正合乎人性的。这样的善性，具有某种程度上的宗教属性。

文中的"善"，前辈时贤多解作"善言"，认为此章的章旨主要说明，为政首先要欢迎好的批评和建议；国人若都愿意把自己的观点和意见告诉为政者，治理好国家就不成问题了。反之，如果为政者以傲慢的态度对待善言，那么正直的人望而却步，奸邪小人就乘机占据高位。仔细体会整章字句，感觉这样的理解在文义上总有滞碍不畅之处，问题的关键是把"善"确认为指称善言，这不太符合孟子使用"善"字的常规。孟子称"好善"，包括向善之心和为善的行为举措。对于在上位者来说，好善大致等同于行仁政。行仁政则必将吸引贤明正直之士前来效力，不行仁政则奸邪之徒、宵小之辈便有了上位的机会。所以评判一个权力机关的道德品性，就看什么样的人得志获势，什么样的人沉默隐退，也就很清楚了。孟子认为，当权者的品味在某种程度上决定了为政的成败，当权者以高傲怠慢的态度对待贤明正直之士，表明他骨子里拒斥仁善之人、仁善之言，因为仁善之人、仁善之言必然是求真求正的。逸诒面谀之人专以逢迎献媚为事，极易讨得对方欢心，但却不会把做好事情放在心上，这样的人出人头地，只会乱政害民。

13. 自暴自弃

原文

孟子曰:"自暴者,不可与有言也;①自弃者,②不可与有为也。言非礼义,③谓之自暴也;吾身不能居仁由义,④谓之自弃也。仁,人之安宅也;⑤义,人之正路也。旷安宅而弗居,⑥舍正路而不由,哀哉!"(《孟子·离娄上》)

注释

①自暴者:自己糟蹋自己的人。与有言:与之有言,跟他有言语交流。②自弃:自己抛弃自己,即自甘落后,不求上进。③非:动词,责难,诋毁。④吾身:我自身。这里是设定某人的口吻,所以翻译成"自以为"。居仁:居处于仁,即始终不离开仁道。孔子说:"仁者安仁,知者利仁。"(《论语·里仁》)"安仁"跟"居仁"意思差不多。由:从此行走,遵循。由义:遵循道义。⑤安宅:安适的居所。以仁为安宅,意思是人居于仁,便可得到平安和快乐。⑥旷:使旷,空置。

译文

对于自己糟蹋自己的人,不能跟他有言语交流;对于自己抛弃自己的人,不能跟他有所作为。说话诋毁礼义,叫做自己糟蹋自己;自己认为自己没有能力做到始终不离开仁道、遵循道义，叫做自己抛弃自己。仁是人安适的居所，义是人正确的道路。把安适的住宅空置起来不去居住，舍弃正确的道路不去行走，可悲啊！

解说

汉语中的"自"用法比较特别，放在动词前面，可以表示自己做出某个行为动作，而这个行为动作施及的对象正是自己。如自杀，意思是自己做出"杀"的动作，"杀"的对象则是自己；"自残"意思是自己伤害自己，"自虐"是自己虐待自己，"自焚"是自己烧死自己。孟子言"自暴自弃"，本来包含两个方面，一是自暴，相当于说自残自虐；二是自弃，自己认为自己不行，没有能力去行合乎人心人性的仁义之道。自暴者根本不分是非，一副"我是流氓我怕谁"的姿态，不仅不认同仁义之道，反而把为非作歹、为害世人当做自己的权力和荣耀，最终必将成为百姓的公敌，招致天怒人怨，属于"自作孽不可活"的一类。自弃者明白公义和正道，却以种种借口选择邪路。自暴者任性，自弃者对自己不负责任，都是由于贪欲和自私。后来的成语"自暴自弃"只保留了自弃的含义，大概是缘于孟子对自暴者的极端不屑吧？

《孟子·尽心上》："居恶（wū，哪里）在？仁是也；路恶在？义是也。居仁由义，大人之事备矣。"君子所追求的，是仁义。孟子解说仁义时，针对不同的对象会有不同的侧重，比如对齐国的王子垫，他说："杀一无罪，非仁也；非其有而取之，非义也。"对于拥有权力的人，不滥杀无辜，不巧取豪夺，也就算做到了仁义。孟子终生都在试图给君主灌输仁爱之心和道义情怀，努力为社会建立一种普世价值。一个占据一定权力资源的人，不能以仁义之道为己任，这是自弃；因他不能以仁爱之心对待世人，却能利用手里的权力破坏社会的公平正义，旷之舍之的结果是自己被民众抛弃，自取灭亡。所以孟子叹息道："哀哉！"哀是悲痛伤心，也是怜悯同情。

14. 孰能事亲若曾子？

原文

孟子曰："事孰为大？事亲为大；①守孰为大？守身为大。不失其身而能事其亲者，②吾闻之矣；失其身而能事其亲者，吾未之闻也。③孰不为事？事亲，事之本也；孰不为守？守身，守之本也。曾子养曾皙，④必有酒肉。将彻，⑤必请所与；⑥问有余，⑦必曰'有'。曾皙死，曾元养曾子，⑧必有酒肉。将彻，不请所与；问有余，曰'亡矣'，⑨将以复进也。⑩此所谓养口体者也。⑪若曾子，⑫则可谓养志也。⑬事亲若曾子者，可也。"（《孟子·离娄上》）

注释

①事：侍奉，服事。孰：哪一个。亲：亲人，特指父母。②失：丧失。按："失"的本义是东西从手中脱逸，其核心义是因不小心，或客观条件不允许，或自己无法掌控等非主观愿望的因素，造成了不好的结果。"失其身"是说在无意中丢掉了自

身本有的善性。③未之闻：未闻之，没有听说过这样的人。否定句代词宾语"之"前置。④曾子：曾参，字子舆，春秋时鲁国人，孔子的弟子，后世称为宗圣。曾晳（xī）：姓曾名点，字子晳，是曾参的父亲，孔子的弟子。⑤彻：撤去。⑥请：请示。所与：给予的对象。请所与：请示父亲把剩下的酒肉给谁。这是向父亲表示酒肉还有余。⑦有余：有剩余的酒肉。⑧曾元：曾子的儿子。⑨亡（wú）：古同"无"，没有。⑩复：再，又。以复进：以之复进，拿剩余的酒肉再次奉上。按：朱熹《孟子集注》："曾元不请所与，虽有言无，其意将以复进于亲，不欲其与人也。"⑪口体：口和腹。⑫若：像。⑬养志：奉养父母的意愿，即奉养父母能尊重其心意。

译文

在各种服事中，哪一种最为重要呢？侍奉父母最为重要；在各种守持中，哪一种最为重要呢？守持自身最为重要。不丢掉自身本有的善性，而能够侍奉好父母的人，我听说过；丢掉了自身本有的善性，而能够侍奉好父母的人，从没有听说过。哪一种服事不算是服事呢？服事父母是服事的根本；哪一种守持不算是守持呢？守持自身是守持的根本。曾子奉养父亲曾晳，每顿饭一定有酒有肉。饭罢将撤去剩下的酒肉时，必定请示父亲送给谁；若是父亲问是否还有多余的，曾子一定会说'有'。曾晳去世后，曾元奉养曾子，每顿饭一定有酒有肉。饭罢将撤去剩下的食物时，不请示父亲送给谁；若是父亲问是否还有多余的，曾元一定会说'没有啦'，他是想下顿饭拿剩下的酒肉再给父亲。这就是所说的奉养父母的口腹的做法。像曾子那样做，则可以称得上是奉养父母的意愿。服事父母像曾子那样才可以。"

解说

本章的主旨是讨论孝道。人作为社会人，要为许多人做事。在孟子看来，做人的原则，首先是要能够侍奉好父母，其次是守持自身。

守是坚守。人生活在社会中，必然会被社会所同化，被现实所改变。坚守是不愿被违背自己理念和良知的力量所同化、改变，因而不见异思迁，不随波逐流，不被权力异化，不被体制格式化，坚定地守持着自己认为重要的东西，包括自己的清白、节操和善性等。许多人甚至可以用生命守护自己的尊严和自由，不容侵犯，不容剥夺。孟子说："富贵不能淫，贫贱不能移，威武不能屈，此之谓大丈夫。"（《孟子·滕文公上》）这其实表达的正是一种坚守精神。

当一个人被社会力量所同化、所改变，他的与生俱来的善性和良知可能逐渐被吞噬，这便是孟子所说的"失身"的含义。失身，意味着放弃坚守；一旦放弃坚守，便如江河溃堤，无法顾及自身德行的修养。孟子曾论述孝道不仅限于奉养父母，同时对子女自身的为人处世也有相应的要求（参见下篇《五种不孝》）。因此，失身同样属于不孝的范畴。

在讨论了事亲和守身的关系后，孟子举曾皙、曾参和曾元一家三代为例，说明事亲有养志与养口体的不同。曾元奉养父亲曾参，表面上看跟曾参奉养父亲曾皙一样，也是"必有酒肉"。可两个细节上的差异，即"将彻，不请所与；问有余，曰

'亡矣',将以复进也",就表明曾元只考虑满足父亲的口腹之需,而缺少对父亲意愿的尊重。

孔子和孟子都特别强调奉养父母时须有发自内心的敬爱,否则便同养犬马无别。在本章中,孟子通过曾子奉养父亲曾皙的做法,非常具体地阐发了如何算是满怀敬意、尽心竭力地奉养自己的生身父母。

15. 五种不孝

原文

世俗所谓不孝者五:①惰其四支,②不顾父母之养,③一不孝也;博弈、好饮酒,④不顾父母之养,二不孝也;好货财,⑤私妻子,⑥不顾父母之养,三不孝也;从耳目之欲,⑦以为父母戮,⑧四不孝也;好勇斗很,⑨以危父母,⑩五不孝也。(《孟子·离娄下》)

注释

①世俗:指当时社会的风俗习惯。②惰:懒散。支:通"肢",指人体的两臂两腿。③顾:顾念,关心。养:供养,侍奉。父母之养:指对父母的赡养。④博弈(yì):两种古代的棋类游戏,其中"博"后来泛指赌博,"弈"是围棋。好(hào):喜好。⑤货财:财物。⑥私:偏爱。妻子:妻子和孩子。⑦从(zòng):放纵。这个意思后作"纵"。耳目之欲:指感官欲望。

⑧以:因(此)。为父母戮(lù):成为父母的羞辱。⑨很:偏执凶狠。这个意思后来写作"狠"。斗很:以凶狠争胜。⑩以:因(此)。危:使危,使处于危险。

译文

世俗所说的不孝,有五种情况:一身懒骨头,根本不顾念对父母的赡养,这是第一种不孝;整天沉迷于各种游戏,不务正业,贪杯好饮,因而不顾念对父母的赡养,这是第二种不孝;贪爱财物,偏私妻子儿女,不关心对父母的赡养,这是第三种不孝;放纵感官的欲望,因此使父母蒙受羞辱,这是第四种不孝;好逞勇武,动辄跟人打斗拼命,因此危及父母,这是第五种不孝。

解说

《说文》:"孝,善事父母者。"善待生养自己的父母,孔子视为人伦关系的核心和基础。不同的人问孝,孔子回答的角度和内容都不相同,但其基本思想是一贯的,即子女应敬爱并尽心赡养父母。

有一次,鲁国大夫孟懿子向孔子请教孝道,孔子回答了两个字:"无违。"意思是说,不要违背礼。他对弟子樊迟解释说:"生,事之以礼;死,葬之以礼,祭之以礼。"(《论语·为政》)在孔子看来,尽孝的含义是,父母健在,子女依礼侍奉他们;父母过世了,子女要依礼安葬他们,依礼祭祀他们。

孟子曾引用孔子对孝道的这一解释,他非常赞成在礼的框架下实施孝道。同时孟子论述了孝道不仅仅规范父母与子女之间的关系，对子女的为人处世也有相应的要求。比如，懒散怠惰，游手好闲，一是从客观上说，这种人可能无法在物质上尽赡养之责；二是辜负了人之为人的生命意义，也便辜负了生身父母的养育之恩。

第二种不尽孝道的人指类似于纨绔子弟的人，他们沉醉于自己的享乐，没时间、精力去关心照顾父母。第三种不尽孝道的人则是眼里只有自己的小家，因而把生身父母忘到九霄云外了。第四种不尽孝道的人指整天寻欢作乐的人，因背离社会道德而使父母蒙羞。最后一种人喜欢好勇斗狠而给父母招来麻烦甚至危险。

以上五种人的作为，不仅属于不孝之列，同时也违背了当时的礼制。孟子正是在这个意义上，强调孝道作为人伦关系的核心和基础，对维系正常的社会秩序有重要意义。

16. 父子之间不责善

原文

公孙丑曰："君子之不教子，①何也?"孟子曰："势不行也。②教者必以正；③以正不行，继之以怒。继之以怒，则反夷矣。④'夫子教我以正，⑤夫子未出于正也。'则是父子相夷也。⑥父子相夷，则恶矣。⑦古者易子而教之，⑧父子之间不责善；⑨责善则离，⑩离则不祥莫大焉。"⑪（《孟子·离娄上》）

注释

①教（jiào）：《说文》："教，上所施，下所效也。"教是传授、教导知识、经验或某项具体的技能，也包括道德规范和法令等内容，要求学习者仿效和遵行。②势：情势，形势，指各种关系形成的可以左右人们行事的力量。不行：行不通。③正：指正道，正确的道理、准则。④反：副词，反倒，表示出乎意料。夷：伤害。⑤夫子：古代对男子的敬称，这里是子女对父亲的尊称。⑥是：这，这种情形。⑦恶：不好，变坏。⑧古者：古时候。易：交换。⑨责：要求，索取。⑩离：分开，背离。⑪不祥：不善。莫：没什么。大焉：大于是，比这更大。

译文

公孙丑问："君子不自己教导子女，是为什么呢？"孟子说："这是由于情势上行不通。教育这种事情一定用正道；要是拿正道教导行不通了，跟着来的就是发怒。如果拿发怒来教导，那就反而伤感情了。'您用正道来教导我，可您就没有按正道来做。'那么，这就变成父子之间相互伤害了。父子之间相互伤害，关系就恶化了。古时候交换子女来进行教导，父子之间不相互责求美善；责求美善，就会产生隔阂，父子之间产生隔阂，就是最大的不善了。"

解说

孟子说，古人在子女教育上采取易子而教的方式，这在其他传世文献中未见记载。不过，孟子由此阐述的道理是值得重视的。简略分析，可以体会出这样三层意思：第一，父母关心子女的教育，而且一定是教之以正。很少有家长会拿旁门左道的知识和技能去教育自己的子女；即使臭名昭著的恶人也大都希望子女走正道，做君子。第二，以正理正道教育子女，很多时候会遇到叛逆。因为正言正道是给子女的为人言行设立诸多的规矩和准则；用规矩和准则驯化子女的过程中，孩子感到不适和痛苦，自然会有抵触和反抗。第三，易子而教，在很大程度上是为了避免父子责善，因父子责善可能造成父子之间情感上的隔阂。

《说文》："责，求也。"这个意义跟债务义有关系。欠人的钱财本来也写作"责"，向人追讨自己的钱财也叫"责"，追讨者自然会有道义上的心理优势。后来"责"的词义泛化，表示一般的责求义时，仍然保留了对方在情理上亏欠自己的意思。被亏欠者既然认为自己的要求是理所当然的，所以当被要求的一方无法达到自己的要求时，就会进行责难、责备或者责罚。所谓责善，是说希望对方能够达到自己认为好的标准；由于觉得这样的要求是为了对方好，内心里便颇带了些天经地义的感觉；于是当对方的反应没有达到自己的预期，便会失望、不快甚至愤怒。只是所谓好的标准，是按照一方的价值观设定的，对方认同这一标准的前提是双方具有共同的价值观，否则把自己的标准强加于别人，又怎么可能不遇到阻力呢？《孟子·离娄下》就讲到匡章因父子责善而闹到反目以致无法相处的境地，孟子由此事感慨道："责善，朋友之道也；父子责善，贼恩之大者。"父子责善会伤感情，朋友之间责善固然是正确的交友之道，但是要做到责善而不伤感情，也不是容易的事情呀！

17. 谨慎择业

原文

孟子曰:"矢人岂不仁于函人哉?①矢人惟恐不伤人,②函人惟恐伤人。巫匠亦然。③故术不可不慎也。④孔子曰:'里仁为美。⑤择不处仁,⑥焉得智?'⑦夫仁,天之尊爵也,⑧人之安宅也。⑨莫之御而不仁,⑩是不智也。⑪不仁不智,无礼无义,人役也。⑫人役而耻为役,⑬由弓人而耻为弓,⑭矢人而耻为矢也。如耻之,⑮莫如为仁。⑯仁者如射:⑰射者正己而后发;⑱发而不中,⑲不怨胜己者,反求诸己而已矣。"⑳(《孟子·公孙丑上》)

注释

①矢人:造箭的工匠。函人:造铠甲的工匠。②惟:唯独,只有。恐:担心。③巫:指巫医,古代以祝祷为主或兼用一些药物来为人消灾治病的人。匠:木匠,这里特指做棺材的木匠。然:这样。④术:技艺。⑤里:居所,宅院。里仁:以仁为里,即把仁作为自己居处之所。⑥择:挑选,这里是指根据自己的意愿挑选安身立命之所。处(chǔ):居处,居于。处仁:即居仁,居处于仁,也就是始终不离开仁道。⑦焉:哪里,怎么。得:能。⑧夫(fú):那。爵:爵位,古代贵族的等级体系,表明人的社会地位和身份。有爵位意味着显贵荣耀和优厚的待遇。尊爵:尊贵的爵位。⑨安宅:安适的居所。⑩莫:没有谁。御:

通"禦",制止,阻止。莫之御:莫御之,没有人阻止他。不仁:指不行仁道。⑪是:这。⑫人役:供人役使、支配的对象,即仆役。⑬耻:以为耻辱。⑭由:通"犹",如同,好比。弓人:制弓的工匠。⑮如:如果。⑯莫:没有什么。如:比得上。⑰仁者:指行仁道这事。如:如同,跟……一样。⑱正己:使己正,使自己姿势端正。发:把箭发射出去。⑲中(zhòng):射中(目标)。⑳求诸己:求之于己,从自己身上寻找不如人的原因。

译文

孟子说:"造箭的工匠哪里就比造铠甲的工匠不仁爱呀?造箭的工匠唯恐自己造的箭不锋利而伤不了人,造铠甲的工匠则只担心自己造的铠甲不坚固而使穿戴的人受伤。为人消灾治病的巫医,跟做棺材的木匠,他们之间的关系也是这样的。所以谋生的技艺,不能不谨慎小心地对待。孔子说:'把仁道作为自己居处之所,是最美好的事情。如果挑选安身立命之所而不居处在仁道,哪里能算是有智慧呢?'那仁,是上天赋予人的最尊贵的爵位,是人安适的居所。没有人阻止却不行仁道,这是不明智。不行仁道、不明智,不懂礼、不知道义,这样的人就是供人役使、支配的对象。本是仆役却又觉得当仆役很耻辱,这就如同本是制弓的工匠却觉得制弓很耻辱,造箭的工匠却觉得造箭很可耻。如果真的感觉自己做的事情很可耻,那就不如行仁道。行仁道这事,就跟射箭一样:射箭的人使自己的姿势端正,然后把箭射出去;箭射出去却没有射中目标,不怨恨胜过自己的人,而是反过来在自己身上寻找原因罢了。"

解说

　　这一章的主旨是讲仁爱之心出自人的天性，但是在现实生活中仁爱之心往往会被各种外在因素所蒙蔽和削弱。首先，不同的职业选择会影响到人的心性，比如，制造弓箭的工匠出于职业精神，努力让自己的产品更具有杀伤力；而制作铠甲的工匠穷尽智巧使铠甲更坚固。如果从这种现象推导出结论，认为制作铠甲的工匠富有仁爱之心，而制造弓箭的工匠都是残忍不仁之人，这样的结论也许经不起推敲。可由此引发的一个问题是：年深日久造成的职业习惯，真的不会改变人的本性吗？

　　孟子又举出更有力的事例：巫医替人祈祷消灾，去病活人，本是出于图利的目的；然而，长期浸淫于这一过程，便可能自然养成"医者父母心"的职业心理。制作棺材的木匠总会希望生意兴旺，可前提是不断有人去世。要说棺材铺的掌柜时时在盼着有人死去，或许是毫无根据的恶意揣测，但特定的职业确实有可能致使他们对死人的事情更为无动于衷。

　　由职业对人的心性的影响，孟子进而讨论人需要在主观上自觉地使自己时刻不离开仁道。他引用了孔子的话，说明把仁道作为自己安身立命之所的重要性，并评论道：仁道是人之天爵，意思是说，仁是人与生俱来的属性，而且人只有终生涵养和保持自己的仁爱之心，才是完整的人，这比一切外在的荣华富贵，更能使一个人显示出高贵与祥和的人性之美。同时，当一个人居于仁，便可得到平安和快乐。

　　孔子曾说道："仁远乎哉？我欲仁，斯仁至矣。"（《论语·述而》）孟子也反复强调，上天赐予人以仁爱之心，一个人只要不对自己采取放任自流的态度，就不会失去其仁爱之心。可如果一个人放弃了自己，便将由不仁到不智，由不仁不智到无礼无义；沦落到这样的地步，那么他也便失去了把握自己命运的能力。

所以，孟子指出，一个人要想不使自己堕落到无力自主的境地，就应该努力保持和培养自己的仁爱之心。具体的方式是，努力做好自己，遇到任何事情，都懂得反求诸己。人的耻辱感，正是由反求诸己的过程中生发出来的。

由孟子此章所论，可以体会到，人生在世需要选择职业作为安身立命的方式，不过，人们需要警惕特定职业塑造的思维定势。对这些思维定势，本没有是非善恶的价值判断；但是当思维定势蒙蔽了人性，就很可能使人失去反思能力，失去作为正常人应有的同情心、同理心，从而演化成可怕的职业动物。

18. 人人可以为尧舜

原文

曹交问曰：①"人皆可以为尧舜，有诸？"②孟子曰："然。""交闻文王十尺，汤九尺；③今交九尺四寸以长，食粟而已，④如何则可？"曰："奚有于是？⑤亦为之而已矣。有人于此，力不能胜一匹雏，⑥则为无力人矣；今日举百钧，⑦则为有力人矣。然则举乌获之任，是亦为乌获而已矣。⑧夫人岂以不胜为患哉？弗为耳。⑨徐行后长者谓之弟，⑩疾行先长者谓之不弟。⑪夫徐行者，岂人所不能哉？所不为也。尧舜之道，孝弟而已矣。子服尧之服，⑫诵尧之言，⑬行尧之行，是尧而已矣。子服桀之服，⑭诵桀之言，行桀之行，是桀而已矣。"曰："交得见于邹君，⑮可以假馆，⑯愿留而受业于门。"⑰曰："夫道若大路然，⑱岂难知哉？人病不求耳。⑲子归而求之，有余师。"⑳（《孟子·告子下》）

注释

①曹交：人名。②诸："之乎"的合音。③文王：指周文王姬昌，商纣时为西方诸侯之长，实行仁政。武王灭商后，被追尊为文王。十尺：根据出土的战国时代的铜尺计算，当时一尺约合23.1厘米，十尺大致等于2.31米。汤：商汤，是商王朝的开国之君。④九尺四寸以长：九尺四寸多。食粟：吃粮食。相当于说"白吃饭"。⑤奚：疑问代词，什么。奚有：有奚，有什么。于是：在这个问题上。"奚有于是"相当于说"这有什么关系呢"。⑥胜（shēng）：力能担任。匹：量词。按：先秦汉语中"匹"作为个体量词，一般用于计数马匹。此"匹"字，朱熹《孟子集注》认为是"鴄"的省文，《玉篇》："鴄，鸭也。"（清）王念孙《广雅疏证》："鴄，通作匹。"又引《群经音辨》："古字鴄省作匹。"（清）焦循《孟子正义》引张氏说"匹雏"指一对小鸡。本书译文暂取量词一说。雏：小鸡。⑦钧：古代的重量单位，三十斤为一钧。⑧乌获：人名，战国秦武王时著名的大力士。任（rèn）：负担（的重量）。是：这。⑨夫（fú）：那。患：忧虑。弗：否定词，相当于"不之"。耳：句末语气词，罢了。⑩徐行：慢步走。后：走在后面。长（zhǎng）者：年纪大的人。弟：敬爱兄长。这个意思后来写作"悌"（tì）。

⑪疾行：快步走。先：走在前面，先于。⑫子：您。服：穿戴。尧之服：指跟尧同样的服饰。⑬诵：述说。⑭桀（jié）：夏朝最后一个王，暴虐无道。⑮得：能够。邹（zōu）：周代诸侯国名，在今山东省西南的邹城市。⑯假馆：借用馆舍。按：《说文》："馆，客舍也。"馆是古代接待宾客的固定住所。⑰受业：从师学习。⑱若：好像。然：这样。⑲病：有病，有……毛病。⑳余：丰足。余师：指很多的老师。

译文

曹交问道："人人都可以成为尧舜，有这话吗？"孟子说："是的。""我听说周文王身高十尺，商汤身高九尺；如今我身高九尺四寸多，却只会吃饭罢了，要怎样做才可以呢？"孟子说："这有什么关系呢？只要去做就是了。这里有个人，力气很小，连一只小鸡也提不起来，那确实是毫无力气的人了；现在有人说能举起三千斤重量，那一定是特别有力气的人了。那么，能举起乌获所能举起的重物，也就成为乌获了。人难道为不能胜任忧虑吗？不去做罢了。慢点走，跟随在长者后面，叫做敬爱兄长；大步流星地走，抢到长者前面走，就叫做不敬爱兄长。慢点走这种事，难道是人不能做到的吗？只是不去做的事情啊。所谓尧舜之道，不过就是孝顺父母、敬爱兄长罢了。您穿戴着跟尧同样的服饰，说着跟尧同样的话，做着与尧相同的行为，这就是尧了。您穿戴着跟桀同样的服饰，说着跟桀同样的话，做着与桀相同的行为，这就是桀了。"曹交说："我要是有机会被邹国的君主接见，就可以趁机向他借用一间馆舍，希望能留下来在您门下从师学习。"孟子说："道理就像宽广的大路一样明明白白，难道很难懂得吗？人们的毛病在于不去寻求罢了。您回去寻求大道，就会发现有许多的人可以当自己的老师。"

解说

孟子在此章阐述"人皆可以为尧舜"的道理，其基本思想就是：按照圣贤的道理去做，每个人都可以成为圣贤。

《尚书·说命中》："非知之艰，行之惟艰。"《左传·昭公十年》："非知之实难，将在行之。"这些论述都表明了古人对知行关系的认识。孟子从人性善的观点出发，强调"尧舜与人同"，充分肯定每个人都有成为尧舜那样的圣贤的可能性。

孟子认为：认识事物的道理与在现实中运用此道理是不可分离的，知行应当合一。人的意识是由意向和认知构成；人正是在意识指导下自觉地有所行为。孟子用浅显易懂的比喻反复讲述：人们在道德修养方面存在的问题，往往不是意向和认知的问题，而是不能落实到实践中去。

在当时人们的普遍认知中，都知道尧舜之道是好的，可是却少有遵从尧舜之道修养自身德行的人，更没有君主自觉将尧舜之道贯彻到国家治理中去。如果要追问其中的原因，人们便会找出各种借口，其中最常见的，大概就是"不能"了。因此，孟子在许多场合都苦口婆心地告诉人们，这不是"不能"，而是"不为"。

不能和不为的问题，《孟子·梁惠王上》中有详细的讨论。在道德层面上，孟子注意到当时许多人是思想的巨人、行动的矮子，知行不能合一。这与人的惰性有关，也跟社会环境有关。在政治层面上，则与君主的短视和当时政治的本质有关。他们只关心眼下的利益，只关心自身的利益，因而总是以"不能"一类的托词拒绝实行仁政。这是孟子一再呼吁"为之而已矣"的原因所在。

　　孟子最后不接受曹交作自己的弟子，是要进一步强调"为之"的重要性。曹交要拜入自己门下学习尧舜之道，然而尧舜之道至简至明，重要的是诚心诚意地去行动。只要有"为尧舜"的意向，并且脚踏实地地在日常言行中恪守尧舜之道，自然便可以成为尧舜一样的圣贤之人了。

二、仁政的理念与设计

1. 仁者无敌

原文

梁惠王曰：①"晋国，天下莫强焉，②叟之所知也。③及寡人之身，东败于齐，长子死焉；④西丧地于秦七百里；⑤南辱于楚。⑥寡人耻之，愿比死者壹洒之。⑦如之何则可？"⑧孟子对曰："地方百里而可以王。⑨王如施仁政于民，⑩省刑罚，⑪薄税敛，⑫深耕易耨，⑬壮者以暇日修其孝悌忠信，⑭入以事其父兄，出以事其长上，⑮可使制梃以挞秦楚之坚甲利兵矣。⑯彼夺其民时，⑰使不得耕耨以养其父母；父母冻饿，兄弟妻子离散。⑱彼陷溺其民，⑲王往而征之，⑳夫谁与王敌？㉑故曰：仁者无敌。㉒王请勿疑。"㉓（《孟子·梁惠王上》）

注释

①梁惠王：即魏惠王，战国时魏侯䓨（yīng），晚年称王。魏国都城本在安邑（今山西夏县、安邑一带），魏惠王九年（公元前361年），迁都大梁（今河南开封西北），所以魏惠王又称梁惠王，"惠"是他死后的谥号。②晋国：春秋末年韩、赵、魏三家大夫瓜分了晋国，号称"三晋"。这里惠王以"晋国"称魏国。一说：此"晋国"指春秋时期曾称霸诸侯的晋国。莫强焉：没有哪一个比晋国强大。按：魏国在战国初年实施变法而强大起来。③叟（sǒu）：这里是对老年男人的称呼。所知：知道的

情况。④及：等到。东：在东边。败于齐：被齐国打败。按：魏惠王三十年，魏发兵攻韩，韩求救于齐，齐国派田忌、孙膑率军攻魏救韩，两军在马陵交战，魏军大败，魏国自此国势衰退。长子死焉：太子死在那场战役中。按：马陵之战中，魏将庞涓自杀。魏太子申的下落有两种说法，《战国策·魏策二》："齐、魏战于马陵，齐大胜魏，杀太子申，覆十万之军。"这跟《孟子》的记载相同。《史记》在《魏世家》《田敬仲完世家》和《孙子吴起列传》中都说"虏魏太子申"。大概太子申被俘后遇害。⑤西丧地于秦七百里：西边割让给秦国的土地有七百里。按：马陵之战后，魏国遭到齐、秦、赵三国围攻，魏国反攻秦军，结果被商鞅统帅的秦军打得大败，将军公子卬（áng）被俘。其后魏军又多次败于秦军。魏国被迫割让河西之地和上郡十五城向秦国求和，黄河天险尽归秦国。⑥南辱于楚：南面被楚国困辱。按：据《战国策·韩策》和《史记·楚世家》记载，梁惠王后元十二年（前323年），楚国派柱国昭阳在襄陵打败魏军，夺取魏国八座城邑。⑦耻：对……感到耻辱，以……为耻。愿：希望。比（bì）：代，替。壹：全部。洒（xǐ）：洗雪。《说文》："洒，涤也。"之：代词，指代死者蒙受的耻辱。⑧如之何：对这种情况怎么办。⑨方：古代计算面积的术语。"方百里"即每边的长是百里。王（wàng）：称王，统治天下。按：《孟子·公孙丑上》："以德行仁者王，王不待大；汤以七十里，文王以百里。"⑩如：如果。施：推行，施加。⑪省：简省，减少。刑罚：刑指肉刑、死刑；罚指以金钱、劳役等赎罪。指依照法律对违法者实行的强制处分。⑫薄：使薄，减轻。税敛：税收。⑬易：治，平整。按：东汉赵岐注以"令简易"解

"易";朱熹《孟子集注》认为"易"与"耨"同义,均指清除杂草;清代王引之《经义述闻》则认为"易"乃疾义,"易耨"是说抓紧时机除草。诸说均有未安。耨(nòu):本是古代用来除草间(jiàn)苗的一种农具,类似于短柄的锄头。引申指除草间苗。"易耨"是并列关系,指平整土地和除草间苗两方面的工作。⑭壮者:指成年人。《礼记·曲礼上》:"三十曰壮,有室。"暇日:空闲的日子,农活不忙的时候。修:修习。⑮入:指平时居家。以事:以(之)事,用孝悌忠信来事奉。出:指出外参与社会事务。长(zhǎng)上:官长,上司。⑯制:通"折",折断。按:"制"字的解释一直存在分歧。东汉赵岐注径以制作义解"制";清代焦循《孟子正义》指斥赵岐之说"言近于迂",因而提出"制"通"掣"。这些观点的不妥之处,杨逢彬先生《孟子新注新译》有论证,可参看。我们认为,"制""折"上古音同义通。"制"本指裁剪衣服,引申为裁割、断开等。《广雅·释诂一》:"制,折也。"《说文》"制"下段玉裁注:"古多假折为制。"(清)王念孙《读书杂志·管子第五·制节》王引之按:"制,读为折。"梃(tǐng):直的木棍。挞(tà):笞击。这里是打斗的意思。秦楚:秦国和楚国,是当时最强大的国家。坚甲利兵:坚固的铠甲和锋利的兵器。这里指穿着坚固的铠甲、手执锋利的兵器的士兵。⑰彼:指其他的诸侯国,与"我"相对。夺其民时:侵占百姓耕种、收获的时节。按:农业生产的季节性极强,当时各诸侯国因徭役、兵役等随意占用农时,对农业生产造成严重伤害。⑱妻子:妻子和子女。⑲陷溺:陷于阱,溺于水。这里用"陷溺"形容君王暴虐无道,残害百姓,使百姓生活在水深火热之中。⑳征:征伐。《孟子·尽心下》:

"征者,上伐下也,敌国不相征也。"㉑夫(fú):连词,那么,表示下文的内容是以前文所言为条件进行推论、评论。敌:匹敌,对抗。㉒无敌:没有对手。㉓请:表敬副词,表示希望、请求。勿疑:不要疑惑。

译文

梁惠王说:"魏国,从前天下没有哪个国家比它更强大。这是老先生您所知道的。可到了我做君王,东边败给了齐国,我的长子死在那场战役中;西边割让给秦国的土地有七百里;南边被楚国困辱。我对此深感耻辱,希望为死难者洗恨雪耻,怎么办才好呢?"孟子回答道:"土地有百里见方,就足以称王于天下。大王如果对百姓施行仁政,减轻刑罚,减免税收,(使百姓)深耕细作、按时除草间苗;成年人利用劳作之余修习自己孝敬、忠信的品性,在家侍奉父兄,在外敬重尊长,那么就能使他们折木棍作兵器,去跟秦楚等国身穿坚固铠甲、手执锋利兵器的士兵战斗了。那秦楚等国侵占百姓从事农业生产的时节,使百姓不能耕作来奉养自己的父母;父母受冻挨饿,兄弟妻儿常年分离。秦楚等国虐待残害自己的百姓,大王前去讨伐他们,谁会跟大王对抗呢?所以说,施行仁政的君王是没有对手的。希望大王不要疑惑犹豫。"

解说

"仁者无敌"这一命题,是孟子基于现实观察和深入思考得出的。他看到,当时各诸侯国一方面对本国百姓横征暴敛,敲骨吸髓,导致百姓饥寒交迫,而君王和整个贵族阶层享受着奢侈糜烂的物质生活；另一方面，各国君王拼命向外扩张，企图以战争手段占有更多的土地和人民，以满足自己不断膨胀的贪欲。这就使百姓陷入水深火热之中，挣扎在死亡线上。孟子认为，君王和国家的设立，原本是为了保障百姓的生命财产安全、使百姓都能过上幸福美满的生活，如今这些东西都成为反噬百姓的毒蛇猛兽。他明确主张，不实施仁政的君王，不配拥有社稷百姓；百姓有权利废黜这样的君王，也有权利选择到实施仁政的诸侯国去生活。

孟子设想，在其他诸侯国君王都暴虐无道的情况下，假如有一个君王率先实施仁政，那么一定可以获得本国百姓的衷心拥戴和全力支持。当其他诸侯国的军队试图用武力夺取仁政国家的土地人口时，百姓自然不愿被虎狼暴政所统治，会全都挺身而出，同心同德，不惜牺牲生命抵抗外来的侵略者，以保卫自己幸福美满的生活。同时，别国百姓认识到仁政国家百姓的生活与自己生活的不同时，一则会向往仁政国家的生活，并想尽一切办法前去投奔；二则不愿为暴虐之君卖命，自然离心离德。两相比较，胜负的结果不战已知。

因此，当梁惠王向孟子请教报仇雪耻的方法时，孟子直截了当地告诉惠王：实行仁政，善待百姓，把魏国建设成政治清明、社会安定、经济繁荣、百姓安居乐业的国度。这其中的逻辑极为清晰。然而，肉食者鄙。惠王本来就是因为痴迷于大国梦，不顾本国百姓死活，肆意与别国动武，因而遭到其他各诸侯国的围攻；如今他满脑子急功近利的思维，又哪里能领会得了孟子思想的真义呢？

2. 仁与不仁

原文

孟子曰:"三代之得天下也以仁,①其失天下也以不仁。②国之所以废兴存亡者亦然。③天子不仁,不保四海;④诸侯不仁,不保社稷;⑤卿大夫不仁,不保宗庙;⑥士庶人不仁,不保四体。⑦今恶死亡而乐不仁,⑧是犹恶醉而强酒。"⑨(《孟子·离娄上》)

注释

①三代:指夏、商、周三个朝代。②不仁:无仁爱之德,残暴。③国:指诸侯国。废:衰败。兴:兴旺,昌盛。然:这样。④保:守护,保有。四海:相当于说天下、全国各地。⑤社稷:古代帝王、诸侯所祭祀的土地神和谷神。社:土地神。稷:谷神。立国时要设立祭祀社稷之神的坛庙,国亡则被废,所以"社稷"也用作国家的代称。⑥卿:按照周朝的制度,天子和诸侯都设卿一级官职,地位在大夫之上,或说上大夫为卿。大(dà)夫:古职官名。周代在国君之下有卿、大夫、士三等;各等中又分上、中、下三级。宗庙:古代帝王、诸侯祭祀祖宗的庙宇。按:周代卿大夫有封邑,也要建宗庙祭祀祖先。⑦士庶人:士人和普通百姓。也泛指人民、百姓。四体:四肢。⑧恶(wù):憎恨,讨厌。死亡:指身死国亡。乐:对……感觉愉快,以……为乐。乐不仁:对无仁爱之德的状态感觉愉悦。

⑨是：这。犹：好像，如同。强（qiǎng）：勉力，竭力去做。强酒：竭尽全力饮酒。

译文

孟子说："夏、商、周三朝得到天下，是凭借仁德；这三朝失去天下，是因为无仁爱之德。诸侯国衰败或兴盛、存续或灭亡的原因也是如此。天子无仁爱之德，不能保有天下；诸侯无仁爱之德，不能守护国家；卿大夫无仁爱之德，不能守住宗庙；普通民众无仁爱之德，不能保全自身。如今憎恶身死国亡，却对无仁爱之德的状态感觉愉悦，这就如同憎恶醉酒的不适，却又拼命喝酒。"

解说

所谓"恶死亡而乐不仁"，是指取得权力的人都企图自己长生不死，寿比南山，又希望子孙万代永远享有这花花江山；可是，他们以为只要掌握了绝对的权力，就可以随心所欲地支配万事万物，于是完全无视自然、社会的法则和规律，不仁不义，肆意妄为，贪婪无度，荒淫无耻，结果必然遭到严酷的自然法则和社会规律的惩罚，最终身死政亡，江山易主。绝对权力使人的欲望无限膨胀，产生无所不能的虚假幻觉，这与酒的功能颇有类似之处。只是政治性的权力既强大又脆弱，权力的运转具有极强的内在逻辑性，如果违背逻辑胡作非为，再强大的权力也将迅速烟消云散。这便如同酒醒之后回到现实，刚刚还属于自己的举世无匹的伟力瞬间破灭，无影无踪。

孟子认为仁政的核心是善待百姓，通过行仁政得到百姓的拥戴，这是君主、政权、国家存在的价值和基础；反之，权力便成为祸害百姓的罪魁。（参见本书第三部分《谁能救民于水火》篇解说。）在《孟子》前一章，孟子引用孔子的话："道二，仁与不仁而已矣。"用今天的表述方式，大致就是：政治道路无非两条，一是仁道，二是不仁之道。孟子断言：只要不选择仁道，便是"贼其民者也"，是祸害民众的暴君恶政，其结果无非有二："暴其民甚，则身弑国亡；不甚，则身危国削，名之曰'幽''厉'，虽孝子慈孙，百世不能改也。"欺凌伤害百姓严重的，君主就必将被杀死，国亡政息；欺凌伤害百姓不算严重的，君主自身也会时刻处在危险的境地，国势日益衰落。"暴其民"的君主，死后的谥号是"幽""厉"一类的恶谥，即使他的子孙后代忠孝仁慈，也永远无法更改他的历史评价，从而遗臭万年。这一章里孟子的表达更明确坚定：国家衰败或兴盛、生存或灭亡，原因无他，都是依据统治者是否具有仁爱的德性而定。

3. 得民心者得天下

原文

孟子曰："桀、纣之失天下也，①失其民也。失其民者，失其心也。得天下有道：得其民，斯得天下矣。②得其民有道：得其心，斯得民矣。得其心有道：所欲与之聚之，③所恶勿施尔也。④民之归仁也，犹水之就下、兽之走圹也。⑤故为渊驱鱼者，獭也；为丛驱爵者，鹯也；⑥为汤、武驱民者，⑦桀与纣也。今天下之君有好仁者，则诸侯皆为之驱矣，虽欲无王，不可得已。⑧今之欲王者，犹七年之病求三年之艾也；⑨苟为不畜，⑩终身不得。苟不志于仁，终身忧辱，⑪以陷于死亡。⑫《诗》云：⑬'其何能淑？⑭载胥及溺。'⑮此之谓也。"（《孟子·离娄上》）

注释

①桀、纣：夏桀和商纣，二人都因暴虐无道而导致王朝被覆灭。②斯：于是，就。③所欲：希望的事物，愿望。与：替。聚之：指把众心之所归聚合在一起。按：孟子认为，一个国家要形成君民上下同心同德的凝聚力，就要由为政者把符合大多数人利益和想法的生活愿景汇聚起来形成共识。④所恶（wù）：憎恶的事物。尔：罢了。⑤归仁：归向仁义之道。犹：好像。就：走向，趋向。下：低下之处。走：奔向，趋向。按：这个意义旧读去声。圹（kuàng）：旷野。⑥为（wèi）：替，给。渊：深水塘。驱：驱赶。獭（tǎ）：水獭，一种善于游泳和潜水的兽类，以鱼类和青蛙、水鸟为食。丛：丛生的树木。爵（què）：通"雀"，小鸟。鹯（zhān）：鹯鹰类的猛禽。⑦汤、武：商汤和周武王。商汤伐灭夏桀，建立商朝。周武王攻灭商纣王，建立周朝。⑧无王（wàng）：不要成就王业。已：语气词，相当于"矣"。⑨艾：艾草，茎叶可制成艾绒，供灸疗用。⑩苟：假如。畜（xù）：积蓄，收藏。按：艾叶采摘后保存一年以上称陈艾，尤以存放三年到五年的陈艾为最佳。⑪忧辱：忧患耻辱。⑫陷：掉进去，坠入。⑬《诗》：《诗经》，下面的引文出自《诗经·大雅·桑柔》。⑭其：指朝内君臣。何：怎么，哪里。淑：美善。⑮载：乃，则。胥：相，互相。溺：陷于灭亡。清代陈

奂《诗毛氏传疏》:"言今之为政者,不能以礼治国,即不能以善治国,将相入于溺亡也。"

译文

孟子说:"夏桀和商纣失去天下,是由于失去了他的人民。之所以失去了人民,是因为失去了他们的心。取得天下有正确的途径:得到天下的人民,就能得到天下。得到天下的人民有正确的途径:得到人民的心,就能得到人民。得到民心有正确的途径:人民希望得到的,就为他们把符合大多数人愿望的想法汇聚起来(形成全社会的共识),而他们所不喜欢发生的情况,不要强行施加给他们,如此而已。这样的话,百姓归向仁义之道,就好像水由高处向低处流,野兽奔向旷野。所以替深水塘把鱼赶来的,是水獭;替树丛把小鸟赶来的,是鹞鹰一类的猛禽;替商汤和周武王把民众赶来的,是夏桀和商纣。如今天下的君王如果有喜爱仁道的,那么其他各国的诸侯都在替他驱赶民众,他即便想不成就王业,也做不到了。如今想要成就王业的,好比病了七年之久,需要用三年的陈艾来医治;如果不加收藏,那就永远得不到。同样,假如不立志于仁道,那就只能一直处在忧患之中,遭到各种耻辱,最终陷入灭亡的境地。《诗经》里说:'为政者们怎能变好呢?他们将相互拽着走向灭亡。'说的就是这种情况。"

解说

失其民,是失去了本国民众的支持,孟子用"失其心"加以申说,民众对为政者的德性和统治方式充满怨恨,感到绝望,这就意味着为政者失去了民心。那么，怎样做才能得民心？孟子对此作了分析说明："所欲与之聚之，所恶勿施尔也。"民众之所欲，不是简单地指满足衣食无忧的生理需求，包括没有战乱的太平生活，更包括公平正义的社会秩序，吏治清廉，轻徭薄税，不扰民祸民等。反之，社会毫无公平正义，贪官污吏横行，欺凌压榨平民百姓；民众承受沉重的徭役赋税，痛苦不堪，遇到天灾人祸便无所依赖，走投无路。这些都是民之"所恶"。如果任由民之"所恶"成为常态，整个国家就必然陷入孔子所说的"分崩离析"的状态，"民有畏心曰分，欲去曰崩，不可会聚曰离析"（《论语·季氏》孔安国传）。民众对权力者充满恐惧，对未来不敢有任何长远的预期，因而想要离开祖辈生于斯长于斯的故土，同时为政者在道义上彻底丧失了让民众与自己同心同德的可能性。

"所欲与之聚之，所恶勿施"，也可以看作孟子仁政思想的抽象表达。孟子相信，如果君王能够遵从这样的执政理念，一定能获得民众的衷心拥戴和支持；反之，实行暴政则等同于自动把民众赶到敌对一方。此消彼长，仁政国家就一定能做到无敌于天下。道理很简单，民众都希望生活在政治清明、经济繁荣、能够安居乐业的国度，而实行仁政的国度必然拥有这样的社会环境。孟子设想，假如某个诸侯国率先实现仁政，那么其他诸侯国的百姓将扶老携幼、想方设法地前去投奔，这个诸侯国必将发展壮大起来。他说，历史上周文王正是通过实行仁政，使周国从偏居西北一隅的小国迅速兴盛到足以征服庞大的商王朝；而商纣王倒行逆施，民心尽失，虽然掌握着更大的权力资源和数倍于周军的武力，却无力与周国抗衡。由此说来，民心的向背决定国运的兴衰成败,得民心者得天下,失民心者失天下,这是被无数客观事实反复证明了的历史法则。然而,当时的君王都好大喜功,急功近利,结果便是内外忧患持续不断。孟子预言,最终的结局必然是"陷于死亡"。战国历史发展到最后,确实验证了孟子的预言。

4. 尽信书不如无书

原文

孟子曰:"尽信《书》,①则不如无《书》。吾于《武成》,②取二三策而已矣。③仁人无敌于天下,④以至仁伐至不仁,⑤而何其血之流杵也?"⑥(《孟子·尽心下》)

注释

①尽:副词,都,全部。《书》:指《尚书》,是我国现存最古老的一部历史文献,保存了夏、商、周三代的王室文告和君臣谈话记录。②《武成》:《尚书》篇名,已亡佚,今存《尚书·武成》是东晋梅赜所献伪古文。东汉王充《论衡·艺增》:"夫《武成》之篇,言武王伐纣,血流浮杵,助战者多,故至血流如此。皆欲纣之亡也,土崩瓦解,安肯战乎?"③取:采用,这里是相信、接受的意思。策:竹简。按:先秦史官记史,是写在竹木制成的简牍上。④仁人:仁德之人。敌:对手。⑤以:凭借。至仁:最具仁德的人。这里指周武王。伐:攻打。至不

仁：最没有仁德的人。这里指商纣王。⑥何：为什么。其：那。杵（chǔ）：棒槌，用来舂米或洗衣时捶打衣物的木棒。流杵：使棒槌漂流。何其血之流杵也：这句正常的语序是：其血之流杵何也。

译文

孟子说："倘若完全相信《尚书》，那还不如没有《尚书》。我对于《尚书》中的《武成》篇，只接受其中二三支竹简的内容罢了。仁爱之人在整个天下都没有对手，凭借最具仁德的人去攻打最没有仁德的人，却说在那场战争里死人很多，血流得都把棒槌漂起来了，这样说是为什么呢？"

解说

对待历史文献，应当采取客观的态度，理性地加以审视和分析。完全相信或者完全不相信历史文献，都不是正确的态度。在这方面，孟子无疑是理性的。尽管《尚书》经过了孔子的整理并被孔子用作教科书，但孟子并不迷信。他根据自己的价值判断，认为武王伐纣乃有道伐无道。他坚信"仁者无敌"，断言："得道者多助，失道者寡助。寡助之至，亲戚畔之；多助之至，天下顺之。以天下之所顺，攻亲戚之所畔；故君子有不战，战必胜矣。"（《孟子·公孙丑下》）武王既然是至仁者，因此伐纣一定会势如摧枯拉朽，所向披靡，根本不可能遇到强硬的抵抗。

孟子总结历史的经验，看到民心对于国家兴亡的重要性。当一国君主"陷溺其民"，从而失去民心，这时若有仁义之君

"往而征之",那么"民以为将拯己于水火之中也",于是往往会出现"箪食壶浆以迎王师"的场景。他反复陈述"得其民"则"得天下"的道理,其依据正在于此。

然而,历史是复杂的,战争是残酷的。历史的复杂性在于,"仁人"也罢,"仁义之师"也罢,都可能被作为获得民心的口号。真正夺取权力之后,仁义的面纱很快便被抛弃了。毕竟,仁作为一种道德范畴,不具有任何强制的力量。看看历代王朝更迭时,自称正义的一方讨伐当政暴君的檄文,无不大义凛然,仁德无边;然而,最终的结果却往往是"兴,百姓苦;亡,百姓苦"。

东汉王充《论衡·语增》指出,孟子否认商周之间发生过血流漂杵的战争,只是想强调武王"取殷易,兵不血刃",以此"美武王之德,增益其实也"。因此,孟子的说法"失其正"。王充认为,不能先设定以有道伐无道,由此推断商周之间没有发生残酷的战争。王充说:"《武成》言血流浮杵,亦太过焉。"并从物理原理和地形特点论证不可能发生血流浮杵的情形。这是既承认商周之间有血腥的战争,同时又批评血流浮杵的描写不真实,看起来非常客观,可是用写实原理去驳斥文学上的夸张,难免有些南辕北辙。

5. 五十步笑百步

原文

梁惠王曰:①"寡人之于国也,尽心焉耳矣。②河内凶,则移其民于河东,移其粟于河内;③河东凶,亦然。④察邻国之政,无如寡人之用心者。⑤邻国之民不加少,⑥寡人之民不加多,何也?"孟子对曰:"王好战,请以战喻:⑦填然鼓之,⑧兵刃既接,⑨弃甲曳兵而走,⑩或百步而后止,⑪或五十步而后止。以五十步笑百步,则何如?"⑫曰:"不可,直不百步耳,是亦走也。"⑬曰:"王如知此,则无望民之多于邻国也。⑭不违农时,谷不可胜食也;⑮数罟不入洿池,⑯鱼鳖不可胜食也;斧斤以时入山林,材木不可胜用也。⑰谷与鱼鳖不可胜食,材木不可胜用,是使民养生丧死无憾也。⑱养生丧死无憾,王道之始也。⑲五亩之宅,⑳树之以桑,㉑五十者可以衣帛矣;鸡豚狗彘之畜,无失其时,㉒七十者可以食肉矣;百亩之田,勿夺其时,㉓数口之家可以无饥矣;谨庠序之教,申之以孝悌之义,㉔颁白者不负戴于道路矣。㉕七十者衣帛食肉,黎民不饥不寒,然而不王者,未之有也。㉖狗彘食人食而不知检,㉗涂有饿莩而不知发,㉘人死,则曰:'非我也,岁也。'㉙是何异于刺人而杀之,㉚曰'非我也,兵也。'王无罪岁,㉛斯天下之民至焉。"㉜(《孟子·梁惠王上》)

注释

①梁惠王:即魏惠王,战国时魏侯䓨(yīng),晚年称王。

因其将魏国都城从安邑迁至大梁,所以又称梁惠王,"惠"是谥号。②寡人:古代君主对自己的谦称。于国:对于国家。尽心:竭尽心思,用尽心思。焉:于是,在国家上。耳:句末语气词,罢了。③河内:今河南境内黄河以北地区。凶:荒年,庄稼收成不好或绝收。河东:指魏国占有的黄河以东地带。按:黄河流经今山西、陕西之间,成南北流向,黄河以东称河东。粟:指粮食。④亦然:也是这样。⑤察:考察。如:像。⑥加:更加。⑦好(hào):喜好。请:请允许我。喻:比喻。⑧填然:拟声词,像战鼓咚咚敲响的声音。鼓之:击鼓,擂响战鼓。按:古代作战,击鼓是开始进攻的信号。⑨兵刃:兵器。既:已经。⑩弃:丢掉。甲:铠甲。曳(yè):拖着。走:跑,逃跑。⑪或:有的人。步:举足两次为步,相当于今天的两步。作为量词,六尺为步。止:停下来。⑫以:凭借。笑:讥笑。百步:指跑了百步的人。何如:如何,怎么样。⑬直:副词,只是,只不过。是:这,指代"五十步而后止"。⑭如:如果。此:这一点。指代上文五十步和百步都是逃跑的道理。无:通"毋",不要。望:期望。⑮违:违背。农时:指适宜于从事耕种、收获的时节。胜(shēng):尽。不可胜食:吃不完。⑯数(cù):细密。罟(gǔ):网。洿(wū):不流动的水。洿池:池塘。⑰斤:古代一种砍削的工具,类似于后代的镢、锛等。斧斤:斧头和镢等砍伐工具。以时:按照一定的时节。古人认识到人类应遵从自然规律,与大自然和谐相处,而不应无节制地攫取,从而破坏了万物生长的规律。如《淮南子·主术》说:"鱼不长尺不得取,兽不期年不得食。"材木:可作木材的树,木材。⑱是:这。指代上文"不可胜用""不可胜食"的情况。养生:供养活着的人，供养家人。按：在这个意思上，"养"旧读 yàng。丧（sāng）：办丧事，为死者举行殓奠殡葬等礼仪。死：指死去的人。无憾：没有遗憾。⑲王道：以仁义治天下的方略。⑳五亩：约合今一亩二分多一点。五亩之宅：五亩大小的宅院。按：古代井田制规定，一井九百亩，八户人家，一夫一妇受私田一百亩，公田十亩，八家合为八百八十亩，余二十亩，每家二亩半，用于建田中庐舍；另外在村邑里授每家住宅地二亩半，两处合为五亩。下文说"百亩之田"，即指私田。㉑树：动词，种植，栽种。桑：桑树。按：桑叶是蚕最重要的天然食料，蚕丝是古代衣物的主要原料，所以古人极重视桑树，家家种桑。㉒五十者：五十岁以上的人。衣（yì）：穿。帛：丝织品的总称。按：丝帛质料的衣服保暖性能更好，所以古代规定只有贵族和年老的人可以穿丝帛衣服。一般平民穿麻布做的衣服。《礼记·王制》："五十始衰，六十非肉不饱，七十非帛不暖。"㉓豚（tún）：小猪。彘（zhì）：猪。按：古代小猪一般不允许杀食，但祭祀时需要用到，所以这里"豚"和"彘"并列在一起说。畜（xù）：养。无失其时：指不要错过家禽家畜繁殖的季节。也就是不能滥用民力，让老百姓有充分的时间去饲养繁殖家禽家畜。㉔夺：侵占。指统治者因徭役、兵役等占用农时。㉕庠（xiáng）序：是古代的地方学校的名称。《孟子·滕文公上》："设为庠序学校以教之。……夏曰校，殷曰序，周曰庠。"申：反复陈说。㉖颁白者：指因年龄大而头发花白。负：背。戴：用头顶着。负和戴大概是古人外出时携带重物的方式。㉗黎民：众民，百姓。王（wàng）：称王，成就王业。未之有：未有之，没有过这样的情况。㉘狗彘食人食：狗和猪吃人的食物。按：

这是指庄稼丰收的年景，人们肆意挥霍浪费。检：约束，限制。按：或说"检"通"敛"，收聚。《汉书·食货志》引此句作"不知敛"。此句与下句"不知发"相对。孟子主张，政府必须发挥自身的调节功能，在丰年粮食价格便宜的时候，尽量收聚民间的余粮作为储备，防止灾荒和战争等不时之需。在发生灾害出现大面积缺粮情况时，要及时开仓救济百姓。㉙塗：道路。这个意义也写作"涂""途"。莩（piǎo）：饿死。饿莩：指饿死的人。按：塗有饿莩，指灾年发生饥荒。发：打开。这里指打开官府的粮仓赈济灾民。㉚岁：收成，年景。㉛是：这。指代"狗彘食人食而不知检，塗有饿莩而不知发"的做法。何异于：跟……有何区别。㉜无：通"毋"，不要。罪：怪罪，认为……有过错。㉝斯：连词，于是。至焉：至于是，来到这儿。

译文

梁惠王说："我对于自己的国家，也算是尽心尽力了。河内地区遭遇荒年，我就把那里的百姓迁移到河东地区，又把河东地区的粮食运到河内去；河东地区遭遇荒年，我也会这样去做。考察邻近国家的政事，没有一个国家像我这样花费心思。可是邻近国家的百姓并没有比魏国更少，而我的百姓也没有比别国增多，这是为什么呢？"孟子回答说："大王喜欢打仗，就请允许我用打仗来做比喻吧：战鼓咚咚地擂响了，双方的兵器交上了手，这时有士兵丢掉盔甲拖着兵器逃跑。有的跑出去一百步才停住脚，有的逃了五十步就停下了。拿自己只逃了五十步作资本，去讥笑那些跑了上百步的人，大王觉得怎么样？"惠王说："不可以，只不过逃了不到百步罢了，这也是逃跑。"孟子说：" 大王要是明白这个道理，那就不要期望魏国的百姓比邻国更多。只要不违背农时，粮食就吃不完；细密的渔网不进入池塘捕捞，鱼鳖一类的水产就吃不完；斧头和镢等砍伐工具按照一定的时节进入山林砍伐，那么木材是用不完的。粮食和鱼鳖一类的水产吃不完，木材用不完，这样就能使百姓供养家人、为死者送葬都不会有任何遗憾。能够做到供养家人、为死者送葬都不会有任何遗憾，这是以仁义治天下的开始。五亩大的田宅，种上桑树养蚕，五十岁的人就可以穿丝织品了。鸡、狗、猪一类的家禽家畜的饲养，不要错过它们繁殖的季节，那么七十岁的人就可以吃肉了。一百亩农田，不要侵占农时，那么有几口人的家庭就可以不挨饿了。谨慎地搞好学校教育，反复地告诉人民孝敬父母、顺从兄长的道理，那么头发花白的老年人就不会背着、顶着东西行走在道路上了。七十岁以上的老年人穿丝织品、吃肉，一般百姓也可以不挨饿受冻，这样却不能称王于天下的，是从来没有的。狗和猪吃人的食物，却不知道出面加以约束；路上有因饥饿倒毙的人，却不知赶紧打开官府的粮仓赈济灾民。当出现大量人口饿死的惨状时，君王却说：'不是因为我的缘故，是年景不好。' 这种做法跟用刀把人杀死，却说 '不是我的缘故，是因为兵器'，又有什么区别呢？大王不要把过错推诿给年景，那么天下的百姓就跑到魏国来了。"

解说

梁惠王认真总结自己作为一国之君的业绩，感觉自己还算是尽心尽力的。比如在救灾工作上，确实做了能做的所有事情。由国君主动出面动员移民，让灾区的百姓离开家乡，到没有受灾的地区去讨口饭吃；又发动没有受灾的地区百姓拿出粮食救济受灾地区的百姓。既然自己对待政事如此尽心尽力，那么魏国百姓应当感激涕零，歌功颂德，让自己明君圣主的名声广播宇内；其他国家的百姓愿做惠王之民，应当扶老携幼，纷至沓来。然而，仔细考察的结果，却发现事实并非如此。这使惠王感到不解和困惑。

孟子反复宣称，只要施行了仁政，就如何如何。比如他说："今王发政施仁，使天下仕者皆欲立于王之朝，耕者皆欲耕于王之野，商贾皆欲藏于王之市，行旅皆欲出于王之途，天下之欲疾其君者皆欲赴诉于王。"（《孟子·梁惠王上》）就是说，只要建立了政治清明、社会公正、国泰民安的人间乐土，就足以吸引别国的人才、百姓、商贾、游客等蜂拥而入，根本不需要通过血腥的军事手段争夺人口。

那么，为什么在惠王尽心尽力的情况下，魏国并没有出现孟子所描绘的景象呢？孟子需要给出合理的解释，否则，他反复宣扬的仁政学说就会给人留下攻击的把柄。

孟子一向善于运用生动贴切的比喻来深入浅出地说明抽象复杂的道理。他听了惠王的问题，马上就举出战争中的一幕场景：在双方白刃相搏的关头，有士兵胆怯了，丢盔弃甲地逃离了战场。假如有人凭借自己只逃了五十步，去嘲笑逃了百步的人，这显然是人们不能认可的。对此，惠王也非常明确地指出：两者的本质相同，只是程度不同而已。

由此，我们大致可以明白孟子的观点了：惠王与其他诸侯国的君王相比，其施政理念并无本质的不同，只是程度上的差异罢了。

梁惠王的苦恼，有自我评价的准确性问题，也有如何施政的理念问题。治理好一个诸侯国，应遵从怎样的政治理念？建立怎样的治理体系？从而达到怎样的社会理想？这些问题，对于当时大部分君王来说，其实都还是混沌模糊的。

孟子巧妙地使用战争的比喻，让惠王明白了一个基本道理：有时两件事物虽然存在程度上的差异，但可能本质上是完全相同的。魏国的政治现状跟其他诸侯国相比，便属于这种情况。换句话说，惠王虽然在政事上花了些心思，但并不意味着他在魏国实施了仁政。

那么，什么是真正的仁政呢？既然惠王最关心的话题是怎样才能使一个诸侯国成为人人向往、争相移民的乐土，所以孟子便紧紧围绕这个话题来阐述他的仁政思想。

孟子指出，使百姓能够实现"养生丧死无憾"的生活目标，便是仁政的基本条件。他看到当时各国诸侯为了争雄称霸而滥用民力，对农业生产造成极大破坏，所以特别强调"勿夺其时""不违农时"，力劝统治者不要穷兵黩武、征战不休，而应以仁义之心对待百姓，让他们有充分的时间从事农业生产，从而保障维持生活的基本需要。

孟子向惠王描绘了一幅小农经济生活的美景：给每家五亩宅院，周围种桑养蚕，让五十岁以上的人都穿上丝棉衣；让每家都适时养鸡喂猪，使七十岁以上的人都可以吃上肉；给每家一百亩农田，并且让农民有充分的时间从事农业生产，数口之家丰衣足食。在解决了老百姓的温饱问题之后，对他们进行教化，使他们懂得做人的道理。

孟子所描述的情景，并非遥不可及的远大梦想。然而，当时的社会现实却是与这样的情景背道而驰的。一句"非我也，岁也"，极形象地揭示出，当时君王及其整个官僚机器根本没有把百姓的死活放在心上。他们贪得无厌，颟顸无能，毫无社会责任感，更缺少对国家发展的深远思考。

表面上看，惠王可谓勤政爱民。按照当时的情形，他没有去跟别国君王比烂，就算得上是好君王了。他死后能获得"惠"的谥号，足以说明其生前的作为是被充分肯定的。谥法规定，"爱民好与曰惠"，"施勤无私曰惠"，"淑质受谏曰惠"，"宽裕不苛曰惠"，"兴利裕民曰惠"，"德威可怀曰惠"，诸如此类。无论哪一条，都可令后人钦慕敬仰。然而，孟子看到，在惠王的治下，魏国竟然存在"狗彘食人食而不知检，塗有饿莩而不知发"的现象，其他诸侯国的君王如何作为，也便可想而知了。

6. 保民而王

原文

齐宣王问曰：①"齐桓、晋文之事，可得闻乎？"②孟子对曰："仲尼之徒无道桓、文之事者，③是以后世无传焉，臣未之闻也。④无以，则王乎？"⑤曰："德何如则可以王矣？"⑥曰："保民而王，莫之能御也。"⑦曰："若寡人者，可以保民乎哉？"⑧曰："可。"曰："何由知吾可也？"⑨曰："臣闻之胡龁曰：⑩王坐于堂上，有牵牛而过堂下者。⑪王见之，曰：'牛何之？'⑫对曰：'将以衅钟。'⑬王曰：'舍之！⑭吾不忍其觳觫，若无罪而就死地。'⑮

对曰:'然则废衅钟与?'⑯曰:'何可废也?以羊易之。'⑰不识有诸?"⑱曰:"有之。"曰:"是心足以王矣。⑲百姓皆以王为爱也,臣固知王之不忍也。"⑳(《孟子·梁惠王上》)

注释

①齐宣王:名辟疆,战国中期齐国的君主。②齐桓:即齐桓公,名小白,他任用管仲变法图强,成为春秋时期的第一位霸主,史称"九合诸侯,一匡天下"。晋文:即晋文公,名重耳,是继齐桓公之后第二个实现霸业的国君。"齐桓、晋文之事"就是指齐桓公和晋文公凭借雄厚的军事力量称霸天下的事情。可得:可以,能够。③仲尼:孔子,名丘字仲尼。徒:同一类的人,同一派别的人。道:述说。"仲尼之徒"指仲尼一派的人,儒家学派的人。他们没有谈论齐桓公、晋文公霸业的人,即孔子及其弟子只谈王道,从不提及霸道。④是以:以是,因为这个,因此。传(zhuàn):文字记载。焉:于是,在齐桓、晋文之事方面。未之闻:未闻之,没有听说过这方面的事情。⑤已:通"已",停止。王:行王道。⑥何如:如何,怎么样。⑦保:安抚、爱护。莫之能御:莫能御之,"之"指代王天下。⑧若:像。乎:表疑问的句尾语气词。哉:表感叹的句尾语气词。⑨何由:由何,从哪些方面。⑩闻:听说。胡龁(hé):人名,齐国大臣。⑪堂上:厅堂之上。按:古代宫室,前为堂,后为室。堂是正厅。因宫室建筑一般都建造在夯土台基上,厅堂高出庭院,故称"堂上";下文"过堂下",即经过堂前的庭院。⑫之:去,往。何之即之何,去哪儿。⑬以:用(它)来。衅:古代的一种祭祀仪式,用牲畜的血涂在新制成的器物上。

钟：乐器，一般供祭祀或宴飨时用。⑭舍（shě）：放弃。之：指代"以牛衅钟"这件事。舍之：放弃用牛衅钟这件事。⑮觳觫（hú sù）：叠韵联绵词，恐惧的样子。若：好像。就：走向。⑯然：这样的话。废：本义是房屋倒塌，房屋倒塌了就停止使用了，引申指停止。与（yú）：同"欤"，表疑问的句尾语气助词。⑰何：哪里，怎么。易：交换。⑱识：知道。有诸：有之乎。⑲是心：这种心思，这种心意。⑳爱：小气，吝啬。固：本来。

译文

齐宣王问道："齐桓公和晋文公的事业可以听一听吗？"孟子回答说："儒家学派的人没有谈论齐桓公、晋文公霸业的，因此后代没有这方面的记载。我从没有听说过这件事。如果大王一定要我谈，那就谈谈实行王道的道理吧。"宣王问："有什么样的德行就可以实行王道了呢？"孟子说："爱护老百姓而实行王道，没有人能够阻挡得住。"宣王说："像我这样的人，可以做到爱护百姓吗？"孟子说："可以。"宣王说："从哪些方面知道我可以呢？"孟子说："我听胡龁说过一件事，说大王坐在堂上，有一个人牵着牛经过堂下，大王见到这一情况，就问：'牛到哪里去？'回答说：'将要用它来祭钟。'大王说：'不要用它祭钟了，我不忍心看到它恐惧发抖的样子，好像没有罪过的人走向死地一样。'牵牛的人回答说：'这样的话就停止祭钟这件事吗？'大王说：'怎么能停止呢？用羊代替牛吧。'不知道有这回事吗？"宣王说："有这样一件事。"孟子说："这种心意足够用来实行王道了。百姓都认为大王是小气，我本来就知道大王是不忍心。"

解说

齐宣王是战国中期齐国的一位君主。齐宣王的父亲齐威王在位时,任用孙膑和田忌在马陵之战中大败魏军。后来韩、赵、魏三国的国君都去朝见齐威王,齐国威震天下,在当时的国际舞台上起着举足轻重的作用。齐宣王即位后积极从事招贤纳士的工作,设立稷下学宫奉养一大批有学问的人,让他们不治而议论(不负责具体的事务,只管发表议论)。此时齐国国富兵强,文风昌盛,齐宣王雄心勃勃,向孟子请教,想要效法历史上的齐桓公、晋文公,成为天下的霸主。孟子对此心知肚明,所以马上明确表明儒家对霸道的鄙视,很干脆地拒绝讨论这个话题。但是谈话还要进行下去,所以他话题一转,用"无已,则王乎"引出王道,不过只是轻轻一点,来试探齐宣王的反应。宣王漫不经心地抛出一句"德何如则可以王矣",看似主动提出问题,实则是一副消极的虚与委蛇的态度。这时,孟子没有急于去全面论述自己关于王道的主张,而是从容不迫地下了一道诱饵,提出"保民"作为王天下的前提。

按理说,作为君王,保民应当是为政的本分,可放眼当时各诸侯国,能做到这一点的君王可谓凤毛麟角。因此,孟子用"保民"作为实现王道政治的前提,是大有深意的。他也清楚,对齐宣王这样一位自负且充满政治野心的君王而言,内心里会觉得"保民"轻而易举。因此,他点出保民所能达到的政治效果,相信一句简单的"莫之能御",对宣王一定充满诱惑力。果然,宣王一句话连用两个句尾语气词,用"乎"表达向孟子发问,征询孟子的看法;用"哉"则表现出齐宣王对自己充满自信，因而跃跃欲试的神情。孟子便顺着齐宣王的心意，非常肯定地回答说："可。"孟子没有说明自己如何得出这一结论，在简单明了地作了回答之后，立即打住，留下一个悬念，而且他知道这是齐宣王极感兴趣、非问不可的悬念。这就好比竖起了一根竿子，专等着齐宣王来顺竿爬了。宣王果然紧接着孟子的话追问一句："何由知吾可也？"显出急不可耐地要得到答案的神色。大概在宣王的预设中，孟子的回答应该是一番热情洋溢的歌功颂德的言辞。可出乎意料，孟子悠悠然讲述起听来的一件事，然后问道"不识有诸"，要宣王自己来加以证实。宣王有些疑惑，不知这事与王道有何关系，于是用"有之"确证此事。孟子铿锵有力地断言："是心足以王矣！"然后解释道，"是心"便是不忍之心。有不忍之心，便足以王天下。这话很有艺术性，一方面针对宣王的疑惑作了解说，同时又语焉不详，要让宣王自己思考其中的道理。特别是似乎不经意之中引出百姓对宣王这种做法的议论，而提到这些议论，宣王会非常激动，一定有话要说。

齐宣王要讨论霸道，孟子则要宣扬王道。不过，两人的谈话没有出现道不同不相为谋的僵持和冷场。我们看到的场面是宣王问，孟子答；而孟子的每一个回答都要引出宣王的下一个问题，就这样在不知不觉中，谈话的内容集中到了孟子设定的主题上。当时的君王对王道毫无兴趣，孟子给他们讲王道，需要耐心，更需要高超的谈话艺术。而孟子也的确是知言善辩的大师，掌控和驾驭谈话进程达到炉火纯青的境界。至于为什么宣王以羊易牛便是不忍之心的表现，而不是吝啬，宣王好奇，我们也很好奇。

7. 君子远庖厨

原文

王曰:"然。诚有百姓者。①齐国虽褊小,②吾何爱一牛?③即不忍其觳觫,④若无罪而就死地,故以羊易之也。"曰:"王无异于百姓之以王为爱也。⑤以小易大,彼恶知之?⑥王若隐其无罪而就死地,⑦则牛羊何择焉?"⑧王笑,曰:"是诚何心哉?⑨我非爱其财而易之以羊也。⑩宜乎百姓之谓我爱也。"⑪曰:"无伤也,⑫是乃仁术也。⑬见牛未见羊也。君子之于禽兽也,见其生,不忍见其死;闻其声,不忍食其肉。是以君子远庖厨也。"⑭(《孟子·梁惠王上》)

注释

①然:在古汉语中单独成句,表示同意对方的说法,相当于"是的""是这样"。诚:的确。②褊(biǎn):本义是衣服狭小,不合身。引申指地域狭小。③何:为什么,哪里。④即:副词,就,就是,加强肯定的语气。⑤无:通"毋",不要。异:动词,奇怪。"异"本是形容词,其意动义表示"认为……不同一般,"即觉得奇怪,惊奇。⑥小:相当于说"小者",小的,指羊而言。大:指牛而言。彼:他们,指议论的百姓。恶(wū):怎么,哪里。知之:了解这一点,即懂得以羊易牛的做法所包含的道理。⑦若:如果。隐:可怜,不忍,同情,所谓

"恻隐之心"就是不忍之心,同情之心。⑧择:区别。何择:如何区别。焉:于是,指在无罪而就死地方面。⑨是:指示代词,这。诚:真。⑩其:指示词,那。⑪宜:应当的,合理。⑫伤:妨害。⑬是:指示代词,这。仁术:施行仁政的策略。⑭是以:以是,因此。远:远离。这个意义旧读去声。或解为"使……远",意思是把厨房建在离住处较远的地方,目的是不看宰鸡杀鱼一类的事情。

译文

宣王说:"是啊,确实有百姓这样看。齐国虽然地域狭小,我哪里就吝啬一头牛呢?我就是不忍心看到它恐惧发抖的样子,好像没有罪过的人走向死地一样,所以用羊去代替牛。"孟子说:"百姓认为大王是小气,大王不要对此觉得奇怪。用小的代替大的,这其中的道理老百姓怎么能懂得呢?大王如果同情牛没有罪过而走向死地,那么牛和羊在这一点上有什么区别呢?"宣王笑着说:"这真是一种什么心理呢?我不是吝啬那财物而用羊去换掉牛的。百姓说我吝啬是应该的吧。"孟子说:"没有关系,这就是施行仁政的策略。因为当时看到了牛却没有看到羊。君子对于禽兽,看到它们活着的样子,就不忍心看到它们死去;听到它们的叫声,就不忍心再吃它们的肉。所以君子远离厨房。"

解说

先解释一下题目。君子远庖厨,意思是君子远离厨房,因为厨房里总会有些宰杀活物的事情,那些生命被剥夺时挣扎哀鸣的场景，对于有仁爱之心的君子来说，实在不堪承受。所以他们只要听到了动物们临终前的叫声，就不会再忍心吃摆上桌的肉。可是君子还是要吃肉，于是找到一个比较折中的方法，就是远离厨房。既然没有亲身经历动物们死前的悲惨，吃起肉来便会心安理得了。

如此解题，可能给人的感觉不太好：君子竟如此虚伪？孟子居然还要道貌岸然地用这样的事例说明君子之仁，岂不荒腔走板到令人齿冷？这么明显的逻辑漏洞，又如何能使人信服？而且还要以此来游说齐宣王实行仁政？

我们先回到孟子与齐宣王谈话的具体场景，理清讨论问题的过程与思路，或许对孟子的说法会有同情的理解吧。

在上文中，孟子向齐宣王转述了从别人那里听来的一个故事，依据故事中宣王的做法，论断他有不忍之心，而且凭借这种不忍之心足以实行王道。同时似乎不经意之中引出百姓对宣王这种做法的议论：宣王以羊易牛是吝啬小气。孟子说，自己是不认同这种说法的。

宣王马上对孟子的说法表现出强烈的共鸣，可见当时的确有"百姓皆以王为爱"的事情，宣王听到了这些议论，内心感到委屈和不满。他重复自己当初说过的"不忍"言辞，在句首用了"即"；这个"即"是表强调的副词，表示排除其他各种情况。虽然百姓的误解让宣王不爽，可现在有了孟子这样一位大知音，不仅充分肯定了宣王的不忍之心，而且称赞他具备了实行王道的资质，这怎能不令宣王满心舒服愉悦呢？从宣王的一番话可知，他已经为自己具有不忍之心而陶醉了。

正当宣王内心颇为自得的时候，孟子突然话锋一转，提出了小与大的问题：若从不忍之心来看，小和大、牛和羊都是无罪而就死地，二者有什么区别呢？这样一个问题正击中齐宣王的要害，仿佛在宣王顺着孟子竖起的竿子爬到尽头的那一刻，孟子却突然把竿子抽掉了。

宣王还真回答不了孟子的问题，只好尴尬地笑了。既然他自己也无法解释自己的做法，于是只能得出结论说："宜乎百姓之谓我爱也。"这句正常的语序是"百姓之谓我爱也宜乎"，谓语提前往往表示一种感叹的语气。

在宣王很迷惘又很尴尬的时候，孟子要帮他解围了，他用仁术来解释宣王的做法，这也就把话题拉回到仁道上来，而这正是孟子要向宣王论述的中心思想。那么为什么"见牛未见羊"就合乎仁术呢？下面要解释清楚，于是有了"君子远庖厨"的说法。

孟子明明知道，宣王是一位对仁政毫无兴趣、满脑子急功好利的君主。仅仅因为这位君主表现出不忍之心，孟子便充满热情、想方设法地引导他理解仁政、接受仁政。他告诉宣王，施行王道的关键在于保民，保民的依据是不忍之心；而宣王有不忍之心，具备保民的条件，因而具备施行王道的条件。这些观点不是通过空洞的说教灌输给宣王，而是在轻松愉快的谈话过程中，非常自然地表达出来的。

这里需要再对"保民"多作一点说明。"保"在甲骨文里的形体像背负小孩的样子（🧑），本义是用襁褓一类的东西把婴幼儿负在后背上，引申为抚育、抚养，如《尚书·康诰》："若保赤子。"意思是说好像抚养初生的婴儿。又引申为安抚、安定、爱抚的意思。所谓"保民"，就是小心认真地善待百姓，真心实意地爱护百姓。让掌握着无上权力的君王爱护百姓，实在不是容易的事情。孟子明确主张，国家权力的根本意义，应该是让百姓生活得更好；他终其一生所努力的方向，是力劝君王们建立善待百姓的执政理念。可惜，即使如齐宣王这样还有点政治智慧和不忍之心的君王，也只能让孟子以失败而告终。

说句题内话，后世有人用圣人教导"君子远庖厨"为挡箭牌，拒绝进厨房做家务。这个问题恐怕就不应当由孟子负责了吧？

8. 不能和不为

原文

王说，①曰："《诗》云：②'他人有心，予忖度之。'③夫子之谓也。④夫我乃行之，⑤反而求之，不得吾心；夫子言之，于我心有戚戚焉。⑥此心之所以合于王者，⑦何也？"曰："有复于王者曰：⑧'吾力足以举百钧，而不足以举一羽；⑨明足以察秋毫之末，而不见舆薪'。⑩则王许之乎？"曰："否。"⑫"今恩足以及禽兽，而功不至于百姓者，独何与？⑬然则一羽之不举，为不用力焉；⑭舆薪之不见，为不用明焉；百姓之不见保，为不用恩焉。⑮故王之不王，不为也，非不能也。"曰："不为者与不能者之形何以异？"⑯曰："挟太山以超北海，语人曰'我不能'，⑰是诚不能也。⑱为长者折枝，⑲语人曰'我不能'，是不为也，非不能也。故王之不王，非挟太山以超北海之类也；⑳王之不王，是

折枝之类也。"㉑（《孟子·梁惠王上》）

注释

①说（yuè）：悦，喜悦，高兴。这个意义后来写成"悦"。②《诗》：《诗经》。这两句出自《小雅·巧言》篇。先秦时期人们在谈话中引用《诗经》的诗句是一种时尚。③予：我。忖（cǔn）：揣测。度（duó）：衡量。④夫子之谓："谓夫子"的倒置。⑤乃：副词，就，表示限定范围。⑥戚戚：心情激动的样子。"于我心有戚戚焉"直译是"在我心里有很大触动"。⑦所以合于王者：与王道相符合的原因。⑧复：报告，告诉。⑨钧：古代的重量单位，三十斤为一钧。一羽：一根羽毛。⑩明：名词，视力。察：看清楚。秋毫：秋天兽类身上新长出的绒毛。毫：长而细的毛。末：末端。舆：车子。薪：木柴。⑪许：同意，赞同。⑫否：单独成句，表示不同意某种看法，与"然"是相对的。⑬恩：德惠，这里指不忍牛被杀的慈爱之心。及：推及。功：功德。独：副词，表示反问，相当于"究竟"。与（yú）：句末语气词，表示疑惑、探询的语气。⑭然：这样说来。为（wèi）：因为。焉：于是。不用力焉：不用力于是，不用力于一羽。⑮见：助动词，用在动词的前面表示被动。见保：被爱护，受到安抚。⑯不为者：不为这种情况。形：具体表现。异：分开。《说文》："异，分也。"⑰挟（xié）：用胳膊夹着。太山：即泰山。超：跳跃，跳过。北海：指渤海。语（yù）：告诉。⑱是：这。诚：真的。⑲为（wèi）：替，给。长（zhǎng）者：年老的人。折枝：按摩肢体。枝：通"肢"，四肢。或认为"折枝"就是折一根树枝的意思。⑳类：同类的事情。㉑是：这。

译文

宣王听了孟子的解释,心里很高兴,就说:"《诗经》里说:'别人有什么想法,我能推测出来。'这是说的先生啊。我也就是做了这件事,反过来推求一下我这种行为,自己也不了解自己的心理。先生说明我的行为,真是说到我内心里去了。这种心理合乎王道的原因是什么呢?"孟子说:"有人告诉大王说:'我的力气足以举起百钧重物,却不能举起一根羽毛;我的视力足以看清楚秋天兽类新生绒毛的尖梢,却看不到一车子木柴。'那么大王同意他这话吗?"宣王说:"不!"孟子说:"如今慈爱之心足以推及禽兽,而功德却不能施加到百姓,究竟是为什么呢?这样说来,一根羽毛举不起来,是因为不去用力气;一车木柴看不见,是因为没有用视力去看。百姓没有得到安抚,是因为没有对他们用慈爱之心。所以大王没有王天下,是不去做,而不是不能做。"宣王说:"不去做跟不能做这两种情况的具体表现怎么区别呢?"孟子说:"用胳膊夹着泰山跳过北海这样的事情,告诉别人说:'我不能。'这是真的不能。替年老的人按摩一下肢体,告诉别人说:'我不能。'这是不做,不是不能。所以说大王没有实行王道,不是用胳膊夹着泰山跳过北海一类的事情;大王没有实行王道,这是按摩肢体一类的事情。"

解说

孟子从"保民"的话题切入,逐渐把齐宣王的谈话兴趣引向王道。其间用百姓对宣王以羊易牛行为的看法,让宣王的情绪如过山车般,忽而自得,忽而失落。最后孟子用仁术合理地解释了宣王的行为,这让宣王龙颜大悦,心里满是舒畅惬意,自然对讨论仁政的兴趣更浓厚了,所以主动提出问题:为什么这样的心意就符合王道呢?

孟子没有直接回答宣王,又轻轻把话题荡开去,提出一个似乎不相关的问题。举百钧与举一羽、察秋毫与见舆薪,其间反差巨大;有人如此说话,明显与人们的经验常识截然违背,所以宣王也毫不犹豫地断然说道:"不同意。"不过,宣王心里恐怕也难免嘀咕:这老先生不直接讨论仁政,怎么又提出这样简单甚至荒谬的问题呢?这个问题与仁政有何关系呢?可以想象,宣王此时实在有点儿摸不着头脑了。

于是孟子明确地把中心思想揭示出来:你宣王能对禽兽有慈爱心,怎么就不知用到百姓身上呢?然后,他把"保民"与"举一羽""见舆薪"并列起来,构成排比句,前面"举一羽""见舆薪"是比喻,目的是引出并说明"保民",意思是说"保民"就如同"举一羽"和"见舆薪"一样,本来是轻而易举的事情,现在宣王没有做到,只是因为没有去做,所以最后的结论自然就是:"王之不王,不为也,非不能也。"

孟子在此提出了"不为"与"不能"的区别,宣王没有完全理解,于是接着追问。孟子继续用比喻的方式来讲道理。他反复强调,实行仁政一统天下并不是一件困难的事情,而是很容易就能做到,关键在于要去做。

在这一部分,孟子不断使用简单到不必考虑就能作出判断的比喻。孟子认为,君主善待百姓,不是口惠而实不至,而是要让百姓真正过上丰衣足食的小康生活,这样就一定能得到百姓的拥戴。一个受到百姓衷心拥戴的君王,就必然无敌于天下。

这样简单的道理，为什么君主就不能接受呢？他对此感到无法理解，所以使用简单的比喻也是出于这样的心理。

孟子不明白，处在不同价值观体系中的人，原本就是无法互相理解的，无论多简单的道理，也难以有效沟通。孟子以为善待百姓是君王的天职，宣王可不这样认为。在宣王的观念中，子子孙孙永享大位，而且能占有更广阔的领土，拥有更众多的臣民，从而建立让后代瞻仰歌颂的丰功伟绩，这才是自己追求的"有为"。所以对孟子所说的"不能"和"不为"的区别，其实宣王哪里是不懂呢？他只是不想为罢了；至于"不能"，永远是他以不变应万变的托辞。

9. 推恩

原文

老吾老以及人之老，①幼吾幼以及人之幼，②天下可运于掌。《诗》云：③"刑于寡妻，④至于兄弟，以御于家邦。"⑤言举斯心加诸彼而已。⑥故推恩足以保四海，⑦不推恩无以保妻子。⑧古之人所以大过人者，⑨无他焉，⑩善推其所为而已矣。⑪今恩足以及禽兽，而功不至于百姓者，独何与?⑫权，然后知轻重；度，然后知长短。⑬物皆然，心为甚。⑭王请度之。⑮（《孟子·梁惠王上》）

注释

①老吾老：前一个"老"是动词，尊敬和奉养；后一个

"老"指年老之人。以:连词,由此,从而。及:推及。②幼吾幼:前一个"幼"是动词,抚爱和养育;后一个"幼"指年幼之人。③《诗》:指《诗经》。后面的诗句出自《诗经·大雅·思齐》,诗意是歌颂周文王具有崇高美德,这种美德首先为妻子所取法,再推及到兄弟身上,然后用以齐家治国平天下。④刑:仪型,典型。《诗经·大雅·文王》:"仪刑文王,万邦作孚。"朱熹《诗集传》:"仪,象;刑,法。"这个意思后来一般写作"型"。引申为效法,这里指示范,做榜样。寡妻:正妻。毛传:"寡妻,適(dí,嫡)妻也。"郑玄笺认为指贤妻:"寡妻,寡有之妻,言贤也。"⑤以:用,指用这样的道理。御:治。邦:国。⑥举:拿,用。斯:指示代词,这。诸:之于。彼:指示代词,那。⑦推恩:推广德惠。《说文》:"恩,惠也。"⑧无以:没有用来……的东西。妻子:妻和子,妻子和子女。⑨古之人:古代的人,指古代贤明的帝王和圣人。大过:远远超过。⑩他:别的,其他的。⑪推:推广。⑫独:副词,表示反问,相当于"究竟"。与(yú):句末语气词,表示疑惑、探询的语气。⑬权:秤锤,引申为动词,称量。"权衡"的"衡"指秤杆,"权衡"连用本表示秤,引申指衡量考虑(事物的轻重利弊得失)。度(duó):用尺码量长短。⑭甚:形容词,超过一般情况的。⑮请:表敬副词,表示希望、请求。

译文

敬重我自己的父母长辈,从而把这种敬重之心推及到别人的父母长辈身上;抚爱我自己的子女,从而把这种抚爱之心推及到别人的子女身上。这样天下可运转于你的掌中。《诗经》里说:"先给正妻作出榜样,再推广到兄弟身上,然后再用这个道理来治理一家和一国。"这是说把对待自己亲人的心施加到别人身上罢了。所以能够推广慈爱之心于他人,就足以保有天下;不能推广慈爱之心,就没有办法保有自己的妻子儿女。古代圣人能远远超过别人的原因没有别的,善于推广自己的所作所为罢了。如今慈爱之心足以推及禽兽,而功德却不能施加到百姓,究竟是为什么呢?(一件东西)用秤称过,然后才知道它的轻重;用尺子量过,然后才知道它的长短。世间万物都是如此,而一个人的心理更是这样。请大王您反省检查一下自己的心理。

解说

孟子的"推恩"思想,是指把存在于自己本性中的恩爱之心加以扩大,推而广之,由爱己而爱亲人,由爱亲人而爱他人,由爱人而爱万物。这是孔子仁学思想在政治领域的具体运用。

孔子曾说:"夫仁者,己欲立而立人,己欲达而达人。"(《论语·雍也》)大意是说,所谓仁,就是自己希望自立于社会,也让别人立于社会;自己希望事事成功,也让别人事事成功。这一点,孔子称为"忠",即真心诚意地对待人、帮助人。孔子又说:"己所不欲,勿施于人。"(《论语·颜渊》)大意是说,自己不希望的事情,不要强加到别人身上。这一点,孔子称为"恕",即对人宽容体谅。上述两个方面概括了"仁"的两个基本原则,也是"吾道一以贯之"(《论语·里仁》)的"一",即贯穿于孔子学说中的核心思想。

孟子对这一核心思想作了发挥,运用到政治思想方面,这就是他不厌其烦地向每一个游说对象反复宣扬的"老吾老以及人之老,幼吾幼以及人之幼",其基本思想还是将心比心,推己及人。

孟子把古代圣王成功的经验概括为"善推其所为",以此证明推恩的效力,并说:"不推恩无以保妻子。"这是在警告齐宣王,如果不能以慈爱之心对待臣民,必将走向众叛亲离。然后孟子重复了"今恩足以及禽兽,而功不至于百姓者,独何与",虽然是重复,可用在不同的地方,语气就有不同。前面讨论"不为"和"不能"的区别时说此话,带有质疑和不解的语气,而到此处却是热切鼓励、期盼的语气。

孟子最后针对宣王所说的"我乃行之,反而求之,不得吾心",给出了解释:世间万物都需要使用一定的标准衡量,人们才得以认识和把握。作为万物之灵的人又何尝不是如此呢?每个人需经常用一定的标准去检查衡量,才能反省自己,认识自己。能做到这样,就不会出现"我乃行之,反而求之,不得吾心"的现象。这个衡量的标准,就是明确的价值观。

10. 缘木求鱼

原文

(孟子曰:)"抑王兴甲兵,①危士臣,②构怨于诸侯,③然后快于心与?"④王曰:"否。吾何快于是?⑤将以求吾所大欲也。"⑥曰:"王之所大欲,可得闻与?"王笑而不言。曰:"为肥甘不足于口与?⑦轻煖不足于体与?抑为采色不足视于目与?声音不足听于耳与?⑧便嬖不足使令于前与?⑨王之诸臣皆足以供之,而王岂为是哉?"⑩曰:"否,吾不为是也。"曰:"然则王之所大欲可知已。⑪欲辟土地,⑫朝秦、楚,⑬莅中国而抚四夷也。⑭以若所为,⑮求若所欲,犹缘木而求鱼也。"⑯王曰:"若是其甚与?"⑰曰:"殆有甚焉。⑱缘木求鱼,虽不得鱼,无后灾;以若所为,求若所欲,尽心力而为之,后必有灾。"(《孟子·梁惠王上》)

注释

①抑:连词,表选择,相当于"还是"。按:这里上文所说的情况与"抑"后"兴甲兵"等做法构成选择关系。上文孟子说到,宣王已经完全具备了王天下的条件,只要把足以及禽兽的慈爱之心推广到百姓身上,便可以王天下,宣王却不肯做。兴:发动。甲兵:铠甲和兵械,泛指兵器,这里指战争。②危:使危,使陷入危险。士臣:将士。③构怨:结下怨仇。④快:高兴。⑤何:哪里。快于是:对此感到快乐。"是"指代"兴甲兵,危士臣,构怨于诸侯"。⑥以:以(此),用"兴甲兵"这样的举措。所大欲:最想要得到的东西,最大的愿望。⑦为(wèi):因为。肥甘:指肥美的食物。足:充分,满足。⑧轻煖:指又轻又暖的衣服。煖:"暖"的异体字。采色:指服饰、玩好和女色。声音:指音乐。⑨便嬖(pián bì):君主亲近宠幸的人。⑩皆:都,这里用"皆"总括宾语"之","之"指代上述吃、穿、视、听、用等方面的东西。岂:难道。是:这,这些。⑪然则:这样的话,那么。已:句末语气词,表示无非如此的意思,有把事情往小里说的意味。⑫辟(pì)土地:开辟土地,即通过兼并战争扩大齐国的土地。⑬朝:使朝拜,使朝

见。按：别的诸侯国前来朝拜，是向齐国表示臣服。秦、楚都是当时最强大的国家，这两个国家向齐国朝拜，其他的国家就不言而喻了，故此句可以理解为：使秦、楚等各诸侯国都来朝拜。⑭莅（lì）：自高处向下监视，引申为治理，统治。中国：古时"中国"有多种含义。此指华夏民族居住的地区，也就是通常所说的中原地区，黄河中下游地区。这种用法是与"四夷"相对而言的。抚：安抚，安定。"抚四夷"指用安抚的手段使四夷臣附于齐国。⑮若：这，这样。⑯犹：好像。缘：攀缘，攀登。木：树。⑰若是：像这样。其甚：它的严重。若是其甚：其甚若是。⑱殆（dài）：副词，相当于"恐怕"。甚焉：甚于是，比缘木求鱼的情况更严重。

译文

孟子说："还是您发动战争，使将士臣子冒生命危险，与其他诸侯国结下怨仇，这样以后心里才感到痛快吗？"宣王说："不，我哪里会对此感到快乐呢？我将要以此求得我最想得到的东西。"孟子说："大王最想得到的东西，可以让我听一听吗？"宣王笑着没说话。孟子说："因为肥美的食物不足以满足口的需要吗？因为轻暖的衣服不能满足身体的需要吗？还是因为服饰、玩好和女色不足以满足眼睛的需要？音乐不足以满足耳朵的需要？身边亲近宠幸的人不够使唤？所有这些大王的臣子们都充足地供给了。大王难道是因为这些东西吗？"宣王说："不，我不是因为这些东西。"孟子说："这样的话，那么大王最大的愿望就可以知道了。是想要开辟土地，使秦、楚等各诸侯国都来朝拜臣附，从而统治中国并抚定四夷。用这样的所作所为，去追求这样的想得到的东西,就好像爬到树上去抓鱼。"齐宣王说:"像这样严重吗?"孟子说道:"恐怕有比这更严重的后果。爬到树上去抓鱼,虽说抓不到鱼,却没有别的后患。用兴甲兵这样的做法去追求想称霸天下的愿望,尽心尽力地去做了,后面一定有灾祸。"

解说

这段谈话有两个点需要特别注意:一是孟子在前文阐述了"推恩"思想及其光明前景之后,突然用一个"抑"字提出另外一种选择:难道齐宣王希望用"兴甲兵"的办法造成内外交困的结局?二是孟子假装猜测宣王的"所大欲",一连举了吃、穿、视、听、用五个方面。

提出这两个点,孟子是大有深意的:用武力一统天下,是当时国力强大的诸侯国君主普遍存有的野心;当时一般的庸君往往沉溺于声色犬马一类的物质享受中。前一个推测,"兴甲兵"是真实的,但是对其结果的分析则不是宣王所预期的;后一个推测,沉溺于感官刺激和物质享受的君主是客观存在的,但宣王不在其列。

当孟子询问宣王的"所大欲"时,宣王不回答,却神秘一笑;这一笑,意味深长,透着自得。这一句可谓传神之笔,就像一幅速写,轻轻一笔,就把宣王当时的形象及心理活动刻画出来了。

孟子又故意用当时庸君的追求推断宣王的"所大欲",宣王断然否定,语气之急切肯定,仿佛受到了很大误解和委屈。其潜台词是:我哪里是那么差劲的君王呢?

孟子自是对宣王的想法了然于胸。但是,却不直截了当地揭示出来予以反驳,而是或作疑惑之状,或作努力猜哑谜之态。这样使整个谈话过程跌宕起伏,回环往复。宣王的情绪和思路完全在孟子的牵引下,忽高忽低,忽上忽下。

在做足了铺垫之后,孟子一语点破宣王的真实想法,同时马上明确指出,用"兴甲兵"这样的武力手段称霸天下,是缘木求鱼一类的做法。这种说法当然不能为宣王所接受和理解,所以宣王提出质疑:"若是其甚与?"语气中颇不以为然。在内心他觉得孟子不过是夸大其辞、危言耸听罢了。

孟子又进一步断言,用"兴甲兵"的做法,追求称霸天下的愿望,尽心尽力地去做了,不仅一定会像缘木求鱼一样达不成目标,而且必然带来无穷无尽的祸患。如此铿锵有力的断言,宣王理解不了。宣王雄霸天下的美梦由来已久,孟子试图彻底打破他的迷梦,把他拉回到仁政上来。孟子能否达到目的呢?

11. 仁政的效用

原文

(孟子)曰:"邹人与楚人战,①则王以为孰胜?"②(齐宣王)曰:"楚人胜。"曰:"然则小固不可以敌大,③寡固不可以敌众,弱固不可以敌强。④海内之地,方千里者九,⑤齐集有其一;⑥以一服八,何以异于邹敌楚哉?⑦盖亦反其本矣?⑧今王发政施仁,⑨使天下仕者皆欲立于王之朝,⑩耕者皆欲耕于王之野,⑪商贾皆欲藏于王之市,⑫行旅皆欲出于王之涂,⑬天下之欲疾其君者,皆欲赴愬于王。⑭其若是,⑮孰能御之?"⑯(《孟子·梁惠王上》)

注释

①邹(zōu):诸侯国名,在今山东邹城一带。战国时非常弱小的诸侯国,后被楚国吞灭。楚:诸侯国名,战国时范围包括今湖北省全部、湖南省大部、河南省南部、安徽省北部和江西、浙江、江苏、山东等省部分地区,疆域广阔,势强浩大。②孰:谁,哪一个。③然则:这样的话,那么。固:本来,当然。敌:对抗。④寡:指人数少的一方。众:指人数众多的一方。弱:指实力孱弱的一方。强:指实力强大的一方。⑤海内:四海之内,这里指天下。古代认为中国四面有海环绕,各按方位为"东海""南海""西海"和"北海"。方:见方。方千里:指每边长是千里。按:《礼记·王制》:"凡四海之内九州,州方千里。"这是战国时期流行的一种说法。⑥集:会集。这是说对不规则的领土用截长补短的办法来计算其面积。⑦服:使降服。何以:用什么,怎么。异:分开,区别。⑧盖(hé):通"盍",何不。亦:语气副词,加强反问的语气。反其本:返回到根本上来。本:指实行仁政。⑨发政:发布政令。施仁:推行仁政。⑩仕者:做官的人。朝:朝廷。按:这句是说要让天下有志于从政的人都愿意给宣王做臣子,贡献自己的聪明才智。⑪耕者:种田的人。⑫商贾(gǔ):商人。按:古有行商坐贾之说,即流动贩卖者称商,囤货开店的叫贾。泛指则没有区别。⑬行旅:指外出旅行的人。涂:道路。这个意义后来写作"途"。⑭疾:

憎恨。赴：赶往（某地）。按："赴"表示赶往之义，通常带有急切、迫切的情态特征。愬（sù）：同"诉"，诉说。⑮其：代词，那。这里带有篇章连接的功能。若是：像这样子。⑯御：抵御。

译文

孟子说："邹国人与楚国人打仗，大王认为哪一方获胜呢？"宣王说："楚国人获胜。"孟子说："这样说来，小国当然不能与大国相对抗，人少的当然不能与人多的相对抗，实力孱弱的当然不能跟强大的相对抗。天下的土地，千里见方的有九块，齐国只占有其中的一块。用九分之一的力量来使九分之八的敌国降服，这跟邹国与楚国相抗衡有什么区别呢？何不返回到根本上来呢？现在大王您发布政令，推行仁政，使天下做官的人都希望站在大王的朝廷之上，种田的人都希望在大王的田野里耕作，商人都愿意把财物储存到大王的集市上，外出旅行的人都愿意行走在大王的道路上，天下痛恨自己君主的人都愿意跑来向大王诉说。那要是像这样的话，谁能够抵挡呢？"

解说

孟子承认，在国与国之间的对抗中，一切都必须靠实力说话。问题在于如何获得强大的实力？孟子举出的三个方面：疆域大小、人口多寡和国家实力强弱，确实是当时各诸侯国君王考虑的核心问题，不过他们都更倾向于采用武力开疆拓土，掠夺人口和财富，从而增加自身的实力。从孟子"举斯心加诸彼"的思想出发，这样做的结果显然与想达到的目标背道而驰。

孟子论证了在当时的客观条件下，齐宣王企图用武力称霸诸侯是不现实的，是不可能实现的。而且孟子相信，武力征服，即便在付出惨痛的生命代价之后得逞于一时，但被兼并的国家和被掳掠的百姓不会甘心，总会伺机反抗。如此将导致干戈不休，战祸延绵。两千多年的历史事实，印证了孟子的观点。

既然如此，那么怎样才能实现宣王的雄心壮志呢？孟子又把话题拉回到王道上来，指出实行王道就可以实现一统天下的愿望。孟子描绘了实行仁政之后将会产生的效果：

实行仁政，从而使齐国成为政治清明、社会公正、国泰民安的乐土。这样首先就会吸引其他诸侯国的优秀人才前来投奔效力。

其次，百姓也将纷至沓来，安居乐业，齐国又何愁人力资源稀少呢？如此就根本不需要通过血腥的军事手段争夺人口。试想，那些被掳掠而来的在战乱中失去亲人和家园的百姓，内心又怎能不对发动战争的君王充满怨恨和敌意呢？

再次，一个施行仁政的国度，拥有远超别国的优越的社会环境和公平稳定的商业秩序，必然能吸引商人投入大量的资金，从而创造出经济繁荣的盛世局面。

更多的游客被吸引到齐国，这些人有观光者，有求学者，也有寻求仕途或其他方面的发展机会的人。在亲身体验了齐国的安定强盛之后，他们有的会留下来，有的会成为活广告，让普天下的人都知道齐国是一个真正伟大的强国，是人间乐土。

甚至在本国受到迫害虐待的人们，也都跑到齐国向宣王倾诉他们的不幸，控告他们的君王。因为他们都相信，宣王能够给他们带来正义。

如此美妙的前景，又怎能不让宣王内心里充满渴望和向往呢？

12. 恒产与恒心

原文

无恒产而有恒心者，惟士为能。①若民，则无恒产，因无恒心。②苟无恒心，放辟邪侈，无不为已。③及陷于罪，④然后从而刑之，⑤是罔民也。⑥焉有仁人在位、罔民而可为也？⑦是故明君制民之产，必使仰足以事父母，俯足以畜妻子，⑧乐岁终身饱，⑨凶年免于死亡；⑩然后驱而之善，故民之从之也轻。⑪今也制民之产，仰不足以事父母，俯不足以畜妻子；乐岁终身苦，凶年不免于死亡。此惟救死而恐不赡，⑫奚暇治礼义哉？⑬（《孟子·梁惠王上》）

注释

①恒产：指可以从事生产以维持正常生活的固定的产业收入，包括住宅等基本生活条件。恒心：指确定的道德观念和行为准则，即为善之心。惟：只有。②若：至于。因：于是，就。③苟：如果。放：放荡，毫无约束，任意妄为。辟（pì）：不正，邪辟，与"邪"是同义词，古书中多以"邪辟"连文，如《汉书·晁错传》："使主内无邪辟之行。"侈：过度，无度，即没有法度。已：通"矣"，句尾语气词。④及：等到。陷：坠

入。陷，本指陷阱，引申指禽兽等落入陷阱。这里用"陷于罪"表达百姓触犯法律而犯罪，含有百姓因无知或现实逼迫不得已而犯罪的意思。⑤从：跟在后面，即百姓在前违法犯罪，官府跟在后面治他们的罪。刑：治罪，处罚。⑥是：这。网：本是捕鱼鳖鸟兽的工具，古人经常用以比喻法网，所以许多表示罪罚的字从网，如罪、罚等。此处"网"用作动词，意思是张开法网让百姓进来，相当于说"陷害"。⑥焉：哪里。⑦畜：养。妻子：妻子和儿女。⑧岁：年成。乐岁：好年成。终身：指终年，一年到头。⑨年：本义是收成，《说文》："年，谷熟也。从禾，千声。"死亡：指饿死和流亡。⑩驱：驱赶，督促。之善：趋善，向善。⑪从之：听从君主的倡导。轻：轻易，容易。⑫此：这种情况。惟：副词，只。救死：止死，指谋求活命。赡（shàn）：足够。不赡：不足，不及。⑬奚：哪里。治：修习，修行。

译文

没有固定的产业收入而能守住自己的道德观念和行为准则，只有士人才能做到。至于老百姓，没有固定的产业收入，就没有一定的道德观念和行为准则。假如没有一定的道德观念和行为准则，那么就任意妄为，什么事情都干得出来。等到百姓犯了罪，然后跟着去对他们加以处罚。这是故意陷害他们。哪有仁爱的人做国君而可以做陷害百姓的事呢？所以贤明的君主规定老百姓的产业，一定要使他们对上足以奉养父母，对下足以养活妻子儿女。好年成可以全年丰衣足食，坏年成也能避免饿死流亡。然后督促他们向善，所以老百姓听从君主的号召就容易了。如今，规定老百姓的产业，对上不足以奉养父母，对下不足以养活妻子儿女。好年成也是困苦不堪，坏年成就无法免于饿死或背井离乡四处逃荒。这样，就是光去救死都恐怕不足以做到，哪有空闲去修习礼义呢？

解说

这是孟子向齐宣王宣扬仁政学说时讲的一番话，主题是说实行仁政的前提是让百姓有比较充足的物质生活保障，在此基础上再通过引导和教育，提高百姓的道德水平。大体上是把孔子"先富后教"的思想具体化了。孟子先提出"无恒产而有恒心者，惟士为能"，这是把"士"作为特殊的情况来讨论，即在没有稳定的经济基础的条件下，却能坚定不移地恪守自己的信念与为人准则，不见异思迁，这毕竟是极少数人才能做到的事情；而对于普通人来说，"仓廪实而知礼节，衣食足而知荣辱。"（《管子·牧民》）礼仪文化和高尚的道德意识都必须以一定的经济基础为前提。孟子所讲的"恒心"，包含了管仲所说的"礼节""荣辱"，但是比"礼节""荣辱"内涵更丰富。古人深刻地意识到，礼义廉耻这一类的道德观念是受经济条件制约的。一个人如果穷到裤子都穿不起，那么也就根本顾不上礼义廉耻，为了填饱肚子，为了活命，只能无所不为，甚至铤而走险，作奸犯科。

从更深一层理解，对统治者而言，合理地"制民之产"，允许老百姓拥有恒产即一定数量的土地和生产资料，使他们能安心从事生产，维持正常的生活，这是社会稳定的前提。在某种意义上，拥有恒产者害怕社会动荡，更不会冒着失去自己拥有的一切的风险而犯上作乱。古代，当农民失去土地成为上无片瓦、下无寸土的流氓无产者，往往会成为社会的不稳定因素。在孟子看来，社会财富是劳心者和劳力者共同创造的，劳心与劳力只是社会分工的不同；劳心者的责任和义务就是保证社会通过有效的管理而有序地运转，从而实现政治清明、社会太平、百姓富足的目标。如果百姓勤奋劳作而仍然无法获得基本的生活保障，那就是劳心者失职。

13. 民弗去

原文

滕文公问曰：①"滕，小国也，间于齐、楚。②事齐乎？③事楚乎？"孟子对曰："是谋非吾所能及也。④无已，⑤则有一焉：⑥凿斯池也，⑦筑斯城也，⑧与民守之，效死而民弗去，⑨则是可为也。"⑩（《孟子·梁惠王下》）

注释

①滕（téng）：周代诸侯国，在今山东滕州市一带。滕文公：战国时期滕国的国君。②间（jiàn）于齐、楚：夹在齐、楚之间。③事：侍奉，服事。④是：这。谋：谋划，筹划。及：达到，涉及。⑤已：停止。⑥焉：于此。⑦凿：开挖。斯：那。池：护城河。⑧城：城墙。⑨效死：献死，献出生命。弗：不。去：离开。⑩是：这样。指上述做法。

译文

滕文公问道:"滕国是个小国,夹在齐国和楚国的中间。侍奉齐国呢,还是侍奉楚国呢?"孟子回答道:"这种谋划不在我的考虑范围内。如果一定要我谈,那么我可以提出一种方案:凿挖那护城河,修筑那城墙,与百姓一起守护那城池,直到献出生命而百姓绝不逃离,那么这样的事是可以做到的。"

解说

滕文公向孟子请教,滕国作为一个弱小的诸侯国,处在齐、楚两个大国的夹缝之中,想要求得生存,必须依附于两大国中的一个,求得大国的庇护。动词"事"指侍奉、服事,用于下对上、卑对尊。滕文公言"事齐""事楚",即甘愿以臣属国的身份听从某一大国的号令;滕文公自己也须向该大国尽臣子的礼节和义务。

孟子径直用"是谋非吾所能及也"拒绝讨论这样的话题。接着用"无已"把话题引向他希望讨论的方向:如果能做到与百姓共同守护滕国的城池,百姓拼死效力,绝不离开,那么,就没有必要担心大国想要吞并滕国的野心了。

孟子用了假设语气提出自己的方案。他的话里包含了极丰富的内容,可并不明白点出。按道理,滕文公应该追问:如何才能使百姓效死而弗去呢?出乎意料的是《孟子》一书的记述至此戛然而止,给读者留下了很大的想象空间。是滕文公没有追问?还是《孟子》没有记述下面的谈话?如果是滕文公没有追问,又为何不问?如果是书里没有记述,又是出于怎样的考虑？

依据《孟子》中多处相关记述，滕文公接受了孟子的思想，推行仁政，实施礼制，兴办学校；贤君善国，声名远播。何以能做到这一点？大概就是因为滕文公听明白了孟子的话，领悟到民为何"弗去"。"民效死"的目的和动机很简单，因为滕君施政的目标指向百姓的福祉，滕国是为滕国百姓而存在的。因此，滕国百姓效死，也便是为捍卫自身的利益。如此而已。假如这滕国只是为滕文公家族而存在，滕国百姓又凭什么为之效死呢？

14. 引领而望

原文

孟子见梁襄王。①出，语人曰：②"望之不似人君，③就之而不见所畏焉。④卒然问曰：⑤'天下恶乎定？'⑥吾对曰：'定于一。'⑦'孰能一之？'⑧对曰：'不嗜杀人者能一之。'⑨'孰能与之？'⑩对曰：'天下莫不与也。王知夫苗乎？七、八月之间旱，⑪则苗槁矣。⑫天油然作云，⑬沛然下雨，⑭则苗浡然兴之矣。⑮其如是，孰能御之？⑯今夫天下之人牧，⑰未有不嗜杀人者也。如有不嗜杀人者，则天下之民皆引领而望之矣。⑱诚如是也，⑲民归之，由水之就下，⑳沛然谁能御之？'"（《孟子·梁惠王上》）

注释

①梁襄王：名嗣，魏惠王子，战国时魏国的君主，前318—

前296年在位。②语（yù）：告诉。③望：远看。似：相像，类似。④就：走过去，接近。畏：敬畏。《礼记·曲礼上》："贤者狎而敬之，畏而爱之。"这里"畏"是使敬畏的意思。所畏：使人敬畏的方面。焉：于之，在他身上。⑤卒（cù）然：突然，猛然。⑥恶（wū）：哪里。"恶乎"在《孟子》中有两个意思，一是"在哪个方面"，二是"如何""怎么"。这里是后一个意思。东汉赵岐注："问天下安所定，言谁能定之？"⑦一：统一。⑧孰：哪一个，谁。一：使统一。⑨嗜（shì）：嗜好。⑩与：跟随，亲附。⑪七、八月：指周历七月、八月，相当于夏历五月、六月。本应是庄稼成长的季节，也是中原地区雨水正多的季节。⑫槁（gǎo）：干枯。⑬油然：自然发生的样子。作：兴起，出现。⑭沛然：充盛的样子。⑮浡（bó）然：兴起的样子。⑯如是：像这样。御：抵御，阻挡。⑰人牧：即人君。清代焦循《孟子正义》："《曲禮》云：'九州之长入天子之国曰牧。'是天下之人牧，即天下之人君也。"⑱如：如果。引：牵拉。领：脖子。望：期望，盼望。⑲诚：果真，确实。⑳归：归附。由：通"犹"，如同。就：趋向。

译文

孟子拜会梁襄王，退出来后，告诉别人说："从远处看他，不像个国君；走近也看不出他有什么让人敬畏之处。他突然问道：'天下怎样才能安定下来？'我回答说：'天下统一就会安定下来。'他又问：'谁能使天下统一？'我答道：'不嗜好杀人的君王能使天下统一。'他接着问：'谁能跟随他呢？'我回答道：'天下人没有不跟随他的。大王知道那禾苗吧？七八月间遇到天旱，禾苗就枯萎了。这时天上涌起乌云，接着大雨倾盆而下，那么禾苗便立即变得蓬勃旺盛了。在这样的情况下谁能挡得住禾苗蓬勃生长的情势呢？当今天下的君王没有不嗜好杀人的。如果有不嗜好杀人的君王，天下百姓都将伸长了脖子期待着他了。果真是这样的情势，那老百姓归附他，就如同水往低处奔流，浩浩荡荡，谁能阻挡呢？"

解说

孟子说："今夫天下之人牧，未有不嗜杀人者也。"这句话看起来很夸张，可仔细想想，却是当时各诸侯国的真实写照。没有一位君王真正将百姓作为国家的根本，没有一位君王把获得民众的衷心拥戴和支持作为执政的基本原则。在君王心目中，百姓只是供他们役使的奴仆，他们高高在上地控制着一切权力，贪婪无度地攫取百姓的劳动成果，随心所欲地滥用民力，穷凶极恶地对待百姓的合理诉求，并且为了占有更多的土地，毫无人性地让无数百姓命丧疆场。

百姓是国家权力存在的前提。作为君王，首先应当具有善待百姓的仁者之心。这是贯穿《孟子》一书的重要命题。孟子始终将是否具有仁心仁德作为评判君王的第一标准。他说梁襄王无论是远观还是近距离接触，都缺少君王的气质风度。孟子很善于从外形上观察人的内心世界，他在《孟子·离娄上》中曾说："存乎人者，莫良于眸子。眸子不能掩其恶。胸中正，则眸子瞭（liǎo，明亮）焉；胸中不正，则眸子眊（mào，昏暗）焉。听其言也，观其眸子，人焉廋（sōu，隐藏）哉？"他描述襄王外在给人的感觉，应该也是指在襄王身上感受不到一位仁者应有的神采。

接着孟子很详细地讲述了他与梁襄王谈话的过程。梁襄王提出"天下恶乎定"的话题。当时诸侯国之间战乱频仍,各国君王都企图以武力一统天下,建立万世功业。孟子也认为要达到天下太平的目标,应以实现天下一统为前提,只是他坚决反对使用武力手段实施兼并,而主张仁政。他坚信施行仁政的国家就一定能做到无敌于天下,因为仁政符合民心民意,正如他所作的比喻,民心思仁政,如久旱逢甘霖。倘若某位君王率先实施仁政,各国百姓会用脚投票,纷纷支持、归附;在这样的情势下,这个诸侯国想不发展壮大都难了。

15. 一暴十寒

原文

孟子曰:"无或乎王之不智也。① 虽有天下易生之物也,② 一日暴之,③ 十日寒之,④ 未有能生者也。吾见亦罕矣,⑤ 吾退而寒之者至矣,⑥ 吾如有萌焉何哉?⑦ 今夫弈之为数,⑧ 小数也;不专心致志,⑨ 则不得也。弈秋,通国之善弈者也。⑩ 使弈秋诲二人弈,⑪ 其一人专心致志,惟弈秋之为听;⑫ 一人虽听之,一心以为有鸿鹄将至,⑬ 思援弓缴而射之,⑭ 虽与之俱学,⑮ 弗若之矣。⑯ 为是其智弗若与?⑰ 曰:非然也。"⑱(《孟子·告子上》)

注释

① 无:通"毋",不要。或:通"惑",迷惑,奇怪。乎:

介词，相当于"于"，对于。②虽：即使。易生：容易存活。③暴（pù）：晒。④寒：使寒冷，使处在寒冷的环境。⑤见：指拜见君王。罕：少。⑥寒之者：使君王（行仁政的热情）变冷的人。⑦如……何：拿……怎么样。萌：萌生，发端。有萌焉：指开始发生的状况，即君王刚刚萌生的仁心仁念。⑧夫（fú）：那。弈（yì）：围棋。数：技艺。⑨专：使单纯，使专一。致志：集中注意力；一心一意。⑩弈秋：名秋，因善于下围棋，所以称作弈秋。通国：全国。⑪诲：教导。⑫惟：副词，唯独，只有。为听：作为听的对象。⑬一心：全部的心思。鸿鹄（hú）：天鹅。⑭援：执持。缴（zhuó）：用生丝搓成的细绳，系在箭上射飞鸟。弓缴：指弓和系生丝绳的箭。⑮俱：一起。⑯弗若：不如，比不上。⑰为（wèi）：是：因为这一点，即因为不如别人。与（yú）：句末语气词，表示疑惑、探询的语气。⑱非然：不是这样。

译文

孟子说："对于君王的不智，不要觉得奇怪。即便有普天下最容易存活的东西，如果晒它一天，冻它十天，也就没有能活下来的了。我见君王的次数少得可怜，我一退出来，那些给他泼冷水的人马上跑到他身边，结果必然是君王刚刚萌生的仁心仁念马上被浇灭了，对此我又能怎么样呢？下围棋作为技艺，只是小技艺；可如果不能专一心思、集中精神，那就学不好。弈秋是全国最擅长下围棋的人。让弈秋教两个人下棋，其中一人专心致志，只听弈秋的讲解；另外一人虽然也在听弈秋的讲解，可全部的心思都在想着有只天鹅将要飞来，琢磨着自己手持弓箭去射天鹅的情景，虽然他跟另一人一起在学，却比不上人家。因为这一点能说他的智力不如人家吗？我说：不是这样的。"

解说

这一章孟子谈话的背景已不得而知，就内容推断，应是孟子针对某个君王最终没有接受他的仁政学说而发的评论，而且这个君王很有可能便是齐王。

孟子深深地感觉到，将仁政的理念灌输到君王的内心，是非常难以做到的事情。其主要原因是环境因素的影响。君王身处权力核心的位置，自然不可避免地受身边臣子的影响。这些臣子与君王朝夕相处，对君王的影响最大，而且他们都坚决反对仁政学说，因此，孟子感慨，凭自己与君王有限和短暂的接触时间，完全无法与君王近臣的影响力相抗衡。为了说明这个道理，他使用了"一暴十寒"的著名比喻。

君王的臣子们为什么普遍反对仁政？因为官场是名利场，唯利是图的臣子们不会以国家和百姓的长远利益为念。接受仁政学说，施惠于民，轻徭薄赋，需要控制和削弱统治阶层的贪欲，必然直接损害到臣子们的利益。

在孟子看来，君王假如能像弈秋那位一心听讲的学生一样，专心致志地实施仁政，就一定能够成功。只可惜君王大都类似那位三心二意的学生，不断被围在身边的臣子们以眼前的名利和感官享乐的刺激所诱惑，心猿意马，结果只能无所成就。孟子虽然反复说并非君王智不如人而导致这样的情形，其实他心里也明白，能够坚定不移地接受和实施仁政的君王，一定需要有大智慧、大定力。

进一步来说，孟子的仁政学说在当时是否具有实施的客观条件呢？这一点孟子仅仅从人性的角度作了论证，却没有考虑到，在人治的体制下，权力主导一切，因而傲慢和怠惰是其固有的属性；不受任何外力制衡的权力必然任性和随意，因此为政往往不具有连续性。当遭遇执政危机时，他们或许会考虑和容许政策上的相对宽松，向百姓让渡部分利益；一旦危机解除，便马上恢复贪婪无耻的本性。期望拥有绝对权力的执政者不一暴十寒，而专心一意地施行仁政，恐怕无异于痴人说梦。

孟子很少对君臣关系进行深入的探讨，认为只要抓住作为权力核心的君王就具备了推行仁政的前提。不过，从"一暴十寒"的比喻可以看出，他意识到了问题的复杂性，认识到君王受到臣子影响所带来的政治取向上的变化。

由《孟子》此章衍生出两个成语，"一暴十寒""专心致志"。后世多以为这段话是讲为学的，所以对两个成语内涵的理解和使用，便与学习需要恒心和专心联系起来。

16. 政客的拖延症

原文

戴盈之曰：①"什一，②去关市之征，③今兹未能，④请轻之，⑤以待来年，⑥然后已，⑦何如？"孟子曰："今有人日攘其邻之鸡者,⑧或告之曰:⑨'是非君子之道。'⑩曰:'请损之,⑪月攘一鸡,以待来年,然后已。'如知其非义,⑫斯速已矣,⑬何待来年?"(《孟子·滕文公下》)

注释

①戴盈之:人名,宋国大夫。②什一:十分取一,指田租。③去:使离开,取消。关市之征:关卡和市场的税。④今兹:今年。⑤请:请允许我。轻:使轻,减轻。⑥来年:下一年。⑦已:止,停止。⑧日:每天。攘(rǎng):偷窃。⑨或:有的人。⑩是:这。指每天偷鸡这种做法。非:不是。⑪损:减少。之:指偷鸡的行为。⑫如:假如。非义:不合乎道义。⑬斯:那么,就。

译文

戴盈之说:"田租十分取一,取消关卡、市场的税收,今年还做不到,请允许我先减轻征收,这样等到明年再完全废止现行的做法,怎么样?"孟子说:"现在有人每天去偷他邻居的鸡,有人告诉他说:'这不符合君子的道义。'那人说:'请允许我先减少偷窃的数量,每个月偷一只鸡,这样等到明年以后再彻底停止偷鸡的行为。'假如懂得原先的做法不合乎道义,那么就该尽快罢手,为什么要等到明年呢?"

解说

孟子的仁政主张中,一项非常重要的内容是"省刑罚,薄税敛"。不过,孟子明白由于诸侯国社会组织和管理的复杂性,不允许像某些落后部族一样，采用二十抽一的低税制。因此，他没有不切实际地鼓吹税率越低越好。他曾结合历史，向滕文公具体论述了他认为最为合理的税收制度：实行单一税制，按十抽一的税率收取田税，同时取消各种杂税；田税可以参照古代的井田制度征收。对孟子"什一而税，王者之政"的观点，需要结合当时的现实情况才能确切理解。春秋以降，井田制崩溃，什一税的惯例也被打破，赋税加重，一些诸侯国"租税倍于常"，出现了十分取二甚至十分取三的情况；各种徭役也日益繁重。西汉董仲舒指出：秦国用商鞅之法以后，百姓的徭役负担"三十倍于古"，而"田租口赋，盐铁之利，二十倍于古"。在这样的前提下，孟子力主什一而税，就不宜评断为一心复古，而是希望以古制纠正现实的弊病。

　　孟子很善于使用比喻。戴盈之拿时机不成熟来敷衍他，他马上就以偷鸡贼的比喻怒怼戴盈之。常人多有拖延症，把该做的事情找种种理由拖到最后再做；而政客的拖延则往往只是借口而已，各种所谓的"不可操之过急"在很大程度上等同于一张空头支票。譬如宋国横征暴敛搞得民不聊生，赋税负担过重的百姓生活在水深火热之中，这样的恶政滥权迟早将导致百姓的怨恨和反抗，对此既然已经是心知肚明，戴盈之却要等到明年再考虑改革，孟子斥责道：这跟偷鸡贼知道自己为恶，却要等到明年再改，又有什么区别呢？

17. 民可使富

原文

孟子曰:"易其田畴,①薄其税敛,②民可使富也。③食之以时,④用之以礼,财不可胜用也。⑤民非水火不生活,⑥昏暮叩人之门户求水火,⑦无弗与者,⑧至足矣。⑨圣人治天下,使有菽粟如水火。⑩菽粟如水火,而民焉有不仁者乎?"⑪(《孟子·尽心上》)

注释

①易:整治,调整。畴(chóu):指经过规划、用阡陌沟渠分成的整齐相等的地块。这是古代为便于分封、轮耕和计算劳动量而实行的田制,也就是井田。《礼记·月令》:"(季夏之月)可以粪田畴,可以美土疆。"清代孙希旦《礼记集解》引元代吴澄:"田畴,谓耕熟而其田有疆界者。"强调"田畴"有田界的特征。按:"易其田畴"与下句"薄其税敛"的主语均没有出现,从语法上说,应该都是为政者;两句中的"其"都指下文的"民"。译注者多在"易其田畴"前补出"(让百姓)",或径将其主语理解为"民",恐怕都有不妥。实际上,这两句都是论述使民富的行政措施,前一句是讲在田制上保障耕者有其田。孟子曾经说:"夫仁政,必自经界始。经界不正,井地不钧,谷禄不平,是故暴君污吏必慢其经界。经界既正,分田制禄可坐

而定也。"(《孟子·滕文公上》)所谓经界,就是指对土地进行公平合理的测量划界。②薄:使薄,减轻。税敛:税收。③民可使富:可使民富。④食之:指消费各种资源。以时:按照一定的时节。按:此句中"之"与下句"用之"中的"之"所指相同,均指"财"而言。《孟子·梁惠王上》"斧斤以时入山林,材木不可胜用也",便是"食之以时"的具体表现之一。或说"之"指民,"食之"指取食于民,这在语法上恐有未安。⑤财:财货,指人日常所需的各种生活必需品。胜(shēng):尽。不可胜用:用不完。⑥生活:生存。⑦昏暮:黄昏,傍晚。门户:门。按:古代房屋的门是单扇的,称户;宅院的门是双扇的,称门。⑧弗:否定词,相当于"不之"。弗与:不之与,即不给他。⑨至足:极为充足。⑩使有:使民有。菽(shū):豆类的总称。粟:一种谷物,子实脱壳后为小米,也总称小米。菽和粟是古代主要的粮食作物,这里用来泛指粮食。如水火:指像水和火一样多。⑪焉:哪里,怎么。

译文

孟子说:"整治耕地的区划田制,减轻百姓的税收负担,那么百姓就能够过上富足的生活。消费各种资源要按照一定的时节进行,使用财货要依循礼法的规定,这样财货是用不尽的。百姓没有水和火就不能生存,傍晚去敲别人的门讨要水和火,没有不给的,是因为水火对人来说极为充足。圣人治理天下,一定要使百姓家里的粮食像水和火一样多。如果粮食像水和火一样多,那么百姓哪有不仁爱的呢?"

解说

孟子在本章所表达的观点极为简明:为政者首先要让老百姓生活富足。实现这一目标有两个要点:首先,在制度上必须保障百姓拥有公平合理的土地资源。其次,统治者不能对百姓拼命搜刮。孟子相信,只要做到这两点,百姓自然能够勤劳致富。

孟子又进一步指出,社会财富的积累要依靠为政者的节制,"以时"是说不能违背自然规律,由着性子胡作非为;"以礼"是说要有明确的制度保障。总之,只要为政者不穷奢极欲,铺张浪费,那么社会财富是用不完的。

孟子认为,假如百姓的生活资料极为充足,那么"民焉有不仁者乎"?反之,如果百姓辛勤劳作,而吃穿住行等基本生存所需仍无法得到满足,每日被沉重的生活负担压得难以喘息,在这样的情况下,为政者对百姓提出许多冠冕堂皇的道德要求,这是极为无耻的做法。

孔子提出"先富后教"的为政理念,《管子·牧民》也明确地说:"仓廪实则知礼节,衣食足则知荣辱。"礼仪文化和高尚的道德意识都必须以一定的经济基础为前提,古人对此有深刻的认识。孟子在本章中的论述,则更是涉及制度的公平合理和为政者的自我节制对社会风气的重要作用。

三、民、社稷与君——孟子政治学

1. 天下国家

原文

孟子曰:"人有恒言,①皆曰:'天下国家。'②天下之本在国,③国之本在家,家之本在身。"(《孟子·离娄上》)

注释

①恒言:常言,俗语。②天下:指周王室拥有的全部土地。春秋战国时期,形成了以"中国"为中心的系统的地理概念。人们把华夏民族居住的地区视为天下之中,四周有蛮夷之族居住,中国与夷、蛮、戎、狄配成东西南北中五方,构成"天下"的观念;天下的四周被海所包围,按东西南北的方位分为四海。国:指诸侯国。家:家庭。按:"家"的概念在《孟子》一书中有两个含义,一是指聚族而居的大家庭,即孟子说"大夫曰何以利吾家"的家,是宗法制度下一个家族的全体成员及其拥有的土地财产;二是指以夫妇为中心的小家庭,即孟子经常提到的"数口之家"的家。这句中的"家",杨伯峻先生理解为小家庭。不过,就《孟子》全书使用"家"的情形看,"国家"连用时,"家"通常是指大家族,如《滕文公下》:"士之失位也,犹诸侯之失国家也。"同时,孟子又特别强调,如果君主行仁政,做到"八口之家可以无饥",那么就足以"王天下"了。可见,在孟子心目中,一家一户的富足幸福,是治理好一国乃至整个

天下的前提。因此，在此句的语境中，孟子用"家"或许两种含义都包括在内了。③本：本义指树的根部，引申指事物的根本、基础。

译文

孟子说："人们有句常说的话，都说：'天下国家。'可见天下的根本在于国，国的根本在于家，家的根本在于人自身。"

解说

这一章是孟子"民贵君轻"思想的另一种表述。孟子从当时人们口头常说的"天下国家"的序列，体会到不同层级的社会治理机构都应该是围绕着个体的人而建立的。个体的人，不仅是构成天下的基本要素，同时也是天下存在的意义所在。所谓"民为邦本，本固邦宁"。

人组成家庭，在《孟子》书中，家庭是民众从事生产和生活的基本单位，也是观察衡量经济和社会状况的基本单位。对一个诸侯国而言，绝大多数家庭殷实富足、宁静和谐，那么这个诸侯国就必然经济繁荣、社会安定，因而具备了王天下的条件。反之，如果"庖有肥肉，厩有肥马，民有饥色，野有饿莩"，即社会财富高度集中到公室，而百姓为基本生存所需而苦苦挣扎，那么这样的国便已经异化为残害百姓的机器，从根本上失去了存在的意义。

周朝到了孟子生活的时代已经衰落到成为诸侯附庸的境地，所以孟子所说的"天下"，不过是由各诸侯国组成的共同体罢了，其归属未定，在孟子心目中，"得乎丘民而为天子"，只有得到百姓真心拥戴的人才有资格拥有天下。在这个意义上，无民便无家，无家便无国，无国便无天下，归根结柢，民是家国天下存在的基础和依据。

2. 民为贵

原文

孟子曰："民为贵，社稷次之，①君为轻。是故得乎丘民而为天子，②得乎天子为诸侯，得乎诸侯为大夫。诸侯危社稷，则变置。③牺牲既成，④粢盛既洁，⑤祭祀以时，然而旱干水溢，⑥则变置社稷。"⑦（《孟子·尽心下》）

注释

①社稷：社，土地神。稷，谷神。古代帝王、诸侯立国时要设立祭祀社稷之神的坛庙，国亡则被废，所以社稷也用作国家的代称。次：次序在后，差一等。②得乎：得于。这里"得"指得到拥戴。丘：古代划分土地和政区的单位，古井田制，九夫为井，四井为邑，四邑为丘。丘民：本指同在一丘生活和劳作的民众，也泛指百姓。清代焦循《孟子正义》："丘民犹言邑民、乡民、国民也。"③变置：改立，另行设立。④牺牲：供祭祀用的牲畜。按：古代祭祀所用的牲畜要求非常严格，从品类上说，以马、牛、羊、鸡、犬、豕六畜为主；从体貌上说，要求献祭的牲畜毛色纯一，且形体完整。经过严格挑选的牲畜还

需要经过特别饲养,才能用于祭祀。既:已经。成:指挑选、饲养等工作都按要求完成。⑤粢(zī):谷类的总称。盛(chéng):把东西放进器皿中。粢盛:特指盛在器皿中的黍稷,祭祀时作为祭品。洁:清洁。⑥旱干:干旱。水溢:洪水泛滥。⑦变置社稷:改立土地神和谷神。古代以农业立国,故土地神和谷神象征国家领土和经济命脉,是国家的根本所在。《礼记·曲礼下》:"国君死社稷。"可见社稷之神实为国体之象征,"变置社稷"意味着国体改变。按:古人崇信鬼神,祭祀和战争被视为国家政治生活中最为重大的两件事情。如果说君王代表了政权,则社稷就是神权的代表。

译文

孟子说:"百姓是最可宝贵的,土地神和谷神的重要性在百姓之后,君王是不重要的。因此得到百姓的拥戴就能够成为天子,得到天子的欢心就可以成为诸侯,得到诸侯的欢心就可以成为大夫。诸侯危害到土地神和谷神,就废掉另立。祭祀用的牲畜完全合乎要求,作为祭品的盛在器皿中的黍稷已经清洁了,并按时节进行祭祀活动,然而仍然出现旱灾、水灾,那么就改立土地神和谷神。"

解说

这一章是孟子民本思想的经典论述。孟子指出:国家由百姓、象征国体的社稷之神和君王组成。这三者之中,百姓居于最重要、最本质的地位。一个诸侯国,君王可以另立他人,社稷之神可以变更,唯有百姓永远是国之主体。

孟子论证其观点的过程大致是，只有得到百姓真心拥戴的人才能成为天子，这一点已被历史反复证明。而诸侯国的君王之所以成为君王，只是因天子喜爱他，裂土分封使他成为君王，是权力私相授受的产物而已，与百姓没有关系；大夫也是如此。既然如此，君王不善待百姓，胡作非为，危害社稷，自然可以废黜改立。奉祀社稷之神，是希望国泰民安，若社稷之神根本不起效用，那也完全可以毁掉改立。

晚清小说《孽海花》称赞孟子此言实乃"石破天惊"之语，并分析孟子提出这一主张的缘由："他晓得周朝的制度都是一班天子诸侯大夫定的，回护着自己，欺压平民，于是一变而为民为贵的主义，要自己制礼作乐起来。"利益集团制定制度，自是以维护自身的利益为目的。因此，孟子提出民为贵的思想，是要从根本上否定旧的思想政治体系。这无疑是对孟子思想极高的评价。

3. 为民父母？

原文

梁惠王曰：①"寡人愿安承教。"② 孟子对曰："杀人以梃与刃，③有以异乎？"④ 曰："无以异也。""以刃与政，有以异乎？"曰："无以异也。"曰："庖有肥肉，⑤厩有肥马，⑥民有饥色，野有饿莩，⑦此率兽而食人也。⑧兽相食，且人恶之，⑨为民父母，行政，⑩不免于率兽而食人，恶在其为民父母也？⑪仲尼曰：⑫

'始作俑者,⑬其无后乎?'⑭为其象人而用之也。⑮如之何其使斯民饥而死也?"⑯(《孟子·梁惠王上》)

注释

①梁惠王：即魏惠王。②愿：愿意，希望。安：安心。承：承受，接受。③梃（tǐng）：木棒。刃：刀。④有以：有什么用来。异：区分，区别。⑤庖（páo）：厨房。⑥厩（jiù）：马棚。⑦莩（piǎo）：通"殍"。饿死。饿莩：指饿死的人。⑧率：带领。兽：走兽，指四足而毛的动物。食：吃。按：官家的马吃得膘肥体壮，而百姓却被饿死在田野，表面上是马吃掉了百姓的口粮，实质上是君主只管满足自己的私利私欲，而毫不关心百姓的死活。所以禽兽食人的背后是君主的自私贪婪。⑨且：尚且。恶（wù）：厌憎。⑩行政：执掌国家政权，管理国家事务。⑪恶（wū）：何，哪里。恶在：在恶，在哪里。⑫仲尼：孔子，名丘字仲尼。⑬始：最初。俑（yǒng）：用来殉葬的木偶或陶偶。⑭其：副词，表示揣测语气。后：后代，后人。⑮为（wèi）：因为。其：代词，指代"俑"。象：模仿，好像。⑯如之何：为什么。其：副词，表示反问。斯民：指老百姓。

译文

梁惠王说："我愿意安心承受您的教诲。"孟子回答说："杀人用木棒和刀，有什么区别吗?"惠王说："是没有什么区别的。"孟子又说："杀人用刀和用政治，有什么区别吗?"惠王说："也是没有什么区别的。"孟子说："厨房里有肥美的肉，马棚里有肥硕的马，百姓有饥饿的面色，野外有饿死的人，这是在率领着畜生吃人啊！畜生自相残食，人们见了尚且会感到厌恶，而身为百姓的父母，执掌国政，却不能避免率领野兽吃人的做法，这哪里算是百姓的父母呢？孔子说过：'最初制作陪葬用的木俑土偶的人，该会断子绝孙吧？'这是因为木俑土偶像人的样子却用来殉葬。（这样尚且不可，）为什么竟然让百姓饥饿而死呢？"

解说

为人父母，首先意味着对子女怀着世上最无私的爱。父母对子女的关心照顾，无疑是最用心、最细致、最周全的。先秦时期的文献中，便有把君王称为民之父母的说法，如《诗经·小雅·南山有台》赞美贤臣说："乐只君子，民之父母。"《诗经·大雅·泂酌》称颂周王："豈弟（恺悌，和乐平易）君子，民之父母。"《墨子·尚贤下》说，像尧、舜、禹、汤、文、武这些圣贤，是天鬼根据他们的功业选择他们"为民父母"的。

孟子使用"民之父母"的说法，出现在两种语境里。一是批判为政者胡作非为、伤害百姓的时候，比如《滕文公上》中，他比较夏、商、周三代的税法，对横征暴敛的税收表达了强烈的愤怒，质疑道："恶在其为民父母也？"二是他认为君主充分尊重民意、真正为百姓带来福祉的时候，比如《公孙丑上》中，他提出假如君主采取尊贤使能的人才政策，同时在各项税收方面做到合理有序，使百姓丰衣足食，幸福愉悦，那么"邻国之民仰之若父母矣"。可见，孟子对为政者能否当得起"民之父母"是有严格的限定的，实际上，他内心对为政者乃民之父母这样的提法是不以然的。

为政者自视也罢，被感恩戴德的百姓歌颂也罢，恐怕都需要警惕"民之父母"的表述。为民父母的含义，是君主包揽承担起百姓生活的一切必需的物质条件，百般关爱呵护百姓，使他们无忧无虑地过快乐幸福的生活。可是，君主并不具有创造财富的能力，他的一切财富全部取自百姓。由于权力带来的欲壑难填，为政者在攫取财富方面通常是不知廉耻的；倘若他还以"民之父母"自居，那就无疑彻底摧毁了"父母"这个概念所包含的人性内涵。

个别头脑比较清醒的为政者，懂得涸泽而渔的危害，因而在搜刮民脂民膏时比较收敛，能让百姓生活得稍微轻松些；于是百姓便要发自肺腑地讴歌颂扬。这时为政者假如坦然接受，那么他依然属于寡廉鲜耻之徒吧？

《孟子》一书比较多地关注经济民生问题，所以孟子看待"民之父母"的提法时，始终围绕社会财富的分配造成的巨大的贫富悬殊，特别是君王在税赋方面的做法，因而看到了问题的本质，看破了这种提法的虚伪。当时为了准备无休止的战争，为了满足君王的穷奢极欲，沉重的税赋使社会财富过度集中在君王手里。百姓不堪重负，挣扎在死亡线上。孟子看到民生之艰，也预见到那些以"民之父母"自称的为政者，迟早会因纵欲过度而政毁人亡。

4. 孟子的微言大义

原文

齐宣王问曰:①"汤放桀,②武王伐纣,③有诸?"④孟子对曰:"于传有之。"⑤曰:"臣弑其君,⑥可乎?"曰:"贼仁者谓之贼,⑦贼义者谓之残;⑧残贼之人谓之一夫。⑨闻诛一夫纣矣,未闻弑君也。"(《孟子·梁惠王下》)

注释

①齐宣王:战国时齐国的君主,名辟疆。②汤:商汤,攻灭夏王朝,建立了商王朝。放:放逐,流放。桀(jié):夏朝最后一个王,暴虐无道。据《国语·鲁语上》等记载,商汤灭夏后,把夏桀流放到南巢(今安徽省巢湖市东北)。③武王:指周武王姬发,联合西方各部落,起兵讨伐商纣王,灭掉商朝,建立周朝。纣(zhòu):商朝最后一个王,昏乱残暴,商朝被灭后,自焚而死。④有诸:有之乎,有这样的事情吗?⑤传(zhuàn):指典籍文献。⑥弑(shì):杀,古称臣杀君、子杀父母为弑。⑦贼仁:败坏仁德。"仁"在这里指孟子主张的君主应当爱护百姓的仁政。所谓贼仁,是说作为君主而祸害百姓,结果便是败坏了仁德。谓之贼:把他叫做贼。按:后一个"贼"是名词,指违法乱纪、犯上作乱的人。⑧贼义:败坏道义。残:凶恶暴虐的人。⑨一夫:本指一个人,此指众叛亲离的人,相

当于"独夫"。

译文

齐宣王问道:"商汤流放夏桀,武王征伐商纣,有这些事吗?"孟子回答说:"文献上有这样的记载。"宣王问:"臣子杀他的君主,可以吗?"孟子说:"败坏仁德的人,称之为贼;败坏道义的人,称之为残。残和贼这样的人,称之为独夫。我听说诛杀了独夫纣,没听说臣杀君。"

解说

古代的政治话语体系有一套特定的语汇,其中隐含了使用者的价值判断;使用这套语汇来表达叙述者的观点和评价,就是所谓的"春秋笔法";后人通过辨析经文的字句,来揭示和阐明其中隐含的意义,就是所谓的"微言大义"。比如,用"伐"表明甲攻打乙这场战争的性质是有道征伐无道;用"诛"表示上级处罚下级,而且这种处罚是合理的、正当的;同样是杀人,用了"弑"字,就给事件定了性,表明这是不合乎道义的。孟子非常娴熟地运用这套话语体系来评论历史和时政,让自己始终站在道义的制高点上,显得堂堂正正,理直气壮。

此章所表达的君主观念,在先秦诸子中堪称异数。孟子继承了孔子的仁学思想,但却不是照单全收,而是有全新的精神和内涵。比如孔子看待臣下杀掉君主的问题,认为无论如何都是不符合道义的,所以当他听到齐国发生田成子杀掉齐简公的事件,马上就沐浴更衣前去朝见鲁哀公,请哀公发兵伐齐。后来的儒家基本接受了孔子的这一观点,《周礼·夏官·大司马》

里宣称:"放弑其君,则残之。"只有孟子在这个问题上表现出不同的态度,明确主张如果君主昏庸无能或暴虐无道,那么被臣下赶下台甚至杀掉都是应当的。韩非在弑君的问题上观点与孟子截然相反,对一切弑君的行为都表达了切齿的痛恨,认为君主的地位具有天然的合法性,无论君主犯有多大过错,臣下都无权杀君。韩非出身韩国宗室,而孟子出身平民,可能不同的出身决定了两人在政治观上的鲜明对立。

5. 王霸之争

原文

孟子曰:"以力假仁者霸,①霸必有大国;以德行仁者王,②王不待大;③汤以七十里,④文王以百里。⑤以力服人者,⑥非心服也,力不赡也;⑦以德服人者,中心悦而诚服也,⑧如七十子之服孔子也。⑨《诗》云:⑩'自西自东,自南自北,无思不服。'⑪此之谓也。"(《孟子·公孙丑上》)

注释

①力:力量。这里包括土地、人口、政治、经济、军事等各方面的情况形成的国家实力。假:借。所谓"以力假仁",指以雄厚的实力为前提,同时打出仁义的旗号为号召。如春秋五霸,大致都是采用这样的模式。霸:称霸,即做诸侯之长,在诸侯联盟中居支配地位,可以对其他诸侯国发号施令。②行仁:

实行仁政。王（wàng）：称王，统治天下。③待：等待。④汤：指商汤，是商王朝的开国之君。以：凭借。七十里：指七十里见方。下文"百里"指百里见方。按：这里"七十里""百里"都是极言商汤和周文王当初拥有的领土面积很小，不一定是实指。⑤文王：指周文王姬昌，商纣时为西方诸侯之长，实行仁政。武王灭商后，追尊姬昌为文王。⑥服：使服从，使归顺。⑦赡（shàn）：充足。⑧中心：心中，内心。诚：真的。⑨如：像。七十子：指孔子的弟子。相传孔子有弟子三千，"身通六艺者七十有二人"（《史记·孔子世家》），举其成数则通称"七十子"。⑩《诗》：指《诗经》，此处引诗出自《诗经·大雅·文王有声》，这是一首歌颂周文王的诗。⑪无思不服：无不臣服。思：用作诗歌中的衬字。

译文

孟子说："凭借实力假借仁义之名的可以称霸，称霸一定要有大的国家；依靠道德施行仁政的可以称王天下，称王天下不一定要等成为大国。商汤凭借的国土只有七十里见方，周文王凭借的国土不过百里见方。倚仗实力来使人服从，别人不是内心服从，而是因为实力不够才服从；依靠道德来使人服从，别人才心悦诚服，就像孔门七十二弟子服从孔子那样。《诗经》里说：'从西从东，从南从北，无不服从。'就是说的这种情况。"

解说

孟子讲的道理很普通，普通到一般人在日常生活里也有同样的体验。孟子所论又是关涉政治哲学的核心问题，即政治的本质是什么？国家的目的是什么？由此延伸开去，也包括所谓民心是什么，民心由何决定，等等。

所谓王道，是以德服人；所谓以德服人，是君王要明确君王社稷的存在，根本目的是让百姓拥有安定富足的生活，为此需要做到政治清明、社会秩序良好、经济繁荣。

所谓霸道，是以力服人；所谓以力服人，是崇尚甚至迷信权力，以为凭借权力带来的控制力可以为所欲为，让自己的任何欲望和野心都成为现实。

虽然"霸王道杂用"的思想在战国中期已然兴起，但鉴于以暴易暴的历史，孟子担心天下将变成靠拳头说话的世界，于是孤独地坚持他的仁政理念，告诫君王不要信奉"谁的拳头厉害谁就是老大"的丛林哲学。君王应该明白，百姓对君王的治理心悦诚服才是硬道理；心悦诚服不是狂热的非理性的盲从。

孟子坚信，评判一个诸侯国的治理水平和效果，标准很简单，看百姓用脚投票。他努力尝试在君王心中植入仁爱的信念，热切期盼着能有一个君王接受他的学说，实践他的学说，从而建成一片王道乐土。

可惜，掌握了巨大权力的人，往往自觉或不自觉地陷溺于对武力和暴力的迷信。不仅因为武力和暴力更简单易行，而且更能彰显权力的霸道和威严。

所以孟子生活的时代，各诸侯国君王不过是五十步笑百步，百姓逃无可逃。孟子的学说只能成为空中楼阁，他痛心疾首，又无可奈何。孟子实在太超前了，在原始丛林政治主导的社会，谁能真正理解他呢？

王霸之争，贯穿了我国两千多年的历史进程。可惜，孟子的理想始终只能是乌托邦。

6. 文王的园林和宣王的园林

原文

齐宣王问曰：①"文王之囿方七十里，②有诸？"③孟子对曰："于传有之。"④曰："若是其大乎？"⑤曰："民犹以为小也。"⑥曰："寡人之囿方四十里，民犹以为大，何也？"曰："文王之囿方七十里，刍荛者往焉，⑦雉兔者往焉；⑧与民同之，⑨民以为小，不亦宜乎？⑩臣始至于境，问国之大禁，⑪然后敢入。臣闻郊关之内有囿方四十里，⑫杀其麋鹿者如杀人之罪。⑬则是方四十里为阱于国中，⑭民以为大，不亦宜乎？"（《孟子·梁惠王下》）

注释

①齐宣王：名辟疆，战国中期齐国的君主。②囿（yòu）：古代君王划定的游猎区，畜养禽兽的园林，四周有栅栏或围墙。方：古代计算面积的术语。"方七十里"即每边的长是七十里。③有诸：有之乎，有这回事吗？④传（zhuàn）：指典籍文献。⑤若是：像这样。其大：园林之大。"若是其大"是"其大若是"的倒置形式，表示惊讶、感叹的语气。⑥犹：仍然，还。以为小：以之为小，觉得它小。⑦刍（chú）：割草。荛（ráo）：打柴。焉：于此，"此"指代文王之囿。⑧雉（zhì）：野鸡，这里活用作动词，意思是打野鸡。兔：活用作动词，意思是猎取

野兔。⑨同之：在享用园囿上，文王跟百姓是相同的，也就是说文王不比百姓有更多的特权。⑩宜：应当。⑪大禁：指在法令、习俗或道德上最禁忌、最避讳的事。⑫郊关：指都城四郊建立的起拱卫防御作用的关口。⑬麋（mí）鹿：麋和鹿。按：麋是麋鹿，也叫四不像。⑭是：这。阱：陷阱。

译文

齐宣王问道："文王的园林有七十里见方，有这事吗？"孟子答道："在文献上有这样的记载。"宣王问："竟有这么大吗？"孟子说："百姓还觉得太小呢。"宣王说："我的园林四十里见方，百姓还觉得大，这是为什么呢？"孟子说："文王的园林七十里见方，割草砍柴的人可以前去，捕鸟猎兽的人可以前去；文王跟百姓共同享用这园林，百姓认为太小，不也是应当的吗？我刚到齐国边境时，先问明齐国重要的禁令，这才敢入境。我听说都城郊区之内有个园林，四十里见方，人们要是杀了里面的麋、鹿等动物，等同于犯下杀人之罪。那么这四十里见方的地盘就等于在国内设下的陷阱，百姓认为太大了，不也是应该的吗？"

解说

齐宣王兴趣相当广泛，他爱好音乐，喜欢游猎，还好勇力、好女色、好财货，诸如此类。总之，他具备一个手握巨大权力的男人的典型特征。宣王还特别有廉耻心，比如，他有一次跟大臣庄暴说自己热爱音乐，庄暴告诉了孟子，结果当孟子再当面问起此事时，宣王居然大窘，红着脸赶紧说："我也不敢喜爱古代先王的音乐啦，只是喜欢世俗的音乐罢了。"他痛快地承认自己好勇、好色、好货，都是"有疾"的表现。他跟孟子聊天的许多情节，令人觉得这位两千多年前的君王，耿直坦率，身上有不少值得称赞的德性。这次，他跟孟子谈起百姓对他游猎的园林有意见，他表示不能接受，理由是孟子经常挂在嘴边的一代圣君周文王，游猎的园林规模更大。

孟子告诉宣王，虽然名义上都是君王游猎的苑囿，可是文王并未将其据为一己之私，而是跟百姓共同享用；而宣王却用强权把本属公共资源的地方设为自己的领地，不准世代在此生活的百姓再踏入半步，并滥用刑罚残害误入禁地的百姓，这种不合理的特权，必然会受到百姓的非议。孟子反复强调，诸多社会问题都与资源分配的不公平有关；仁政的核心思想，就是君主在资源分配上必须适当考虑百姓，而不是过度贪婪地总想把一切资源都特权化。如果能做到这一点，那么作为君主，好乐也罢，好勇也罢，好货、好色也罢，都不是什么毛病。孟子此次就园林问题对宣王的劝喻，便很清晰地表明了他的这一思想。

7. 谁能救民于水火？

原文

齐人伐燕，取之。诸侯将谋救燕。宣王曰："诸侯多谋伐寡人者，何以待之？"①孟子对曰："臣闻七十里为政于天下者，②汤是也。③未闻以千里畏人者也。《书》曰：'汤一征，自葛始。'④

天下信之。⑤东面而征，西夷怨；⑥南面而征，北狄怨，⑦曰：'奚为后我？'⑧民望之，若大旱之望云霓也。⑨归市者不止，⑩耕者不变，诛其君而吊其民，若时雨降。⑪民大悦。《书》曰：'徯我后，后来其苏。'⑫今燕虐其民，⑬王往而征之，民以为将拯己于水火之中也，⑭箪食壶浆以迎王师。⑮若杀其父兄，系累其子弟，毁其宗庙，迁其重器，⑯如之何其可也？天下固畏齐之强也，⑰今又倍地而不行仁政，⑱是动天下之兵也。⑲王速出令，反其旄倪，止其重器，谋于燕众，置君而后去之，则犹可及止也。"⑳（《孟子·梁惠王下》）

注释

①待：对待，处理。②为政：主持政事。"为政于天下"即主天下之政，也就是占有天下。③汤：商汤，商王朝的开国之君。公元前16世纪灭夏建商，建都于亳（bó，今河南商丘县境内）。是：指这种情形。④《书》：指《尚书》。本章两处引文见于伪古文《尚书·仲虺（huǐ）之诰》，据《史记·殷本纪》，这两段引文应出自《汤征》。一征：第一次征伐。葛：古国名，故城在今河南宁陵县北。《孟子·滕文公下》记载，商汤住在亳邑，与葛国相邻。葛君放纵无道，不祭祀先祖，抢劫杀害亳地的民众，所以汤征讨葛国。⑤信之：信服了商汤。朱熹《孟子集注》："信其志在救民，不为暴也。"⑥东面：向东。西夷：指当时西部地区的部族。⑦北狄：原指居住在北方的狄族。这里是对北方各部族的泛称。⑧奚为：为什么。后：使在后面。⑨望：期望，盼望。若：好像。霓（ní）：雨后的彩虹。⑩归市：人们从四面八方趋向集市。相当于"赶集"。止：停下

来。⑪吊：对遭遇不幸或受到灾祸的人表示抚恤慰问。时雨：符合时令的雨。⑫徯（xī）：等待。后：君王。其：语气副词，表示推测语气。苏：本指从昏死状态苏醒，这里指重生，从痛苦不堪的境况中重新活过来。⑬虐：残害，欺凌虐待。⑭拯：援救。⑮箪（dān）：本指盛饭的竹筐，这里是动词，用箪盛（食物）。食：饭食。壶：一种深腹小口的器皿，用以盛酒或饭食。这里是动词，用壶盛。浆：一种带酸味的饮品。王师：天子的军队。⑯若：如果。系（xì）：绑缚。累（léi）：捆绑。宗庙：天子、诸侯祭祀祖先的地方。毁其宗庙，意味着灭绝其国家。迁：搬运。重器：指圭璧、钟鼎一类的大型礼器，用于祭祀等礼仪，也是传国的宝器，所以"重器"又可指政权。迁其重器，意味着灭亡其国家。⑰固：本来。⑱倍地：使土地增加一倍。⑲是：这。动：使动。⑳反：使反，送回去。这个意思后来写成"返"。旄（mào）：通"耄"，古时八十至九十岁称耄，这里泛指老人。倪（ní）：幼儿。止：使停下。止其重器，即把重器留在燕国。置：设立。去之：离开那里。

译文

齐国人攻打燕国，攻下了燕国。其他诸侯国将要谋划救援燕国。齐宣王说："诸侯国有不少谋划着来攻打我，怎样处理这事呢？"孟子回答道："我听说有凭借七十里见方的地方而最终占有天下的，商汤就是这样。没有听说过拥有上千里见方的领土却惧怕别人的。《尚书》上说：'商汤的第一次征伐，从葛国开始。'（商汤征伐了葛国），天下人都信服他。商汤向东征伐，西方各部族都抱怨；商汤向南征伐，北方各部族都抱怨。他们抱怨说：'为什么不先来征伐我们这儿呢？'民众盼望商汤，就好像大旱时节盼望乌云和虹霓一样。（商汤率军到达时，）人们照常到集市上买卖，耕种的人也跟平时没什么不同。（商汤）杀掉那里的暴君，慰问那里的百姓，好像是及时雨从天而降。老百姓十分高兴。《尚书》上说：'等待我们的君王，君王来了，我们将会获得新生。'如今燕国虐待它的百姓，大王前去征伐它，百姓以为将把他们从水深火热中拯救出来，所以用竹筐盛了饭，用壶装了饮品，去迎接大王的军队。如果大王杀害他们的父老兄弟，绑缚他们的子侄，毁坏他们的宗庙，搬走他们的礼器，这怎么可以呢？天下各国本来就害怕齐国的强大，现在齐国又扩大了一倍的领土并且不施行仁爱之政，这就难免使天下各诸侯国出动军队来攻打您了。请大王赶紧发布命令，放回他们的老人和儿童，停止搬运他们的礼器，跟燕国各方人士共同商议，确立一位国君，然后撤离燕国，那么还来得及让各国攻打齐国的行动停下来。"

解说

齐人伐燕是战国时影响很大的历史事件。公元前 316 年，燕王哙受到蛊惑，要仿效古代的圣君禅位，把君位让给国相子之，自己北面称臣，出居别宫。由此酿成历时数年的"子之之乱"。公元前 314 年，齐宣王命匡章率"五都之兵""北地之众"伐燕，一度占领燕国。齐宣王很想趁机把燕国并入齐国的版图，同时又明白当时各诸侯国不能容忍齐国这样做，各诸侯国已经在谋划联合出兵攻齐。所以宣王跟孟子反复讨论，孟子就此阐述了他的政治思想。他的基本观点有二：

第一，战争有正义和非正义之别，区分的标准是是否合乎民心民意。倘若一国君主残酷地虐待自己的百姓，致使百姓生活在水深火热之中，那么别的诸侯国就有权力、有义务征伐这个国家，前提是能使百姓从此过上好日子。只要使用战争手段受到百姓的衷心欢迎和拥护，那么这样的战争就是正义的；反之，抱着并吞别国的企图攻打别国，而那里的百姓的生活境况得不到任何改善，反而陷入更深重的痛苦和灾难，那么这样的政权更迭实质上是以暴易暴，这样的战争一定是非正义的。

第二，仁政的核心是善待百姓。围绕这一核心，孟子反复强调，在施行仁政的国度，经济繁荣，社会稳定，人民享受安全宁静、殷实富裕的生活，国家跟其他诸侯国正常友善地交往。通过施行仁政得到百姓的拥戴，这样的君主、政权、国家才有存在的价值；反之就是祸害百姓的罪魁，应该予以诛灭。在《孟子·尽心下》中，孟子说得更清楚："民为贵，社稷次之，君为轻。"由此可以看到在孟子的政治哲学中，百姓才是国家权力存在的前提，权力不应让百姓变得卑贱渺小，更不能成为一国百姓的噩梦。

齐国在当时是战国七雄中的大国，更曾有过令齐人自豪的历史。不说齐桓公九合诸侯、一匡天下的辉煌；就近而言，齐宣王的父亲齐威王在位时，派孙膑和田忌在马陵之战中大败魏军，后来韩、赵、魏三国的国君都去朝见齐威王，齐国威震天下，在当时的国际舞台上起着举足轻重的作用。齐宣王即位后，积极进行招贤纳士的工作，设立稷下学宫奉养一大批有学问的人，让他们不治而议论。此时齐国国富兵强，文风昌盛。齐宣王雄心勃勃地做起了强国梦，想要效法历史上的齐桓公、晋文公,成为天下的霸主。对此孟子很清楚,因此在不同的场合多次告诫宣王,这样的政治野心不可能实现,而且会将齐国引向覆亡的深渊。历史证明,孟子的政治判断是完全正确的。

8. 自作孽不可活

原文

孟子曰:"不仁者可与言哉?①安其危而利其菑,②乐其所以亡者。③不仁而可与言,则何亡国败家之有?④有孺子歌曰:⑤'沧浪之水清兮,可以濯我缨;⑥沧浪之水浊兮,可以濯我足。'孔子曰:'小子听之!⑦清斯濯缨,⑧浊斯濯足矣,自取之也。'夫人必自侮,⑨然后人侮之;家必自毁,而后人毁之;⑩国必自伐,而后人伐之。《太甲》曰:⑪'天作孽,犹可违;⑫自作孽,不可活。'此之谓也。"(《孟子·离娄上》)

注释

①不仁者可与言哉:能跟不具仁德的人讨论吗?即无法跟不具仁德的人交流。②安:以为安全,觉得安适。安其危:把危险看作安全,这是说身在危境之中,却毫无觉察,自以为高枕无忧。利:认为是好处。菑(zāi):通"灾",灾祸。利其灾:把灾祸视为好处,这是说对发生的事情只看到其中的好处,却看不到背后隐藏的巨大祸患。③乐:感觉愉快。所以亡者:导致灭亡的原因。乐其所以亡者,意思是说,对于那些将导致

自己灭亡的事情，不仅意识不到问题的严重性，反而沉湎于其中，尽情享受。④亡国败家：古代诸侯的封地称国，大夫的封地称家。亡国败家之有：有亡国败家，是宾语前置的格式。败：毁坏。⑤孺子：幼儿，儿童。歌：歌唱。⑥沧浪：指汉水上游。濯（zhuó）：洗涤。缨：冠带，系在下巴下，使冠固定在头上。⑦小子：用于老师对学生的称呼。⑧斯：连词，于是，就。⑨夫（fú）：连词，那么，表示下文的内容是以前文所言为条件进行推论、评论。侮（wǔ）：轻慢，凌辱。⑩家：前面与"国"连用时解释为大夫的封地，按："家"的这一意义从家庭义扩展而来，严格说来，应指宗法制下的大家族，包括家族成员、以土地和人口为主的财产，以及管理封地的官僚系统、武装力量等。卿、大夫是这样的家族的家长。毁：毁坏，使遭到破坏。⑪《太甲》：《尚书》篇名，久已失传。今日《尚书》中的《太甲》上、中、下三篇是晋代梅赜伪古文。⑫孽（niè）：灾祸，妖祸。犹：还。违：避开。

译文

孟子说："对不具仁德的人，能跟他讨论吗？明明身处危境，却浑然不觉，安然处之；灾祸将要临头了，可眼里却只有其中的利益。对于那些将导致自己灭亡的事情，沉湎享受于其中。假如能跟不具仁德的人谈论，哪里还会有使国家败亡的事情发生呢？有童子唱道：'沧浪的水清清，可以拿来洗我的冠缨；沧浪的水混浊，可以拿来洗我的双脚。'孔子说：'后生们听听这话。水清就洗冠缨，水浊就洗双脚。这都是自身造成的呀。'一个人，一定是自己不把自己当回事，然后别人凌辱他；

一个家族，一定是先自我毁损，然后别人毁损它；一个国家，一定是先自己攻击自己，然后别人攻击它。《太甲》里说：'上天制造灾祸，还可以避开；可自己造成灾祸，那是没法存活的。'讲的就是这个道理。"

解说

孟子劈头一句"不仁者可与言哉"，充满感慨与悲哀。这句是整段话的主题，句子的原型是"与不仁者言，可乎"，现在把"不仁者"提到句首作为话题，句末语气词改用"哉"，表达强烈的感慨。

孟子对不仁者的具体描述是："安其危而利其菑，乐其所以亡者。"其中心意思是不仁者颠顸而贪婪，把荒淫暴虐这些足以导致亡国败家的事情当做快乐来追求。仔细体会，孟子这些话都是有特定所指的。当时的当政者全无长远的政治眼光，也没有历史责任感和社会道义感；他们或者沉溺于声色犬马的物质享受，或者陶醉于歌功颂德的如潮谀词；或者纠缠于无休止的争权夺利的内斗，导致内政混乱；或者贪欲膨胀，为了统治更多的土地和人口而冒险搞军事扩张，为此不惜与各诸侯国为敌。诸如此类，不一而足。

孟子认为，当政者的上述所作所为都不是政治的题中应有之义。君主不能给本国民众带来更多的福利，心里只有一己之私，那么就属于"自作孽，不可活"，无可救药。他全力向当时的当政者宣扬仁政理念。但是，没有一位君主能够真正听懂孟子在说什么，没有一位君主能够理解和接受孟子的仁政思想。孟子充分意识到，在他与当政者之间，不存在语言交流的障碍，只是因为双方价值观根本不同,事实上是两个世界的人,因此"不可与言"。孟子断言,不仁者当政,全无仁爱悲悯的情怀,最终只能走向亡国败家的绝路。

有的学者把"安其危而利其菑"理解为:他们眼见别人的危险,却无动于衷;利用别人的灾难来谋取利益。这种解读恐怕不妥:代词"其"解释为指"不仁者"很自然,但解释为指与自己相对的他人,就不大符合"其"的使用规则。

9. 率土地而食人肉

原文

孟子曰:"求也为季氏宰,①无能改于其德,②而赋粟倍他日。③孔子曰:'求非我徒也,④小子鸣鼓而攻之可也。'⑤由此观之,君不行仁政而富之,⑥皆弃于孔子者也,⑦况于为之强战?⑧争地以战,⑨杀人盈野;⑩争城以战,杀人盈城。此所谓率土地而食人肉,⑪罪不容于死。⑫故善战者服上刑,⑬连诸侯者次之,⑭辟草莱、任土地者次之。"⑮(《孟子·离娄上》)

注释

①求:冉求,字子有,孔子弟子,富有行政才干,颇为孔子称许。季氏:指季康子,是鲁国的正卿,在当时把持了鲁国的国政。宰:卿大夫的家臣。②改:改正。按:"改"主要指抛弃错误,改从正道。③赋:征收田地税。粟:指粮食。倍:加

倍。他日：以往，从前。④非：不是。徒：弟子，门人。⑤小子：老师对学生的称呼，相当于"后生"。鸣：使鸣响。鸣鼓：击鼓，这里是说大张旗鼓地，公开地。攻：声讨，谴责。⑥富之：使他富有，即帮他聚敛财富。⑦弃：抛弃。弃于孔子：被孔子所抛弃。⑧况：何况。为（wèi）：替，给。强（qiǎng）：勉力，竭尽全力去做。⑨争地以战：以争地战，因为争夺土地而发动战争。⑩盈：充满。⑪率：带领。食：吃。⑫不容：不能容纳。"罪不容于死"的意思是罪行太大，连死刑都不足以容纳。⑬善战：擅长作战，比如善于排兵布阵、攻城略地的将军。服：承受。上刑：重刑。⑭连：连接，使联合在一起。连诸侯者：指纵横家，如苏秦、张仪等。次：比……差一等。⑮辟：开垦。草莱：本指杂草，又指荒芜之地。任：承担责任。任土地：把土地分给农民，使其承担耕种之责，如李悝（kuī）尽地力、商鞅开阡陌之类。当时魏国、秦国的改革，不为富民，而是为聚敛更多的财富以扩张军备。孟子认为，民众穷困，不是地力未尽，而是诸侯穷奢极欲，疯狂搜刮，穷兵黩武，战乱不休。清代王夫之《孟子稗疏》认为"辟草莱、任土地"是就按田亩征税而言。

译文

孟子说："冉求给季康子做家务总管，没有能纠正季康子的德行，而征收的田地税比以前翻了一倍。孔子说：'冉求不是我的弟子，后生们大张旗鼓地去声讨他都可以。'由这件事看来，如果君主不施行仁政，却帮他聚敛财富，都是被孔子所唾弃的，何况对那些为不行仁政的君主竭尽全力去作战的人呢？因为争夺土地而发动战争，杀死的人堆满田野；因为争夺城池而发动战争，杀死的人积满城池。这就等于带领土地吃人肉，其罪恶之大，即使把他们处死也不足以抵偿。所以那些擅长作战的人应该受最重的刑罚，从事合纵连横的人应当受次一等的刑罚，为增加赋税使百姓开垦荒地并使其承担耕种之责的人应当受再次一等的刑罚。"

解说

《左传·哀公十一年》记载季孙打算按照田亩征税。此前各诸侯国采用井田制，土地名义上归周天子所有，通过层层分封提供给诸侯和卿大夫使用。农夫需耕种公田和私田，私田收入用于农夫的生活，公田收入归领主所有。由于井田制实施过程中，私田大量出现，因此按田亩征税，可以大幅度增加财政收入。季孙派冉有就此去征求孔子的意见，孔子拒绝正面回应，私下对冉有说："若遵从礼法做事，那么应当是施舍力求丰厚，事情要做得适中，赋税要尽量轻薄。"不过，冉有并没有接受孔子的意见，《论语·先进》说："季氏富于周公，而求也为之聚敛而附益之。子曰：'非吾徒也，小子鸣鼓而攻之可也。'"可见增加税赋是由冉有具体办理的，所以惹得孔子出离愤怒，让弟子们去声讨冉有。孟子重提此事，并由此对当时的社会现实进行了深刻的揭露和批判。

孟子一再强调要薄赋敛、轻徭役，呼吁减轻百姓的赋税痛苦和劳役负担。孟子注意到，君主和卿大夫想方设法拼命盘剥百姓，聚敛财富，一方面为满足他们骄奢淫逸的生活，另一方面则往往与政治野心直接相关，财富高度集中带来的不是百姓的福祉,而往往是战祸连绵造成的尸骨遍野的悲惨景象。孟子目睹如此血淋淋的现实,坚定地选择了反战主义立场,并激愤地斥责那些当政者这样做是"率土地而食人肉"。为了占有更多的土地,不惜让成千上万的百姓丧失性命,对此用"率土地而食人肉"加以描述,何等生动而准确!土地本是百姓生存的根本,如今为了土地而造成无数百姓流血死亡,无异于土地吃人;而土地吃人的背后是君主的野心和欲望。"率土地而食人肉"一句高度概括了土地异化的根源。一个"率"字,不仅把土地拟人化了,而且把制造这一人类悲剧的元凶揭示出来。为政的目标不是让百姓生活更富足更幸福,而是为了满足为政者的私欲,孔子称之为"苛政猛于虎",孟子称之为"率兽而食人"。

10. 糜烂其民的君王

原文

孟子曰:"不仁哉,梁惠王也!① 仁者以其所爱及其所不爱,② 不仁者以其所不爱及其所爱。"公孙丑问曰:③ "何谓也?"④ "梁惠王以土地之故,⑤ 糜烂其民而战之,⑥ 大败;将复之,⑦ 恐不能胜,故驱其所爱子弟以殉之,⑧ 是之谓以其所不爱及其所爱也。"⑨(《孟子·尽心下》)

注释

①梁惠王:即魏惠王,战国时魏侯罃(yīng),晚年称王。

整个句子是"梁惠王不仁哉"的倒装，表达强烈的感慨。②及：达及，推及。③公孙丑：孟子的弟子。④何谓：谓何，说什么，指什么。⑤以：因为。故：缘故。⑥糜（mí）烂：毁伤，摧残。按：汉代刘熙《释名·释饮食》："糜，煮米使糜烂也。"可见"糜"本指煮得稀烂的粥，引申指烂；使变得稀烂，即毁伤。战：使战，使去作战。⑦复：报复。⑧驱：驱使。子弟：子和弟，泛指家族中的子侄辈后生。殉（xùn）：本指用活人陪葬，这里指为惠王的战争狂热而死。⑨是：这。是之谓：所说的……就是指这种情况。

译文

孟子说："梁惠王啊，真是太没有仁德了！具有仁德的人，拿他所喜爱的对象，推而广之，达到他所不喜爱的对象身上；没有仁德的人拿他所不喜爱的对象，推及到他所喜爱的对象。"公孙丑问道："老师说的是什么意思呀？"孟子说："梁惠王因为土地的缘故，摧残自己的百姓，让他们去打仗，结果大败；将要报复对方，担心不能获胜，所以驱使他喜爱的家族子侄去为他的战争狂热送死，我所说的拿他所不喜爱的对象，推及到他所喜爱的对象，就是指这种情况。"

解说

古人说："一将功成万骨枯。"战争的残酷尽人皆知，孟子因此持坚定的反战主义立场，提出了"义战"的概念。义战，就其字面而言，即符合道义的战争，是有道征伐无道、在上者征伐在下者。这样的征伐，其目的只能是解民于倒悬、拯民于水火，必将受到百姓的拥护；被征伐的一方必将望风披靡，不会造成大规模的人员伤亡。孟子论断"《春秋》无义战"，是因为《春秋》所记载的战争，基本都是诸侯国之间为争夺人口、土地和对其他诸侯国的控制权而发动的战争。他怒斥那些自鸣得意地宣称"我善为陈（阵），我善为战"的人是民贼，有大罪，应当接受最严厉的刑罚。孟子曾对齐宣王说："王好战，请以战喻。"可见他认为齐宣王具有好战的品性，因此，这样的君主一定不是仁君。

本章中，孟子用推己及人的思想阐述他的反战主张。他指出，正确的推己及人，是把自己的爱心，由近及远地推广开去。人的天性必然爱自己的亲人，由此就应当明白别人也爱自己的亲人；爱自己的亲人自然不希望自己的亲人受到伤害，那么就要想到别人也不愿亲人受到伤害，所以就应当去爱别人的亲人。概括起来，便是"老吾老以及人之老，幼吾幼以及人之幼"，敬重我自己的父母长辈，从而把这种敬重之心推及到别人的父母长辈身上；爱抚我自己的子女，从而把这种爱抚之心推及到别人的子女身上。孟子不厌其烦地向每一位游说对象反复宣扬这番话，其基本思想是将心比心，推己及人。不幸，孟子耳闻目睹的世之怪象是，君王们的恩爱之心"足以及禽兽"，却对民生艰难漠不关心。如梁惠王，为了占有更多的土地，不仅让无数百姓上战场送死，而且不惜让自己的宗族子弟丧命疆场。难道在梁惠王心里，土地比人的生命更可宝贵吗？对此孟子深感困惑和愤怒。

11. 君正莫不正

原文

孟子曰:"人不足与適也,①政不足间也。②惟大人为能格君心之非。③君仁,莫不仁;④君义,莫不义;⑤君正,莫不正。一正君而国定矣。"⑥(《孟子·离娄上》)

注释

①足:足够,够得上。与:介词,跟……一起,和。適(shì,适):趋往,归向。按:《论语·子罕》:"可与共学,未可与适道。"有人可跟他共同向学,但未必可与他一起归向大道。这里便以此意解"与適"。②间(jiàn):参与。③惟:唯独,只有。大人:指大仁大德的人。格:纠正,匡正。④莫:没有谁。⑤义:合乎道义。⑥一:一旦。正:使正。正君:使君主端正,不偏邪。

译文

孟子说:"那些在位的小人,不足以跟他们一起追求(大道);当下的政事也不值得参与。只有大仁大德的人才能纠正君主思想上的错误。君主仁爱,就没有谁不仁爱;君主合乎道义,就没有谁不合乎道义;君主正直,就没有谁不正直。一旦使君主行正道,那么国家就安定了。"

解说

本章前两句的解读,大部分学者遵从东汉赵岐的意见:人,特指当时在位的臣子,"时皆小人居位"。"適"读 zhé,通"谪",义为谴责;间,非议。这两句的意思是说,那些在位的小人,不值得去指责;当下的政事不值得去非议。这种解读最大的问题是在句法上无法说明"与"字的功能。宋代朱熹认为"间"上脱"与"字,补上"与"字后也没有给出合理的解释。另外,"间"表"非议"也是比较罕见的用法。

晚清俞樾《群经平议》认为"適"读 dí,通"敌",匹敌,抗衡。此句是说"为人君挟贵以骄士,而士之道义不足以敌之也"。他以"与"释"间",义为参与,并说:"俗本因上句而妄加'与'字,非也。两句既不一律,其义亦必不同。"另外,他指出此章"大人"与前文"人"相对,则前文"人"是指普通的人。按照俞樾的意见,这两句的意思是说,对一般人来说,不足以跟君主抗衡,也不足以参与政事。

根据上古汉语的语法特点,助动词"足"字前的成分,通常是谓语动词的受事;如果动词前有介词,也可以是介词的支配对象。俞樾将"人"解释为泛指的一般人,跟所在句式的特点不甚相合。"适"(適)是多音多义字,今依其在《孟子》一书中的常规用法加以说解。

孟子在《离娄下》中也说过:"君仁,莫不仁;君义,莫不义。"概括一下孟子的思想,大致有两点:第一,君主是一国政治的代表符号。在专制制度下,君主的德行在很大程度上决定一国的政治品格和治理方向。因此,要治理好国家,首先应使君主的行为合乎准则。第二,孟子特意强调"大人"在国家政治生活中的作用,其中最重要的是"格君心之非"。

在孟子的概念体系中,"大人"具有以下特征:一,大人有高尚的道德修养,并能以自身的德行影响整个社会。"有大人者,正己而物正者也。"(《孟子·尽心上》)二,大人有高远的志向和坚定的原则。"非礼之礼,非义之义,大人弗为。"(《孟子·离娄下》)大致说来,这个意义上的大人是士人阶层的杰出人物,他们相对于君主是独立存在的一种政治力量。他们以自己的道德力量纠正君主的邪恶和谬误,从而使国家权力的运转不会出现大的偏差。

孟子意识到,倘若君不仁、不义、不止,贪婪无耻,满口谎言,却总挥舞着道德的大棒指责百姓,并企图用统一的道德规范匡正天下,这样就必然造成小人当道的政治环境,并由此导致整个社会陷入毫无底线的互害状态。

12. 君王的能耐

原文

孟子谓齐宣王曰:①"为巨室,②则必使工师求大木。③工师得大木,则王喜,以为能胜其任也。④匠人斲而小之,⑤则王怒,以为不胜其任矣。夫人幼而学之,⑥壮而欲行之;⑦王曰:'姑舍女所学而从我。'⑧则何如?⑨今有璞玉于此,⑩虽万镒,⑪必使玉人雕琢之;⑫至于治国家,则曰:'姑舍女所学而从我。'则何以异

于教玉人彫琢玉哉?"⑬(《孟子·梁惠王下》)

注释

①谓:对……说。齐宣王:战国时齐国的君主,名辟疆。②巨室:大宅,大房子。③工师:管理各种工匠的官员。求:寻找。④胜:力能担任,经得起。在这个意义上旧读 shēng。任(rèn):名词,责任。⑤匠人:木匠。斲(zhuó):砍,削。小:使小。按:这里指小于预期的标准。⑥夫(fú):那。幼:年少。之:代词,指代某种技艺。⑦壮:成年。《礼记·曲礼上》:"三十曰壮,有室。"⑧姑:姑且,表示暂时地。舍(shě):放弃,放下不用。女(rǔ):通"汝",你。从:听从。⑨何如:怎么样。⑩璞玉:未经雕琢加工过的玉石。⑪镒(yì):古代重量单位,一镒是二十两或二十四两。⑫玉人:雕琢玉器的工人。⑬何以:以何,用什么。异:区别开。

译文

孟子对齐宣王说:"建造大房子,必定派主管工匠的工师去寻找大木料。工师找到了大木料,大王就会很高兴,认为工师是称职的。木匠砍削木料,把木料砍得太小了,大王就会发怒,认为木匠是不称职的。一个人年少时便开始学习某方面的技艺,成年后要运用自己学到的技艺,大王却说:'姑且放弃你所学的本领来听我的。'那会怎么样呢?现在有块玉石在这里,虽然价值万金,必定要叫玉人来雕琢加工。可在治理国家的事情上,却说:'姑且放弃你所学的本领来听我的。'那么这跟您去教导玉匠雕琢玉石有什么不同呢?"

解说

孟子对齐宣王讲的这番话，概括一下有四个要点：第一，君王对官员的要求是称职，即能够圆满完成君王交代的工作。第二，有些工作如采购木材，不需要特别高的技能；有些工作如加工木材，则必须具备专业技术，否则就可能无法合格地完成本职工作。第三，专业技能需要长期的学习训练；从政是一种职业，同样也需要专业技能；第四，作为君王，任用官员办理政务，首先需要考虑被任用者的职业能力；在此前提下，应当给予官员相应的信任，君王不要用自己的一己之见随心所欲地干预具体政务。

就内容而言，此章所记大概是孟子针对某一事件向齐宣王作的进谏，详细的背景已不得而知。有趣的是，此章中孟子的话语方式跟他一向的风格似乎颇有不同。虽然孟子依旧表现出善于运用生动贴切的比喻来深入浅出地讲道理的特点，可是却基本没有平素那种自信豪迈、气势充沛、犀利晓畅的鲜明个性，而是在整体上显得委婉曲折、敦厚柔和。细究起来，大概孟子在向君王宣扬和阐发自己的政治思想时，更习惯于纵横捭阖，充分展示他雄浑博大的思想气质；而针对具体政事的劝谏，则会选择使用耐心细致、含蓄蕴藉的话语方式。

君王拥有的权力和地位，会使他产生自己无所不能的幻觉，因此在所有政事上都想显示自己的卓见异能，这恐怕是专制体制无法解决的难题。孟子意识到这一问题的存在，非常委婉地劝诫齐王，要明白自身的局限性，不能对什么事务都要发表意见，这样不仅让下面的官员无法发挥自己的才干，更有可能因齐王的瞎指挥造成巨大的社会资源浪费。其实，君王又何止是在具体事务上无法遏制要彰显自己英明神武的冲动呢？权力越大，君王的内心就会越膨胀，这几乎是历史的铁律，这就不是孟子的道理能解决的问题了。孟子或许能苦口婆心地劝住一个齐宣王，可是他的这番话对于千千万万个君王又能起多大作用呢？

13. 得道多助，失道寡助

原文

孟子曰："天时不如地利，①地利不如人和。②三里之城，七里之郭，③环而攻之而不胜。④夫环而攻之，必有得天时者矣；⑤然而不胜者，是天时不如地利也。⑥城非不高也，池非不深也，⑦兵革非不坚利也，⑧米粟非不多也；⑨委而去之，⑩是地利不如人和也。故曰：域民不以封疆之界，⑪固国不以山豀之险，⑫威天下不以兵革之利。⑬得道者多助，⑭失道者寡助。⑮寡助之至，亲戚畔之；⑯多助之至，天下顺之。⑰以天下之所顺，⑱攻亲戚之所畔；故君子有不战，⑲战必胜矣。"（《孟子·公孙丑下》）

注释

①天时：自然气候条件。地利：地理优势。东汉赵岐注："地利，险阻，城池之固也。"②人和：人心和睦团结。③城：城墙。三里之城：指每边长三里的城墙。郭：外城城墙。按《周礼·冬官·考工记》："匠人营国，方九里，旁三门。"这是说王

城,即天子之城。天子之城方九里,各诸侯依据爵位等级,都城规模依次递减:公七里,侯伯五里,子男三里。因此,孟子以"七里之郭"与"三里之城"对举,"郭"与"城"所指相同;"三里之城""七里之郭"是指等级、规模不同的诸侯都城。将此句解释为"三里的内城,七里的外城",恐有不妥。④环:环绕。这里指四面包围。⑤夫(fú):那。按:"夫环而攻之"是指"环而攻之"这种情况。得天时者:指气候条件对自己有利的时机。⑥是:这,回指"然而不胜者"。⑦池:护城河。⑧兵革:兵器和铠甲。按:"兵革非不坚利"应理解为"兵非不利,革非不坚"。这是使用了并提的修辞手法。春秋至战国中期,士兵的防护设备以犀牛皮或牛皮制成的甲为主;战国中期之后,始多用铜铁制铠甲。《周礼·夏官司马》"司甲"郑玄注:"甲,今之铠也。"唐代贾公彦疏:"古用皮,谓之甲;今用金,谓之铠。"⑨米粟:泛指粮食。按:粟本指尚未脱壳的小米。《说文》:"米,粟实也。"即粟脱壳后为米。⑩委:弃置,扔下。去:离开。⑪域:动词,指限定在固定的区域。朱熹注:"域,界限也。"域民:将百姓限制在疆域之内,不许自由迁徙。封疆:标记疆界。《史记·商君列传》:"为田开阡陌封疆,而赋税平。"(唐)张守节《正义》:"封,聚土也;疆,界也。谓界上封记也。"界:分界,边界。⑫固:使牢固。山谿:山川,山河。"谿"同"溪"。险:险阻。即山河等地理条件形成的险要阻塞。⑬威:威慑而使畏惧顺服。利:锐利。⑭得道者:符合道义的人。多助:有很多帮助。⑮失道者:背弃道义的人。寡:少。这里是"有很少"的意思。⑯至:达到顶点。亲戚:亲人,家人。按:古代"亲戚"指与自己有血缘关系或婚姻关系的人,包括父母、兄弟等。畔：通"叛"，背叛。⑰顺：顺从，服从。⑱以：用，凭借。天下之所顺：天下人都顺从的对象。⑲君子：才德出众的人。这里指道德修养好、实行仁政的君王。

译文

孟子说："有利的天时不如地理上的优势，地理上的优势比不上国人和睦团结。对一座有十二里或者二十八里城墙规模的城池，四面包围起来攻打它，却不能取胜。包围起来攻打一座城池，总是会有天时有利的时候，可是却不能取胜，这说明有利的天时不如有利的地势。（假定一座城池，）城墙不是不够高，护城河不是不够深，兵器不是不够锋利，铠甲不是不够坚固，粮食不是不够充足；然而遭到进攻时百姓却都抛下城池逃走了，这说明地理上的优势比不上国人和睦团结。所以说，不能凭借国家的疆界将百姓限制在疆域之内不许自由迁徙，不能依赖山河等地理条件形成的险要阻塞来使国家牢固，不能依仗锋利的兵器和坚固的铠甲去威服天下。符合道义的人能得到多数人的拥戴帮助，背弃道义的人没有几个人会真心支持他。无人支持的情况达到极致的话，就连家人都会背叛他；获得拥护的情况达到极致，天下的人都将归顺他。一位君王，天下人都愿意归顺他，他去攻打一个连家人都背叛他的君王，（结果可想而知；）所以君子不战则罢，战则必胜。"

解说

本章流传甚广，特别是"得道多助，失道寡助"，更成为脍炙人口的成语。本章的核心词是"人和"，其内涵既简单又丰富。简单理解，"人和"就是一个族群里人与人之间和谐和睦。更深一层理解，"人和"也指生活在这样的社会中的人对自己的生活感到满意满足，心意和乐，很少矛盾冲突。人们珍惜这样的生活，不容许外部力量来破坏，因此有外敌入侵时，自然万众一心奋起保卫自己的美好生活。

《荀子·王霸》："农夫朴力而寡能，则上不失天时，下不失地利，中得人和，而百事不废。"可见"天时""地利""人和"的说法在当时可能比较流行。这三个方面大致概括了与古人生活息息相关的外部环境和客观条件。对于国与国之间的战争而言，同样会受到这三方面条件的制约。孟子首先论证，在这三方面之中，对战争胜负起关键作用的是人和。

孟子指出，只要实施仁政，做到政治清明、社会公正、国泰民安，生活富足而且明白道义的本国百姓又怎么可能愿意迁移到别的国家呢？别国百姓知道了有这样的人间乐土存在，一定会千方百计地涌入，那么又哪里需要通过战争去抢夺别国的人口资源呢？如果普天下的百姓都期待成为这个国家的臣民，还有什么力量能够与这样的国家抗衡呢？

孟子说"域民不以封疆之界"，是强调君王不应当迷信靠强权和武力去征服、约束百姓，而应当考虑如何赢得百姓的真诚拥戴和支持。古代君王们在两国之间的边界上聚土植树作为标记，标明土地和人口的不同归属，这类似于动物界的一些肉食者用尿液标记自己的势力范围，体现的是弱肉强食的法则。人类既然喜欢用文明标榜自己，君王就不应该将同为人类的百姓作为自己的私有财产看待，更不应当作为奴役和盘剥的对象。孟子正是从这一角度出发，重新思考了君、社稷、民、权力等政治学范畴,提出了他的仁政主张。

最后要梳理一下孟子"得道"的概念。"道"这个概念定义起来相当复杂。"道"的本义是道路,引申指做事所遵循的途径、方法;事物的发展变化也遵循一定的途径,所以又引申指道理、规律;人对宇宙、社会、人生的道理和规律的认识就是思想、学说、主张。概括地说,"道"的核心语义就是道理,指符合人类常识和普遍认知的道理。孔子、孟子都认为,仁爱、诚信、有原则、守规矩,等等,都是合乎道理的。如此说来,"道"一点都不玄虚。反之,残暴不仁,谎言欺骗,毫无原则底线,胡作非为,就是倒行逆施,就是失道、无道。失道之君,必然失去民心民意的支持。因为只有立足于道理与常识,才会获得同情、认可、支持与力量。

14. 罪人

原文

孟子曰:"五霸者,三王之罪人也;①今之诸侯,五霸之罪人也;今之大夫,②今之诸侯之罪人也。天子适诸侯曰巡狩,③诸侯朝于天子曰述职。④春省耕而补不足,⑤秋省敛而助不给。⑥入其疆,⑦土地辟,田野治,⑧养老尊贤,俊杰在位,⑨则有庆;⑩庆以地。入其疆,土地荒芜,遗老失贤,⑪掊克在位,⑫则有让。⑬一不朝,则贬其爵;⑭再不朝,则削其地;⑮三不朝,则六师移之。⑯是故天子讨而不伐,⑰诸侯伐而不讨。五霸者,搂诸侯以伐

诸侯者也,⑱故曰:五霸者,三王之罪人也。"(《孟子·告子下》)

注释

①霸:称霸,即做诸侯之长。五霸:指春秋时代先后称霸的五个诸侯。具体哪五个诸侯有不同说法,以《孟子》相关记述看,大概指齐桓公、晋文公、秦穆公、楚庄王和吴王阖庐。一说是齐桓公、宋襄公、晋文公、楚庄王、秦缪公。三王:夏、商、周三代圣王,指夏禹、商汤、周文王和周武王。②大(dà)夫:古职官名。周代在周天子和诸侯国君之下都设有卿、大夫、士三等官职。③天子:指周王朝的最高统治者。古以君权神授,故称帝王为天子。适:到往。适诸侯:前往各诸侯国。巡狩:天子前往邦国州郡进行视察。也作"巡守"。《尚书·舜典》孔安国传:"诸侯为天子守土,故称守。巡,行之。"《孟子·梁惠王下》:"天子适诸侯曰巡狩;巡狩者,巡所守也。"④朝:朝见。按:先秦时代,"朝"表朝见义是不及物动词,所以需要介词"于"引出朝见的对象。述职:诸侯向天子陈述职守。《孟子·梁惠王下》:"诸侯朝于天子曰述职;述职者,述所职也。"⑤省(xǐng):视察。不足:指生活有困难的人家。按:在农业社会,春季是青黄不接的时候,需要朝廷补助救济。⑥敛:聚集收藏。按:"敛"有两层含义。一是在秋季将收获的粮食等全部入仓。《墨子·三辩》:"农夫春耕夏耘,秋敛冬藏。"二是官府征收各种税赋。给(jǐ):丰足。不给:指生活陷入困境的人家。⑦疆:国界。按:朱熹《孟子集注》:"自'入其疆'至'则有让',言巡狩之事。"⑧辟(pì):开辟,开垦。治:整治得很好。⑨老:

指年老之人。尊：以为尊，尊重。贤：指德才好的人。俊杰：才智卓越的人。在位：居官位，做官。伪古文《尚书·大禹谟》："君子在野，小人在位。"⑩有庆：有所奖赏。⑪遗：抛弃，遗弃。失贤：贤能之人没有机会居官位。⑫掊（póu）克：指搜刮民财的人。⑬有让：予以谴责。让：责备，谴责。⑭一不朝：一次不去朝见天子。贬：降低。爵：爵位。按：爵位是代表贵族或功臣身份、地位的称号，受封爵位后通常可得到食邑或相当数量的财富。按：朱熹《孟子集注》："自'一不朝'至'六师移之'，言述职之事。"⑮再：两次。削：削减。地：指封地。⑯六师：六军。按：周代制度，周天子设六军，大国诸侯设三军。后以"六军"指天子的军队。移：施加。⑰是故：因此。讨：声讨，讨伐。伐：征伐，攻打。⑱搂（lōu）：朝自己一方拉拽。

译文

孟子说："春秋五霸是三代圣王的罪人；如今的诸侯是春秋五霸的罪人；当今的大夫是如今诸侯的罪人。天子前往各诸侯国叫做巡狩，诸侯朝见天子叫做述职。天子在春天视察耕种的情况，补助生活困难的人家；到秋天视察收获和税收的情况，救济生活窘迫的人家。天子进入某个诸侯国，如果该国的土地得到开垦，田野整治得好，赡养老人，尊重贤能之人，才智卓越的人都有官位，那么就有奖赏；用土地来加以奖赏。天子进入某个诸侯国，如果该国土地荒芜，遗弃老人，贤能之人没有机会居官位，而贪官污吏占据官位，那么就予以谴责。诸侯有一次不去朝见天子的情况，就降低他的爵位；两次不朝见，就削减他的封地；三次不朝见，天子就要派大军前往该国。因此，天子声讨诸侯的罪行而不征伐；诸侯奉天子之命去征伐有罪的诸侯而不声讨。五霸则是把一帮诸侯拉在一起去征伐别的诸侯。所以说，春秋五霸是三代圣王的罪人。"

解说

在孟子的讲述中，三代圣王建立了良好的政治秩序，在天下有道的时代，天子作为天下共主，对各诸侯国具有监察和仲裁的职能。各诸侯国在名分上是为天子守土，要承担起大力发展经济、维护社会秩序的责任；周天子对诸侯的政绩考核主要包括农业生产、养老、任贤等方面。周王室和各诸侯国各尽其责，保证整个王朝的安定有序，从而使天下百姓安居乐业。

春秋时期，周王室逐渐衰落，各诸侯国日益强大起来。为了争夺土地、人口和对其他诸侯国的支配权，诸侯国之间征战不休。在这样的背景下，出现了著名的"春秋五霸"。春秋时期的称霸，大体上凭借军事、经济等方面的实力，同时采用"挟天子以令诸侯"的方式占据道义上的话语权。此时周天子已基本没有力量制衡诸侯，诸侯国各行其是。所谓五霸，大体是用武力代天子行使管控诸侯的职能，这样便破坏了三王确立的政治规矩。因此，孟子认为"五霸者，三王之罪人也"。

战国时代乃"古今一大变革之会"（王夫之《读通鉴论》）。旧的秩序、传统被彻底打破，各诸侯国独占一方，割据称雄。诸侯国之间由春秋时期的争霸转为兼并战争。各诸侯国内部争权夺利的斗争也复杂而激烈。名存实亡的周天子根本无力维系共同的价值观，因此现实利益成为主导政治和社会的唯一因素。

孟子目睹诸侯混战带来的社会失序、生灵涂炭，深刻地意识到，天下之种种乱象，皆由诸侯争利引起，在本质上，"兴，百姓苦；亡，百姓苦。"因此他痛斥"今之诸侯，五霸之罪人也；今之大夫，今之诸侯之罪人也"。其言外之意，这些为争权夺利而不惜杀人盈城盈野的诸侯和大夫，其实都是百姓的罪人，更是历史的罪人。

15. 逢君之恶

原文

五霸，桓公为盛。① 葵丘之会，② 诸侯束牲载书而不歃血。③ 初命曰：④ "诛不孝，⑤ 无易树子，⑥ 无以妾为妻。"再命曰：⑦ "尊贤育才，以彰有德。"⑧ 三命曰："敬老慈幼，无忘宾旅。"⑨ 四命曰："士无世官，⑩ 官事无摄，⑪ 取士必得，⑫ 无专杀大夫。"⑬ 五命曰："无曲防，⑭ 无遏籴，⑮ 无有封而不告。"⑯ 曰："凡我同盟之人，既盟之后，言归于好。"⑰ 今之诸侯，皆犯此五禁，⑱ 故曰：今之诸侯，五霸之罪人也。长君之恶，⑲ 其罪小；逢君之恶，⑳ 其罪大。今之大夫皆逢君之恶，故曰：今之大夫，今之诸侯之罪人也。（《孟子·告子下》）

注释

①桓公：指齐桓公，春秋时齐国的君主，姜姓，名小白。他任用管仲变法图强，成为春秋时期的第一位霸主，史称"九合

诸侯，一匡天下"。盛：兴旺，盛大。②葵丘：地名，在今河南民权县。会：盟会，古代诸侯间聚会结盟。葵丘之会：前651年，齐桓公两次在葵丘与鲁、宋、卫、郑、许、曹等国聚会结盟。③牲：供祭祀用的牲畜。按当时礼法规定，诸侯之间举行盟誓，使用牛作为牺牲。束牲：把祭祀用的牲畜捆绑起来。载（zài）：安放。书：指盟书。古代结盟立誓，举行歃血盟礼时所载录的文辞。载书：将盟书放在祭祀用的牲畜上。《穀梁传·僖公九年》："葵丘之盟，陈牲而不杀，读书加于牲上。"歃（shà）血：古代诸侯缔结盟约时的一种仪式。杀牲取血，盟誓者以口稍吸牲血，表示对盟约信守不渝。不歃血：不杀牲取血。这是表示相信与盟的人不敢背约。④初命：指盟约的第一条规定。⑤诛：诛罚。按："诛"本指依据道义或法令对犯有过失的人进行追究惩罚，对罪过严重者的处罚便是杀戮。不孝：指不孝之人。⑥无：通"毋"，不要。易：改变。树子：指诸侯立为世子的嫡子。东汉赵岐注："树，立也。已立世子，不得擅易也。"⑦再命：指盟约的第二条的内容。⑧贤：指贤明的人。彰：使显著。有德：指有德行的人。⑨慈：爱惜，慈爱。幼：指年幼者。忘：遗失，抛在脑后。宾旅：客卿和羁旅之人。⑩世官：由一家族世代承袭某一官职。赵岐注："仕为大臣，不得世官，贤臣乃得世禄也。"⑪官事：官府的事务。摄：代理，兼摄，即在本职外同时代理其他职务。⑫取士：选取士人。得：适合，得当。⑬专：擅自，任意。按：朱熹《孟子集注》："大夫有罪，则请命于天子而后杀之也。"⑭防：动词，筑堤坝。曲防：不正当地筑堤防。朱熹《集注》："无曲防，不得曲为隄防，壅泉激水，以专小利、病邻国也。"这是指各诸侯国在筑堤防时只考虑自身利益，不顾及由此造成的以邻为壑的后果，因此盟约予以禁止。⑮遏（è）：阻断，遏制。籴（dí）：买进粮食。这是指别国发生饥荒时，不得阻止前来购买粮食救灾。⑯有封：有所封赏。不告：指不向盟主报告而擅自作为。⑰凡：表示总括的副词，全部，所有。盟：缔结盟约。言：动词词头。归：回归，恢复。好（hǎo）：亲善，友好。⑱犯：侵害，触犯。五禁：五条禁令。⑲长（zhǎng）：使增长，助长。恶：指罪恶，过错。按：助长君王的过恶，是指顺从君王而不敢指出和纠正君王的过错。⑳逢：逢迎，迎合。主动迎合君王的过恶，是指君王还没开始作恶，就主动为之提供相应的说辞、建议和条件等。

译文

五霸之中，齐桓公最为强盛。在葵丘举行的盟会上，诸侯把祭祀用的牛捆绑起来，将盟书放在牛身上，不用杀牲取血。盟约的第一条规定："诛罚不孝的人，不得改立太子，不得把妾立为正妻。"盟约的第二条规定："尊重贤明的人，养育人才，从而彰显有德行的人。"盟约的第三条规定："敬重老年人，爱护少儿，不要怠慢宾客和旅人。"盟约的第四条规定："士人不得世袭官职，官府的事务不得兼摄，选用士人一定要得当，不得擅自杀戮大夫。"盟约的第五条规定："不得不正当地筑堤防以垄断水利，不得阻止邻国来买粮食，不得擅自有所封赏而不向盟主报告。"盟书最后说："所有我们共结盟约的人，缔结盟约之后都恢复亲近友善。"现在的诸侯全都触犯了这五条禁令，所以说，现在的诸侯是五霸的罪人。助长君王的过恶，这样的罪过算是小的；主动迎合君王的过恶，这样的做法罪大恶极。

如今的大夫都是逢迎君王的过恶,所以说,如今的大夫是现在诸侯的罪人。

解说

孟子提出"五霸者,三王之罪人也;今之诸侯,五霸之罪人也;今之大夫,今之诸侯之罪人也"的断言。在前文中(请参阅《罪人》篇),孟子论证了"五霸者,三王之罪人也",他认为,五霸破坏了三王确立的政治规矩,从而引发诸侯为争权夺利而混战不休,导致社会失序,百姓陷入水深火热的痛苦境地。

本文中,孟子首先回顾了五霸之首的齐桓公与诸侯会盟的历史。葵丘会盟的五条盟约,第一条看起来是诸侯国的家事,其实是申明宗法制度的合法性,这是周代政治制度的基础;第二条似乎也是诸侯国的内政,不过在当时的体制下,崇尚德行、贤者在位,从而使有德行的人在整个社会发挥作用,是保障各诸侯国奉守盟约的重要前提;第三条概括起来就是善待百姓,特别是要用心照顾好社会弱势群体。

读到第三条,我们大致可以理解葵丘盟约的基本精神,就是确立共同的价值观。古人明白,国与国之间的争端,不仅仅是利益之争,更是基于不同价值观而产生的冲突。拥有相同的政治理念的诸侯国,更容易沟通和协调相互之间的利益关系。如此说来,在盟约中出现诸多涉及各诸侯国内政的条款也就不足为怪了。

盟约的第四条,是关于各国官僚制度的条款。"士无世官"一条明确否定了传统宗法制度下的世卿世禄体制。"官事无摄"

是说各项职事须设有专人，不可兼摄。《论语·八佾》记载孔子批评管仲："管氏有三归，官事不摄，焉得俭？"大概这两条都是针对旧的官僚体系的弊端而提出的解决方案。

　　盟约的第五条，属于处理国与国之间关系的条款。"无曲防"一项，是因当时水利问题引发国与国之间的矛盾比较严重，需要通过盟约加以协调和规范；"无遏籴"一项，则是出于人道主义的考虑，规定不得因诸侯国之间的矛盾而影响救灾；"无有封而不告"一项，申明了盟主的政治地位。

　　由以上分析可知，春秋五霸在当时对诸侯国的约束，大体是建立在共同的价值观之上，是对各诸侯国的政治品质提出要求。因此，霸权的边界是有限度的，是理性的。葵丘会盟的主旨是诸侯国之间的关系借助共同的政治理念回到和平有序的轨道上，从而使各国百姓得以休养生息，发展经济。

　　到了战国时代，葵丘盟约所建立的规范已遭到彻底践踏，荡然无存，孟子心目中的理想政治的要素被各国诸侯破坏殆尽。孟子由此得出结论："今之诸侯，五霸之罪人也。"各诸侯国内部奸佞当道，政治肮脏腐败，荒谬无序，正如朱熹《孟子集注》所言："君之过未萌，而先意导之者，逢君之恶也。""诸侯非惟莫之罪也，乃反以为良臣而厚礼之。不以为罪而反以为功，何其谬哉！"所以说："今之大夫，今之诸侯之罪人也。"

16. 惠名昭著的子产

原文

子产听郑国之政,①以其乘舆济人于溱洧。②孟子曰:"惠而不知为政。③岁十一月,④徒杠成;⑤十二月,舆梁成。⑥民未病涉也。⑦君子平其政,⑧行辟人可也;⑨焉得人人而济之?⑩故为政者,每人而悦之,日亦不足矣。"⑪(《孟子·离娄下》)

注释

①子产:春秋时郑国大夫公孙侨,字子产,辅佐郑简公、定公四十余年,是春秋时期优秀的政治家。听:治理。②以:用。乘舆(shèng yú):古代特指君主所乘坐的车子。这里指供大夫使用的车马。济:使渡水。溱洧(zhēn wěi):郑国两条河流的名称,在今河南省境内。《诗经·郑风·溱洧》:"溱与洧,方涣涣兮。"③惠:仁惠,因爱怜而予以关怀照顾。为政:管理国政。④岁:年。十一月:清代阮元《十三经注疏校勘记》认为应是指夏历。杨伯峻《孟子译注》以为指周历更近于情理。周历十一月当夏历九月,下文"十二月"相当于夏历十月。按:《国语·周语中》引《夏令》:"九月除道,十月成梁。"译文取杨伯峻先生的意见。⑤杠(gāng):段玉裁《说文解字注》"桥"字注:"凡独木者曰杠,骈木者曰桥,大而为陂陀者曰桥。"徒杠:可供徒步行走的小桥。⑥舆梁:可供行车的桥梁。⑦病:

困苦，痛苦。涉：趟水过河。病涉：因趟水过河而痛苦不堪。⑧君子：指在上位者。平：治理。⑨辟（bì）：使退避。这个意义后来写作"避"。⑩焉得：哪能，怎么能。⑪悦：使高兴，使满意。日：指时间。

译文

子产主持郑国国政，用自己的车马帮人们渡过溱河与洧河。孟子评论说："子产仁惠却不懂得管理国政。如果在九月把走人的桥建好，十月把行车的桥梁建好，那么百姓就不会遭受趟水过河之苦。作为在上位者，（重要的是）把政事公平有序地处理好。这样的话，即使出行时让人们都退避，也没有问题。哪里能一个人一个人地去帮他们渡河呢？所以管理国政的人，对每个人都想使他们高兴满意，时间也就太不够用了。"

解说

作为一国之相，子产能够体恤百姓在天寒时趟水过河的苦楚，因此派出自己的车驾去载百姓过河，听起来很美很动人。在春秋时期的为政者中，子产也确实以爱民惠民著称。孔子多次盛赞子产之惠：

《论语·公冶长》：子谓子产："有君子之道四焉。其行己也恭，其事上也敬，其养民也惠，其使民也义。"

《论语·宪问》：或问子产。子曰："惠人也。"

《左传·昭公二十年》：及子产卒，仲尼闻之，出涕曰："古之遗爱也。"

对这样一位仁惠之名满天下且得到孔子肯定的政治人物，

孟子却有些不以为然。他质疑道：身为一国之相，明明修一座桥就可以更好地解决百姓的渡河困难，为何要年年用自己的车子去帮人渡河呢？看上去孟子只是批评子产不懂得为政，其实话里话外，还是暗讽了子产的亲民姿态难免有作秀之嫌。

在孟子看来，治理政事的要义在于以民生为本，公平而有序地解决好各种社会问题。如果作为一国之相，总是临时救急性地去处理具体的人和具体的事，以此作为自己的政绩，那么，这不过是示惠而已，不是真正的仁政。

四、致君尧舜上

1. 厨子伊尹

原文

万章问曰：①"人有言，'伊尹以割烹要汤。'有诸？"②孟子曰："否，不然。③伊尹耕于有莘之野，而乐尧舜之道焉。④非其义也，非其道也，⑤禄之以天下，弗顾也；⑥系马千驷，⑦弗视也。非其义也，非其道也，一介不以与人，一介不以取诸人。⑧汤使人以币聘之，⑨嚣嚣然，⑩曰：'我何以汤之聘币为哉？⑪我岂若处畎亩之中，由是以乐尧舜之道哉？'⑫汤三使往聘之，⑬既而幡然改，⑭曰：'与我处畎亩之中，⑮由是以乐尧舜之道，吾岂若使是君为尧舜之君哉？⑯吾岂若使是民为尧舜之民哉？⑰吾岂若于吾身亲见之哉？天之生此民也，使先知觉后知，⑱使先觉觉后觉也。予，天民之先觉者也，⑲予将以斯道觉斯民也。⑳非予觉之，而谁也？'思天下之民匹夫匹妇有不被尧舜之泽者，若己推而内之沟中。㉑其自任以天下之重如此，故就汤而说之以伐夏救民。㉒吾未闻枉己而正人者也，㉓况辱己以正天下者乎？㉔圣人之行不同也，或远，或近，或去，㉕或不去，归洁其身而已矣。㉖吾闻其以尧舜之道要汤，㉗未闻以割烹也。"（《孟子·万章上》）

注释

①万章：孟子弟子。②伊尹：名挚，商汤的相，辅佐商汤平定天下。据《史记·殷本纪》记载，伊尹想辅佐商汤，却苦

于没有机会,有莘(shēn)氏的女儿嫁给商汤,伊尹便带着炊具充当送嫁的仆役,凭借高超的烹调手艺接近商汤,劝商汤施行王道。以:凭借。割烹:割切烹煮,泛指烹饪。要(yāo):求取。要汤:求取汤的赏识和任用。有诸:有之乎,有这回事吗。③不然:不是这样的。④有莘:古国名,在今山东曹县西北。传说商汤娶有莘氏之女。乐:对……感到快乐,喜爱。尧舜之道:尧和舜都是传说中远古的帝王,以仁义治天下。尧舜之道,即仁义之道。按:所谓"乐尧舜之道",是指在学习和实践尧舜之道中感受到快乐和满足。⑤非:不(是)。其义:指合乎仁义的原则。其道:指合乎仁义的道理。⑥禄之:给他当俸禄。弗顾:不之顾,不看它一眼,即不予理睬。⑦系马:指在马厩里系养的良马。《国语·齐语》:"狄人攻卫,卫人出庐于曹,桓公城楚丘以封之。其畜散而无育,桓公与之系马三百。"韦昭注:"系马,良马在闲,非放牧者。"驷(sì):古代称四匹马所驾的车子或同驾一车的四匹马为驷。千驷:四千匹马。⑧介:通"芥",小草。以:拿来。与:送给。取诸人:取之于人,从别人那里取来。⑨使:派遣。币:古代用束帛作为祭祀或馈赠的礼物,叫作币。聘:聘请,招请。⑩嚣(xiāo)嚣然:适意自得、无欲无求的样子。⑪何以……为:以……为何,用……做什么。⑫岂若:哪里比得上。处(chǔ):置身于。畎(quǎn):农田里的垄沟,用以灌溉、排水和施肥。亩:垄亩,即农田里培土而成的一行一行的土埂,在上面种植农作物。两行垄亩之间的小沟便是畎。畎亩:田地,田野。由是:由此,通过这样的方式。⑬三:指多次。使:派人。⑭既而:指过了不长的一段时间。幡(fān)然:迅速或完全转变的样子。

⑮与：与其。⑯是君：这个君王，指汤。⑰是民：这些民众，指当世的百姓。⑱先知：指在众人之前认识事物规律的人。觉：启发，使觉悟。后知：指认识事物规律较晚的人。按：朱熹《孟子集注》："知谓识其事之所当然，觉谓悟其理之所以然。"⑲予：我。天民：上天化生之民。⑳斯道：这样的道，即尧舜之道。㉑匹夫匹妇：指平民男女。被：承受。尧舜之泽：指实施尧舜之道带来的恩惠。若：好像。内（nà）：使入。这个意思后来写作"纳"。㉒就：趋向，主动前往。说（shuì）：说服，劝说别人听从。㉓枉己：使自己邪僻不正。即自己采用邪僻不正的手段行事。正人：使人正直。即劝别人行正道。㉔况：何况。辱己：使自己蒙受耻辱。㉕或：有的。远：疏远，不接近。在这个意思上，旧读yuàn。近：接近。去：离开。㉖归：归宿，终归。洁其身：使自身清白。㉗其：指代伊尹。

译文

万章问道："人们有种说法，'伊尹凭借当厨子来求得汤的任用。'有这回事吗？"孟子说："不，不是这样的。伊尹在有莘国的郊野耕作，把尧舜之道当做快乐。如果不合乎仁义的原则，如果不合乎仁义的道理，那么即使把天下作为俸禄送给他，他也不会理睬；即使是良马千驷，他也不会看上一眼。如果不合乎仁义的原则，如果不合乎仁义的道理，那么即使是一根小草他也不会送给别人，即使是一根小草他也不会从别人那里拿取。商汤派人带着礼物去招请他，他无动于衷，说：'我拿汤的聘礼做什么啊？哪里比得上我置身于田野之中，由此而在学习和实践尧舜之道中感受到快乐和满足啊。'汤又多次派人前去聘请伊尹，过了不久伊尹彻底转变了态度，说：'我与其隐居在田野中，由此而在学习和实践尧舜之道中感受到快乐和满足，又哪里比得上让这位君王成为尧舜那样的君王呢？又哪里比得上让这世上的百姓成为尧舜治理下享受太平的百姓呢？又哪里比得上在我有生之年亲眼见到尧舜盛世呢？上天生育万民，是要让先知先觉的人启发后知后觉的人。我是上天化生之民中的先觉者，我将用尧舜之道启蒙这世上的百姓。倘若不是由我来启蒙他们，谁来启蒙他们呢？'他感觉到，天下的百姓，只要有一夫一妇没有承受到尧舜之道的恩泽，就如同自己把他们推入了沟中。伊尹把天下的重任担在自己肩上，就像这样啊。所以他前往商汤那里，用讨伐夏桀、拯救百姓来劝说他。我从没听说使自己邪僻不正却能够去匡正别人的，何况先使自己蒙受侮辱，却能够匡正天下的呢？圣人的行为是有不同的，有的避开君主，有的接近君主，有的离开朝廷，有的不离开朝廷，但终归都要使自身清清白白。我听说过伊尹用尧舜之道求取商汤的赏识和任用，没听说是凭借当厨子来求得商汤的任用。"

解说

此章记述商朝著名的贤相伊尹由隐居田野到出山辅佐商汤的转变过程。伊尹原本选择隐居的生活方式，是为了独善其身。后来，他意识到，这样的独善其身对社会现实毫无意义，好的思想主张应当运用到实践中让天下百姓受益。作为一个先知先觉者，他有责任和义务去启发更多的人觉悟，帮助商汤拯救时世，造福苍生。于是伊尹选择了出仕以求兼济天下。

在许多文献中，都提到伊尹为了求得商汤的赏识和任用，不惜采用自贱身份的方式。孟子为了褒扬伊尹以天下苍生为念的道义感，对他出山的经历作了不同的叙述，说伊尹原是隐士，在商汤的再三招请之下，才改变了想法。司马迁在《史记·殷本纪》中并举这两种说法："伊尹名阿衡。阿衡欲奸汤而无由，乃为有莘氏媵臣，负鼎俎，以滋味说汤，致于王道。或曰，伊尹处士，汤使人聘迎之，五反然后肯往从汤，言素王及九主之事。汤举任以国政。"媵臣，是古代随嫁的臣仆。处士，便是有才德而隐居不仕的人。

孟子在此章中借伊尹之口，反复强调"义"和"道"。这种道义是伊尹精神世界的支柱，也是他做人的标准和原则；有了这个标准和原则，他便拥有视权力和财富如粪土的底气。当获得权力时，伊尹明白权力只是达成造福苍生的目标的工具，因此，终其一生，他明白如何善用权力，因而有勇气放逐胡作非为的帝王太甲，自行摄政；在太甲悔改后，又亲自将他迎回。

孟子对伊尹的道义感大为倾慕和称誉，并从伊尹这样的历史人物身上，明白了权力的属性，懂得了作为先觉者的使命。孟子本人同样富有以天下自任的道义感。他讲过"天将降大任于斯人"的名言，极其豪迈地宣称："夫天未欲平治天下也；如欲平治天下，当今之世，舍我其谁也？"（《孟子·公孙丑下》）这样一种道义感、使命感，构成孟子浩然之气的底蕴。

仕途是个大染缸，一入仕途，身不由己。于是避仕隐居就成为许多有精神洁癖的人的唯一选择。孟子试图通过伊尹的例子证明，倘若具备理想的政治人格，即便进入仕途也完全可以做到出淤泥而不染，保全自己的清白。这种理想的政治人格，是以天下为己任，有崇高的政治理想和明确的做人原则。凭借这样的政治人格进入仕途,便会始终以天下苍生为念,努力将一个无原则、无道义的社会拉回到正道上。

具备理想的政治人格,前提是有仁爱之心,同时要有道义。《孟子》一书中,"义"是一个高频词,共出现一百零八次。在不同的语境中,"义"的含义可以有不同的解释,但"义"的核心语义是一贯的,即正确的合宜的道理,亦即做人应当坚定奉守的原则。孟子说:"羞恶之心,义之端也。"(《孟子·公孙丑上》)懂得什么可以做,什么不可以做;什么应当做,什么不应当做,这就是义。做了不义的事情,人会感到羞耻。在这个意义上,"义"也可以视为底线,一定不能触碰。

在一个不义的社会中,人们失去了是非之心,也就失去了羞耻之心。人们以获取荣华富贵为原则,为此投机钻营,不择手段。这样的人一旦掌握了权力,必然为祸民众。

2. 视民如伤

原文

孟子曰:"禹恶旨酒而好善言。①汤执中,②立贤无方。③文王视民如伤,④望道而未之见。⑤武王不泄迩,⑥不忘远。⑦周公思兼三王,⑧以施四事;⑨其有不合者,⑩仰而思之,夜以继日;⑪幸而得之,⑫坐以待旦。"⑬(《孟子·离娄下》)

注释

①禹:传说中古代的圣王,曾奉舜命治理洪水,后来建立

夏朝。恶（wù）：厌恶。旨酒：美酒。好（hào）：喜欢。善言：有益的言论。②汤：商汤，是商王朝的开国之君。执中：持中正之道，既不过分，也无不及。③立：树立。立贤：指选拔贤能之士。方：指一定的道理、方法。④文王：指周文王姬昌。视：看待。如：好像。伤：指受伤的人。⑤望：期待，渴求。未之见：未见之，还没有发现道。按：这里用"未之见"指文王总在不断追求大道的过程中。⑥泄：通"媟"。轻慢，亵渎。迩（ěr）：近。这里转指近臣。东汉赵岐认为指朝臣而言。⑦远：指远臣。赵岐认为指诸侯而言。⑧周公：指周武王的弟弟周公旦。兼：合并，融汇。三王：三代圣王，指夏禹、商汤、周文王和周武王。⑨施：实施。四事：指前文所说禹、汤、文王、武王的事迹。⑩其：连词，如果。⑪仰：抬头。夜以继日：以夜继日。⑫幸：侥幸。按：因不可知的神秘力量（古人认为是上天）逢凶化吉，这是幸；引申指因不可知的力量而有所获得。得之：指得到思虑的结果。⑬待旦：等待天亮。这是说周公在想明白其中的道理之后，急不可耐地要付诸实施。

译文

孟子说："夏禹厌恶美酒而喜欢有益的言论。商汤执持中庸之道，选择贤人没有一成不变的原则方法。周文王看待百姓如同受伤的人，渴求大道，始终保持还没有发现大道的想法。周武王对自己身边的近臣不轻慢，对远方之臣不遗忘。周公心中念念不忘的是要融汇三代圣王的思想主张，以此来实践禹、汤、文王、武王的行事；如果有不合当时实际情况之处，就抬头向天，日夜不停地沉思默想；要是最终想明白了，就坐着等待天亮，马上付诸实施。"

解说

孟子在本章总结了历史上著名的圣贤之君的特点。明代徐渭《代云南策问》之五："汤之执中立贤，与文之视民望道，武之不泄不忘，并非事也，心也。"意思是说，孟子所关注的，是先代圣王施政时的存心和观念。

夏禹"好善言"，意味着他有足够的智慧，明白广开言路的重要性。古代一直流传着尧、舜、禹时代设谏鼓谤木的美谈。设谏鼓谤木是鼓励民众畅所欲言，从而建立起言者无罪、闻者足戒的政治风气。可惜，后世有如此胸襟和眼光的君王寥寥无几。凡能真正"好善言"者，都是在历史上有不凡作为的君王。如《史记·孝文本纪》记述孝文帝曾颁布诏令："古之治天下，朝有进善之旌，诽谤之木，所以通治道而来谏者。今法有诽谤妖言之罪，是使众臣不敢尽情，而上无由闻过失也。将何以来远方之贤良？其除之。民或祝诅上以相约结而后相谩，吏以为大逆，其有他言，而吏又以为诽谤。此细民之愚无知抵死，朕甚不取。自今以来，有犯此者勿听治。"

只此一段话，就足以使人明白历史上为什么能够出现"文景之治"。孝文帝将开放言路的必要性阐述得清清楚楚，认为这是"通治道而来谏者"的前提，不仅可以最大限度地避免决策失误，而且能真正凝聚全社会的智慧和力量，使国家走上理性发展的正轨，从而达到民富国强的目标。因言治罪，则"使众臣不敢尽情，而上无由闻过失"，所以孝文帝规定即使是百姓咒诅皇帝、批评朝政，也一律不加审理、不予治罪。

商汤重视公平正义,求贤若渴。周文王重视民生,追求仁政仁道。周武王以礼义待臣,能对臣子们做到一视同仁。周公则力图集前代圣王之大成,全面归纳综合前代圣王的政治智慧,并在实践中加以融会贯通;倘若在现实中遇到新情况新问题,则通过深入思考,在圣贤思想的基础上提出新的解决办法。

孟子围绕孔子的仁爱思想建立起仁政学说,在这一过程中,他反复审视先代圣王施政时的存心和观念,从而丰富和完善其学说。他主张"恻隐之心,仁之端也",认为"三代之得天下也以仁,其失天下也以不仁"。孟子的观点很明确:仁爱恻隐之心乃施政的前提和基础。不实行仁政,便会行虎狼之政。周文王"视民如伤",正是出于仁爱恻隐之心,是仁政的具体体现。

3. 规矩

原文

孟子曰:"离娄之明,公输子之巧,①不以规矩,不能成方员;②师旷之聪,不以六律,不能正五音;③尧舜之道,不以仁政,不能平治天下。④今有仁心仁闻而民不被其泽,不可法于后世者,不行先王之道也。⑤故曰:徒善不足以为政,徒法不能以自行。⑥《诗》云:⑦'不愆不忘,率由旧章。'⑧遵先王之法而过者,未之有也。⑨圣人既竭目力焉,继之以规矩准绳,以为方员平直,不可胜用也;⑩既竭耳力焉,继之以六律正五音,不可胜用也;既竭心思焉,继之以不忍人之政,而仁覆天下矣。⑪

故曰：为高必因丘陵,⑫为下必因川泽;⑬为政不因先王之道,可谓智乎？是以惟仁者宜在高位。不仁而在高位,是播其恶于众也。⑭上无道揆也,下无法守也,⑮朝不信道,工不信度,⑯君子犯义,小人犯刑,⑰国之所存者幸也。⑱故曰：城郭不完,兵甲不多,⑲非国之灾也;田野不辟,货财不聚,⑳非国之害也。上无礼,下无学,贼民兴,丧无日矣。㉑《诗》曰:㉒'天之方蹶,无然泄泄。'㉓泄泄,犹沓沓也。㉔事君无义,进退无礼,言则非先王之道者,㉕犹沓沓也。故曰：责难于君谓之恭,㉖陈善闭邪谓之敬,㉗吾君不能谓之贼。"㉘（《孟子·离娄上》）

注释

①离娄：人名。传说是黄帝时人,能在百步之外见秋毫之末。后世把他当做视力好的象征。明：视力好。公输子：人名,即公输班,或作公输般、公输盘,春秋末年鲁国工匠,故又称鲁班。技艺高超,多有发明,被奉为建筑工匠、木匠的祖师。②规矩：工匠使用的圆规和曲尺。员：通"圆",圆形。③师旷：古代著名的盲人乐师。聪：耳力强,听觉好。六律：定音律管。古代以十二根律管确定乐音的标准音高;用单数的六根管确定阳律,称六律;用双数的六根管确定阴律,叫六吕。《周礼·春官·典同》："凡为乐器,以十有二律为之数度。"这里是用"六律"代指十二律。正：使正,校正。五音：指古代音乐中的宫、商、角、徵、羽五个音阶。也叫五声。④尧舜之道：尧和舜都是传说中远古的帝王,以仁义做人治天下。尧舜之道,即仁义之道。平治：使太平。⑤闻（wèn）：名声。被：承受。其泽：指由仁心仁闻带来的恩惠。法于后世：被后代的人所效

法。行：推行，实施。先王之道：即尧舜之道，仁义之道。⑥徒：只，仅仅。以：介词，用，凭借。为政：主政，管理国政。自行：自己实行，自己处理。⑦《诗》：《诗经》。下面的引文出自《诗经·大雅·假乐》。⑧愆（qiān）：过失。这里是犯过失的意思。忘：忘记。这里有疏漏的意思。率由：遵循。旧章：旧有的法度规章。指先王之法。⑨过：犯过错。未之有：未有之，没有过这样的情况。⑩圣人：圣贤之人，道德、智慧达到最高境界的人。竭：穷尽。继：增益。准绳：是测平取直的工具。"准"相当于现代的水平仪，"绳"是木工用来取直的墨线。胜（shēng）：尽。不可胜用：用不完。⑪忍：狠心，残忍。不忍人之政：就是将对人不能狠心的心意运用到行政上来，也就是仁义之政。覆：覆盖。⑫高：指高大的建筑物。因：凭借、依靠。丘陵：山丘。按："丘""陵"都指自然形成的土山，"陵"比"丘"大。⑬下：低。这里指低深的水利工程。川泽：江河湖沼。⑭是：这。指代"不仁而在高位"的情形。播：传播。⑮上：指君主。揆（kuí）：测度，度量。道揆：以道义为标准度量事物。下：指民众。法守：以法度自守。⑯朝（cháo）：朝廷。道：道义，道理。工：工匠。指从事纺织、木工、建筑、雕刻等手工艺劳动的人。度：尺度。⑰君子：指统治者和贵族男子。犯：侵害，触犯。小人：平民百姓。指被统治者。⑱所存：相当于说"所以存"，用来生存的办法。幸：侥幸。按：《说文》："幸，吉而免凶也。"⑲城：城墙。郭：外城城墙。城郭：泛指城墙。完：完整，完好。兵甲：兵器和铠甲。这里指武器、军备。⑳辟（pì）：开辟，开垦。货：财物。㉑礼：礼制，即社会成员共同遵守的行为准则和规范。贼民：指犯上作乱之民。兴：兴起，出现。丧：灭亡。按：这个意义本来读平声，后来读为去声。无日：不日，为时不久。㉒《诗》：《诗经》。下面的引文出自《诗经·大雅·板》。㉓方：副词。正当，正在。蹶（guì）：颠倒失常。无然：不要这样。泄（yì）泄：多言的样子。按：这两句引文是说君主正要变动先王的法度，作臣子的就不应这样多言，以助成君主之恶。㉔犹：如同。沓沓：形容话多的样子。按："沓沓"是当时的常用词，《荀子·正名》："愚者之言，譇譇然而沸。"杨倞注："譇譇，多言也。"本句孟子是以今语解释古语。㉕事：为……做事，事奉。无义：没有道义，不符合道义。进退：指举止行为。非：否定，诋毁。㉖责难：勉励人做难为之事。谓之：叫做。恭：恭敬，指待人处事端庄有礼、尽心尽力。按："责难于君"是指要求君王行仁政。㉗陈：陈述。善：指好的正确的言论。这里是指先王之道。闭：封锁，阻塞。邪：指邪恶的想法。敬：恭谨敬畏，不敢稍有马虎懈怠。㉘吾君不能：我的君王不能做到。这里是说君王没有能力实行仁政。贼：祸害，败坏。

译文

孟子说："即使有离娄那样好的视力，公输子那样高超的技巧，如果不用圆规和曲尺，也画不好方形和圆形；即使有师旷那样出色的听力，如果不用六律，也不能校正五音；即使有尧舜的思想学说，如果不落实到仁政上，也不能使天下太平。如今有的君王心地仁慈，拥有仁爱的名声，可百姓却没有承受到他的恩惠，他也不能被后代的人效法，就是因为他没有实行先王的仁义之道。所以说，仅仅凭借仁善之心是不足以治理好国政的；光有好的法度，它自己是不会发挥作用的。《诗经》上说：'不犯错误，没有疏漏，遵循旧有的规章。'遵循先王的法度而犯错误，是从来没有过的。圣人用尽了目力，就会用圆规、曲尺、水准器、墨线来帮助自己，由此画方圆、测平取直，这样无论什么情况都能处理好了；圣人用尽了耳力，便会用六律来帮助自己校正五音，用这种办法就永远不会出差错了；圣人穷尽了心思，于是用施行仁政来帮助自己，因而仁德就能遍布天下了。

所以说：要筑造高大的建筑物，一定要依托山丘；要凿挖深沟塘池，一定要依循江河湖泊；治理国政不依托先王之道，能称得上有智慧吗？所以说，只有仁爱之人才应该处在高位。无仁爱之德的人处在高位，这就是要把他的邪恶传播给众人。君主不以道义为标准度量事物，民众不以法度自守，朝廷不信仰道义，工匠不信奉尺度，君子侵害道义，小人触犯刑法，这样，国家用以生存的办法，就只是侥幸了。所以说，城墙不坚固，军备不够充足，不是国家的灾难；土地没有开垦，财富没有积聚，不是国家的祸害。在上位的人无视礼义，在下位的人根本不接受礼义教化，违法乱纪的百姓大批涌现，那么，国家的灭亡就没有几天了。《诗经》上说：'正当上天颠倒失常，不要这样多嘴多舌。''泄泄'的意思与'沓沓'相当。事奉君主不合乎义，举止行为不合乎礼，开口说话便诋毁先王之道，这样就是沓沓。所以说，责求君王施行仁政，这叫做恭敬；向君王陈述先王之道，堵塞他的邪念，这叫做敬重；声言'我的君王没有能力实行仁政'，这叫做作恶。"

解说

孟子在此章主要阐述制度建设的重要性。孟子指出,无论多么好的治国理念,如果不能落实为合理健全、稳定有序的制度,都不可能治理好国家。这跟工匠需要规矩准绳、乐师需要定音的律管是同样的道理。

孟子说"徒善不足以为政,徒法不能以自行"。"善"是上文的"仁心仁闻","法"是上文的"先王之道"。这两者必须结合在一起,才能对社会治理产生积极的效用。当时的各国诸侯中,不乏具有仁心仁闻者,却没有坚决实施先王之道;也有诸侯只是高喊先王之道,却没有落实到具体的行政举措上。这两种情形下都不可能把国家治理好。

在孟子的概念体系中,先王之道或尧舜之道是指将仁义精神具体贯彻于治国理政中的学说。孟子称"我非尧舜之道不敢以陈于王前"(《孟子·公孙丑下》),说"伊尹耕于有莘之野,而乐尧舜之道焉",言乡原"不可与入尧舜之道"(《孟子·尽心下》)。"尧舜之道"可以"陈"、可以"乐"、可以"入",都体现了"尧舜之道"主要指思想学说。孟子反复谈"仁政"(10次)、"王政"(5次)、"善政"(4次)、"不忍人之政"(3次)、"文王之政"(1次),其核心思想就是一个:为政的要义,在于善待百姓。

汉代贾谊《新书·道术》:"恻隐怜人谓之慈,反慈谓之忍。"孟子所言"不忍人",即人对同类无法狠心,包括残害人时难以下手,也包括见到同类遭受不幸时内心会感到不适。按常理说几乎是对为政要求的底线了。孟子将"不忍人之政"与

"仁政""王政"等同视之，可见君王在行政中能确实做到"不忍人"，也属凤毛麟角了。"民之憔悴于虐政"、倒悬于"横政"，是历史的常态。

孟子讲先王之道、讲仁政，都是着眼于为政的根本目的在于使百姓享有更清明的吏治，享有更安定平和的社会环境，享有更富足美满的物质生活，同时使百姓更明白人生的道理，更深刻地体会生命的价值。

因此，孟子宣扬"遵先王之法""行先王之道"，表面上是守旧甚至是复古，实际上其用意所在并不是守旧。孟子发掘了先王之道中的合理要素，弘扬其中的仁爱理念，并围绕民本思想建立起他的仁政学说。可见孟子打着先王之道的大旗，其出发点是将百姓置于国家根本的地位，指出国家存在的意义在于使百姓幸福。这是孟子民本思想的基本内涵。

行仁政的前提是君王有仁爱之心。前文孟子着重论述了君王仅有仁爱之心还不足以有仁政，更需要落实到具体的政策和制度上。但是，有仁爱之心的君王毕竟是可遇不可求的，因此本节孟子又强调必须做到仁者在位。

孟子的论证过程中思维多有跳跃。比如，如何做到仁者在位？他没说，接着就谈无仁爱之德的人处在高位的危害。这是从反面说明"诸侯危社稷则变置"（《孟子·尽心下》）的必要性，论述"暴其民甚则身弑国亡"（《孟子·离娄上》）的必然性。简言之，在孟子的观念中，君权并非神授；君王昏庸无能或暴虐无道，为祸社稷百姓，就应当被赶下君位。这其中便隐含了孟子的另一层意思：经过臣民的选择和实践证明确实是仁者，才有资格占据君王之位。

孟子的文章不以缜密的逻辑推导和论证见长。不过，他的观点是鲜明的，他的思考方向是正确的：在当时的历史背景下，他对怎样用规矩来限制拥有无限权力的君王，给出了他的答案。

最后，孟子讨论了为臣之道。值得重视的是，他提出的两条正面观点："责难于君谓之恭"，"陈善闭邪谓之敬"，都是在说，臣下对君主起到监督和纠错功能，是为臣的本分和义务。"吾君不能"既是臣下为君王开脱的借口，又是为了维护自身的既得利益而编织的谎言，孟子痛斥这种为臣之道是"贼"。贼者，败也，害也；败社稷，害百姓。

4. 王顾左右而言他

原文

孟子谓齐宣王曰："王之臣有托其妻子于其友而之楚游者，①比其反也，②则冻馁其妻子，③则如之何？④"王曰："弃之。⑤"曰："士师不能治士，⑥则如之何？"王曰："已之。⑦"曰："四境之内不治，⑧则如之何？"王顾左右而言他。⑨（《孟子·梁惠王下》）

注释

①托：委托，托付。这个意思，古代用"託"；"托"是后起字，本表示用手承托的意思。妻子：妻子和子女。之楚：到楚国去。游：出游。按：古代"游"的词义范围比现代汉语的

"游玩"宽泛,凡离开家乡到外地去都可以叫游,包括学习、做官、经商、游玩等等。古代称离乡外出的人叫游子,正体现了"游"的这一意义。②比:及,等到。在这个意思上旧读 bì。反:返回,回家。这个意思后来写成"返"。③冻馁(něi):使受冻挨饿。④如之何:对这种情况怎么办。⑤弃:抛弃。一般指抛弃产生厌恶感的东西或人。这里"弃之"是说跟那位朋友绝交。⑥士师:主管司法的官员。士:指士师下属的官员。按:《周礼·秋官·司寇》"刑官之属"有"士师",其下有乡士、遂士等属官。⑦已:使停止,罢免(职务)。⑧四境:四方疆界。不治:没有治理好。⑨顾:本指回头看。这里是看的意思。或以为此处"左右"是指左右近臣而言,这些人处在宣王身后,因此宣王需要向后看着他们说话。他:别的,其他的。这里指另外的话题。

译文

孟子对齐宣王说:"大王的臣子中,有人把自己的妻子儿女托付给他的朋友,自己到楚国出游。等他回到家里,却发现自己的妻子儿女都在受冻挨饿。那么他对这种情况该怎么办呢?"齐宣王说:"把这位朋友抛弃掉。"孟子说:"主管司法的官员管理不好自己的属下,那该对他怎么办呢?"宣王说:"把他的职撤了。"孟子说:"国家没有治理好,那又该怎么办呢?"宣王便东张西望,扯起了别的话题。

解说

权利和义务是对等的。普通人之间相互交往构成的关系是如此，社会体系形成的各种层级关系同样如此。如果只享受权利，不考虑权利所应承担的义务，在孟子看来，就已经失去了拥有权利的资格。

朋友之间虽然没有法定的权利，可是比起不是朋友的人，毕竟有更深的依赖和感情沟通，因此双方从中享有一定的利益；有了这层关系，孟子认为，双方之间也就建立起了道义上的责任和义务。

在自上任下的官僚体系中，上级授予下级职位和权利；下级官员要对上负责，如果没有做好上级交办的事务，上级有权罢免下级；可是到了最高层，权和利都不再受到任何制约，又当如何呢？孟子说，君主在享受无限的权和利的同时，应该对一国的百姓负责，对国家的一切负责。

可孟子没有意识到，这样的责任和义务君主能否承担得起呢？即便君主只是沉溺于享受权利，全不把责任和义务放在心上，谁又能奈何得了他呢？就像齐宣王，虽然他算是君主中的佼佼者了，虽然他已经贤明到能够容忍孟子的当面指摘，仅凭这一点，把他列入古代最伟大的明君之一，似乎也不为过；可是，当他顾左右而言他的时候，孟子能说什么、又能做什么呢？

这里需要对"权利"一词的词义稍作辨析。简单地说，"权利"在古代指权势和财富；到现代，"权利"更多地与"义务"相对而言，指一个人依法行使的权力和享有的利益，在这个意义上，"权利"实际上用以对译英文"rights"。而"rights"一词，本有正义、合宜的内涵，这样的内涵是汉语"权利"一词的词源所没有的。为此，最早使用"权利"翻译"rights"的严复先生对此深悔不已，认为这是"以霸译王，于理想为害不细"。胡适先生也屡次主张用"义权"翻译"rights"并重作解释,特别强调"义"应当绝对优先于"权",认为"权利"应受到"是非"的政治正义的制约。与"权利"相近易混的"权力",则是一个人或团体因其特定的社会职位而拥有的强制性的支配力量。

5. 与民同乐

原文

孟子见梁惠王,王立于沼上,①顾鸿雁麋鹿,②曰:"贤者亦乐此乎?③"孟子对曰:"贤者而后乐此;不贤者虽有此,不乐也。《诗》云:④'经始灵台,经之营之。⑤庶民攻之,不日成之。⑥经始勿亟,庶民子来。⑦王在灵囿,麀鹿攸伏。⑧麀鹿濯濯,白鸟鹤鹤。⑨王在灵沼,於牣鱼跃。'⑩文王以民力为台为沼,而民欢乐之,⑪谓其台曰灵台,谓其沼曰灵沼,乐其有麋鹿鱼鳖。古之人与民偕乐,⑫故能乐也。《汤誓》曰:⑬'时日害丧,⑭予及女偕亡!'民欲与之偕亡,虽有台池鸟兽,岂能独乐哉?"(《孟子·梁惠王上》)

注释

①沼(zhǎo):池塘。②顾:回头看,这里有四下顾盼的意思。麋(mí)鹿:麋和鹿。按:麋是麋鹿,也叫四不像。③乐此:因为这些而感到愉快。④《诗》:《诗经》。下面的诗句出自

《诗经·大雅·灵台》。⑤经：测量。始：开始建造。灵台：台是夯土筑造的高台，用于登高观望。灵是美称，下文"灵囿""灵沼"里的"灵"相同。营：规划。⑥庶民：民众。攻：从事，做。不日：不数日，没有多久。成：成就，完成。⑦勿亟（jí）：不要急迫。子来：像子女一样前来，即如同子女为父母做事一样自愿前来帮忙修筑灵台。⑧王：指周文王姬昌，是周王朝的奠基者；他的儿子周武王姬发后来讨灭商纣，建立周朝，追尊他为周文王。囿（yòu）：古代君王划定的游猎区，畜养禽兽的园林，四周有栅栏或围墙。麀（yōu）：母鹿。攸：所。伏：趴着。宋代朱熹《诗集传》："攸伏，安其所处，不惊扰也。"⑨濯（zhuó）濯：肥硕而毛色富有光泽的样子。白鸟：指白鹤、白鹭之类。鹤鹤：羽毛洁白的样子。《诗经》写作"翯翯"。⑩於（wū）：感叹词，这里表叹美。牣（rèn）：满。⑪欢乐之：为此而感到喜悦。⑫偕：一同，一道。⑬《汤誓》：《尚书》中的一篇，记载商汤征伐夏桀时的誓师文告。⑭时：指代词，这。害（hé）：通"曷"，什么时候。丧：死亡，灭亡。按：这个意义本来读平声，后来读为去声。予：我。女（rǔ）：通"汝"，你。亡：死亡，灭亡。按：据《尚书大传》，夏桀暴虐无道，大臣劝谏，夏桀说："吾有天下，如天之有日。日有亡哉？日亡吾亦亡矣。"于是民众发出了"时日害丧，予及女偕亡"的呼喊，表达了对夏桀统治的极度痛恨和厌憎。

译文

孟子去拜见梁惠王，惠王站在池塘边上，看到水边的鸿雁和草地上悠闲吃草的麋鹿，（心中畅快，）说道："贤明的人面对如此美景也会感到愉悦吗？"孟子回答道："是贤明的人，才能享受这种愉悦；不贤明的人即使拥有这一切，也不会真正快乐的。《诗经》里说：'文王计划建造灵台，于是测量规划；民众都来参与建造，很快就建好了。（文王说：）不要太急迫吧。可民众像子女为父母做事一样踊跃前来。文王在灵台下的园林里游览，母鹿安卧不惊。母鹿肥硕光泽，白鸟羽毛洁白。文王在灵台下的池塘边，满塘的鱼儿都在欢跃。'文王使用民力来兴建高台池塘，民众都为此而感到由衷的喜悦，把那高台叫做灵台，把那池塘叫做灵沼，为他有各种禽兽鱼鳖而高兴。古人是跟民众一起快乐，所以能够得到真正的快乐。《汤誓》说：'这个太阳何时才灭亡呢？我和你一同死去吧！'民众想要跟他一同灭亡，那么他即使拥有高台美池和各种鸟兽，难道能独自快乐吗？"

解说

梁惠王的发问很有意思，他对自己的口碑和历史评价非常在意，因此面对良辰美景，一方面心意畅快，一方面又有所不安；他自以为也算是个贤明的君主了，虽然凭借权力占有了大量的社会资源，享受奢华的物质待遇，但他觉得这一切不应当影响他的政治声誉。

孟子的回答相当严厉，也非常深刻。他指出，社会资源应当归君民共有，贤明的君主明白这一点，因此能够做到跟民众分享一切资源，也因此能够得到民众的衷心拥戴。不贤明的君主贪婪无度，搜刮民脂民膏供自己享用，又为了保有自己的既得利益，不惜采用残暴的统治手段，于是时时刻刻害怕民众的反抗，也担心野心勃勃的臣下利用民心民意来取己而代之。如此为君，与天下为敌，强权成为自己活着的唯一依赖，生活在无尽的恐惧不安之中，又怎么可能会有舒畅的愉悦呢？

孟子所说的"与民同乐"，以君主与民众共享社会财富为前提，不是指君主亲身参与到百姓的娱乐之中。作为成语，"与民同乐"的词义演变不仅流俗化，而且表达出高高在上的权力意志，充满了极轻浮浅薄的傲慢。

6. 殷鉴不远

原文

孟子曰："规矩，方员之至也；①圣人，人伦之至也。②欲为君，尽君道；③欲为臣，尽臣道。二者皆法尧舜而已矣。④不以舜之所以事尧事君，⑤不敬其君者也；不以尧之所以治民治民，贼其民者也。⑥孔子曰：'道二，⑦仁与不仁而已矣。'⑧暴其民甚，⑨则身弑国亡；⑩不甚，则身危国削；⑪名之曰'幽''厉'，⑫虽孝子慈孙，百世不能改也。⑬《诗》云：⑭'殷鉴不远，在夏后之世。'⑮此之谓也。"⑯（《孟子·离娄上》）

注释

①至：达到顶点。这里指最高的标准。②伦：类，辈。人伦：人类。③尽：竭尽，这里指完全做到。君道：做君主的原则和道理。④法：效法。尧舜：古史传说中圣明君王唐尧和虞

舜的并称。尧禅位给舜，舜年老让位给禹。⑤所以事尧：事奉尧的办法。⑥贼：残害。⑦道二：政治道路有两条。⑧仁：仁爱。⑨暴：损害，残害。甚：严重。⑩弑（shì）：古代称臣杀君、子杀父为弑。身弑：自身被杀害。亡：灭亡。⑪身危：自身陷入危险。国削：国土被侵削。⑫名：命名。这里是指死后命名谥号。幽、厉，都是谥号名。《谥法》规定，"壅遏不通曰幽"，"违礼乱常曰幽"，"暴民残义曰幽"，"淫德灭国曰幽"；"杀戮无辜曰厉"，"暴虐无亲曰厉"，"愎狠无礼曰厉"。⑬虽：即使。慈：（对父母）敬爱。百世：世世代代。⑭《诗》：《诗经》。下面两句引文出自《诗经·大雅·荡》。⑮殷：指商王朝。商多次迁都，商王盘庚迁都到殷（在今河南省安阳市西），后人因称商为殷、殷商。鉴：镜子。按：春秋以前的镜子是在盆中盛水来照察人的形容。这个意思也写作"监"。《尚书·酒诰》："人无于水监，当于民监。"意思是说，在上位者不要只拿水当做镜子，更应把民众当做镜子，从民众的反应中看清楚自己执政的问题所在。《荀子·解蔽》"商汤监于夏桀"，"文王监于殷纣"，是说历史上贤明的君王如商汤和周文王，都是把前代的亡国之君如夏桀和商纣的教训作为镜子。夏后：指禹建立的夏王朝。也称夏后氏或夏氏。⑯此之谓："谓此"的倒置。

译文

孟子说："圆规和曲尺是方和圆的最高标准，圣人是人类的最高典范。要成为一位好的君主，就要完全按照君主的原则和道理去做；要成为一位合格的臣子，就要完全按照臣子的原则和道理去做。无论是为君还是为臣，都只要效法尧舜的做法就好了。不依照舜事奉尧的办法去事奉自己的君王，就是不敬重自己的君王；不依照尧治理百姓的办法去治理自己的百姓，就是残害自己的百姓。孔子说：'政治道路无非两条，一是仁道，二是不仁之道。'君主残害百姓严重的，那么就会自身被杀，国亡政息；损害百姓不那么严重的，也会使自身时刻处在危险的境地，国土遭到侵削。不施行仁政、不善待百姓的君王，死后被加上'幽''厉'这类恶谥，即使他的子孙后代忠孝仁慈，也永远无法更改他的历史评价。《诗经》上说：'殷朝的镜鉴其实并不远，就在前代的夏朝。'说的就是这种情况。"

解说

孟子这一段论述，主旨是告诫当政者应当吸取历史的经验教训，善待百姓，实施仁政，如此方可以长治久安。孟子所谓"尽君道"，也就是仿效尧实行仁政；所谓"尽臣道"，《孟子·告子下》明确指出："君子之事君也，务引其君以当道，志于仁而已。"

中国古代高度重视历史记载，设置史官"历记成败、存亡、祸福、古今之道"（《汉书·艺文志·诸子略》）。唐代刘知几《史通·史官建置》说："盖史之建官，其来尚矣。""至于三代，其数渐繁。"他高度评价了史官及其工作的历史价值和政治作用："苟史官不绝，竹帛长存，则其人已亡，杳成空寂，而其事如在，皎同星汉。用使后之学者，坐披囊箧而神交万古，不出户庭而穷览千载。见贤而思齐，见不贤而内自省。若乃《春秋》成而逆子惧，南史至而贼臣书。其记事载言也则如彼，其劝善惩恶也又如此。由斯而言，则史之为用，其利甚博。乃生人之急务,为国家之要道。有国有家者,其可缺之哉!"由此可以理解古代何以有"经史治国"的说法。

在《史通·曲笔》中,刘知几说:"盖史之为用也,记功司过,彰善瘅恶,得失一朝,荣辱千载。"古代君王对"秽迹彰于一朝,恶名披于千载"(《史通·直言》)一事深为忌惮,因此暴恶之君便极力贬斥甚至杀戮敢于秉笔直书的史官,重用善于文过饰非、掩恶虚美、黑白颠倒的无良小人为史。因此,历史往往由胜利者书写,善恶是非的评判很多时候是由屠刀而非事实决定的。

孔子笃信历史的力量。《论语·卫灵公》记载孔子的话:"吾之于人也,谁毁谁誉?如有所誉者,其有所试矣。斯民也,三代之所以直道而行也。"孔子说他对人一般不加毁誉,是因为他相信历史已经在全社会形成了一定的价值判断标准,是非毁誉自有公论。比如在当时,对禹、汤、文、武、周公莫不誉,对桀、纣、幽、厉莫不毁,便是明证。

孟子同样坚信历史无法作假。他在本章阐述君王行仁政将被后世称颂和效法;如果君王执迷不悟,行暴政祸害民众,则死后必将身加恶谥,遗臭万年。孟子试图利用君王对历史定位和身后名的恐惧,劝他们选择仁道。

只是人活在当下,真正具有历史感的君王能有几人呢?能以史为鉴的君王又能有几人呢?因此,"殷鉴不远"的警告自《诗经》起便持续萦绕在历代君王的耳边,然而,一代又一代君王口头上念叨着"以史为鉴",行为上则依然痴迷于夏桀、商纣、周幽王们的权力狂欢中,拒绝醒悟。可见,历史的警示作用与鬼神的禁戒力量一样,实在是有限的。

7. 臣之四品

原文

孟子曰:"有事君人者,①事是君,②则为容悦者也。③有安社稷臣者,④以安社稷为悦者也。⑤有天民者,达可行于天下而后行之者也。⑥有大人者,⑦正己而物正者也。"⑧(《孟子·尽心上》)

注释

①事:为……做事,事奉。事君人:事奉君主的人。②是:指示代词,这。是君:这位君主,指所事奉的君主。③为:做。容悦:曲意逢迎以取悦于上。④安:使安定。安社稷臣:安社稷之臣,使国家安定太平的大臣。⑤为悦:作为自己的快乐。按:东汉赵岐注:"忠臣志在安社稷而后悦也。"⑥天民:明白天理、顺应天道的贤明之人。达:通畅,顺利。按:这里指事业通达。行于天下:指他们的学说和主张能够在天下实行。⑦大人:伟大的人物。按:《孟子》一书中使用"大人"这一概念,所指不同,有时着重于对人物的道德评价,有时则是就人物的政治地位而言。本章中"天民"和"大人"两词的内涵,杨逢彬先生《孟子新注新译》作了详细的考证,可以参看。⑧正己:端正自己的思想和言行。《礼记·中庸》:"正己而不求于人,则无怨。"物正:指天下万物都走上正道。

译文

孟子说:"有事奉君主的人,他们事奉某位君主,就曲意逢迎以取悦于他。有安定国家的大臣,他们把使国家安定太平作为自己最大的愉悦。有明白天理、顺应天道的贤明之人,他们如果事业通达,其学说和主张能够在天下实行,然后就去实践他们的主张。有伟大的人物,他们端正自己的思想和言行,则天下万物都走上正道。"

解说

孟子将参与政事的人分为四个品级。最低品级的臣子,在内心里将侍奉君王作为本职,把使君王满意欢喜当做自身通往成功之路的核心能力。《孟子·滕文公下》认为这样的臣子把顺从作为最高准则(以顺为正),实际是奉守"妾妇之道"。这样的容悦小臣即便有机会爬到高位,也不过是君王的弄臣,绝非社稷百姓之福。荀子把这样的臣子斥责为"国贼",他说:"不恤君之荣辱,不恤国之臧否,偷合苟容以持禄养交而已耳,谓之国贼。"(《荀子·臣道》)

《后汉书·陈蕃传》载陈蕃给汉桓帝的上疏道:"臣闻有事社稷者,社稷是为;有事人君者,容悦是为。"社稷之臣与容悦小臣的最大区别在于,社稷之臣将自身定位在为社稷服务、为百姓做事。他们考虑问题的出发点始终是如何保障社稷安宁,如何造福苍生。这样的大臣有独立的人格和意志,绝不依附于君主,是支撑国家政局的股肱之臣。

天民有坚定的信仰和原则,"得志,与民由之;不得志,独行其道。富贵不能淫，贫贱不能移，威武不能屈。"他们先知先觉，有敏锐的洞察力和广阔长远的视野，胸怀治国平天下之大道，一旦获得施展政治抱负和才华的机会，将"居天下之广居，立天下之正位，行天下之大道"。这正是《孟子·滕文公下》所称颂的"大丈夫"。

大人是为王朝制礼作乐的人，他们以卓越的智慧"为天地立心，为生民立命，为往圣继绝学，为万世开太平"（北宋张载《张子语录》）。所谓"正己而物正"，是就他们的思想影响广泛而深远而言的。

入仕之人的价值观不同，人生境界不同，能力不同。因此，一个王朝有不同特点的大臣不足为怪。但是，一个王朝，满朝尽是事君之臣，没有事社稷之臣；尽是为容悦之臣，没有"以安社稷为悦"之臣；天民与大人不仅是稀缺资源，而且呈灭绝之势。那么，这样的王朝往往品质低下，缺少道德感。整个社会也会因此彻底失去是非判断，陷入实用主义的泥潭无力自拔。

8. 齐宣王问卿

原文

齐宣王问卿。①孟子曰："王何卿之问也？"②王曰："卿不同乎？"曰："不同，有贵戚之卿，③有异姓之卿。"④王曰："请问贵戚之卿。"⑤曰："君有大过则谏；⑥反覆之而不听，⑦则易位。"⑧王勃然变乎色。⑨曰："王勿异也。⑩王问臣，臣不敢不以正

对。"⑪王色定，然后请问异姓之卿。曰："君有过则谏；反覆之而不听，则去。"⑫（《孟子·万章下》）

注释

①齐宣王：名辟疆，战国中期齐国的君主。卿：官名。按照周朝制度，周王室和诸侯都设立卿，地位在大夫之上。也有的学者认为卿指上大夫。②何卿之问："问何卿"的倒置形式，意思是问什么卿。③贵戚：与君王同一宗族的贵族。④异姓之卿：跟君王不同姓的人担任的卿。按：先秦时期，姓是一种族号，同姓的人意味着具有共同的血缘关系。因此，异姓就表明跟君王并非同一宗族。⑤请问：请允许我询问。按：其中的"请"实际上已经类似于表敬副词。⑥大过：重大的过错，指足以导致国家灭亡的过失。⑦反覆之：把劝谏重复再三；翻来覆去地劝谏。⑧位：特指君位。易位：更改君主的位置，即更立他人做君主。⑨勃然：突然，一下子。变乎色：改变了脸色。⑩勿：不要。异：感到奇怪。⑪正：直，这里指直言。对：回答。⑫去：离开。

译文

齐宣王询问孟子对卿的看法，孟子说："大王问的是哪一种卿呢？"宣王问："卿有不同吗？"孟子说："有不同。有跟君王同一宗族的贵族担任的卿，有跟君王不同姓的人担任的卿。"宣王说："请您谈谈贵族担任的卿。"孟子说："君王有重大过错，就要劝谏；反复劝谏而君王不听，就更立君王。"宣王一下子变了脸色。孟子说："大王不要感到奇怪。大王问我，我不敢不以直言回答。"宣王的脸色平静下来,才又问起跟君王不同姓的人担任的卿。孟子说:"国君有过错,就要劝谏;反复劝谏而不听,就离去。"

解说

春秋战国时期,周王室和各诸侯国均实行世卿世禄制,王室贵族依据声望和资历担任各级官职,享受封赐采邑的收入,而且官职和俸禄可以世袭。战国以降,由于诸侯国之间的兼并战争加剧,为了自身的生存需要,诸侯国陆续通过变法,废世卿世禄制,实施选贤任能、奖励军功的政策。

不过,王室贵族仍然在国家治理和决策上起到举足轻重的作用。毕竟在家国政治的格局下,整个诸侯国的所有权属于王室贵族。诸侯国的兴衰存亡,在本质上是王室宗族的兴衰存亡。异姓卿大夫因其杰出才干或卓著功勋,得以参与诸侯国的管理,从根本上说对诸侯国的命运并不承担道义上的责任。

由于上述缘故,孟子认为,不同出身的卿在国家事务中考虑问题的角度不同,应起的作用也不同。对王室贵族来说,任何时候都必须以诸侯国的利益为重,如果君主昏庸无道,危及诸侯国的利益,那么,王室贵族不仅要谏阻,而且可以废黜君主,择立贤明之人为君。异姓之卿对君主的胡作非为,也需要尽到劝谏的职责;如果君主不接受,那么就可以及时脱身而去,没有必要让自己陷入凶险的境地。

9. 厉民以自养

原文

有为神农之言者许行,①自楚之滕,②踵门而告文公曰:③"远方之人,④闻君行仁政,愿受一廛而为氓。"⑤文公与之处。⑥其徒数十人,⑦皆衣褐,捆屦、织席以为食。⑧陈良之徒陈相与其弟辛,⑨负耒耜而自宋之滕,⑩曰:"闻君行圣人之政,⑪是亦圣人也,⑫愿为圣人氓。"陈相见许行而大悦,尽弃其学而学焉。⑬陈相见孟子,道许行之言,⑭曰:"滕君则诚贤君也;⑮虽然,未闻道也。⑯贤者与民并耕而食,饔飧而治。⑰今也滕有仓廪府库,⑱则是厉民而以自养也,⑲恶得贤?"⑳(《孟子·滕文公上》)

注释

①为:治,研习。神农之言:指农家学派的学说。神农氏是传说中的远古帝王,传说他教人民学会耕作。农家学派假托神农氏来宣传自己的政治主张,这跟儒家学派假托黄帝是同样性质的做法。许行:人名,战国时楚国农家学派的代表人物。晚年曾到滕国游说。主张人人必须劳动,国君也不例外。②之:动词,到……去。滕(téng):周代诸侯国,在今山东滕州市一带。③踵:动词,走到。踵门:相当于"登门"。文公:滕文公。④远方之人:来自远方的人,这是许行自称。⑤受:得到,接受。廛(chán):指一户人家居住的宅基地。《说文》:"廛,

一亩半,一家之居。"清代王筠《说文句读》:"一亩半当作二亩半。此二亩半在邑,庐之二亩半在田。"氓(méng):从别国迁来的居民。⑥与:给。处(chù):处所,地方。⑦徒:门徒,门人。衣(yì):穿。褐(hè):用未经纺织的粗麻做成的布衣。这是当时贫苦之人穿的服装。⑧捆:编织并敲打使紧密牢实。屦(jù):用葛或麻等原料编织的鞋子。以为食:以之为食,指凭借捆屦织席来谋生。⑨陈良:楚国人,儒家学派的人物。孟子在下文有一段评论,说陈良本是楚国人,喜欢孔子的学说,就专程到北方来学习,结果学得很好,北方的读书人没有能超过他的。⑩负:背。耒(lěi):古代用来翻耕土地的一种木制农具,类似木叉。耜(sì):锹一类的农具。耒耜:泛指农具。⑪圣人:指儒家学派的人所推崇的黄帝、周文王、周武王等。⑫是:这,指代行圣人之政的君王。⑬尽:全部。其学:指陈相原来跟陈良学到的儒家学说。学焉:学于是,学于许行。⑭见:拜见。道:谈论。⑮则:连词,放在表判断的主谓结构之间表示让步关系。诚:确实。⑯虽然:尽管如此。闻:听到。道:指农家所说的古圣贤治国之道。按:"未闻道"是陈相对滕文公所做的论断,句尾语气词"也"表示论断。⑰贤者:指古代的贤君。并:一起。饔飧(yōng sūn):做熟早饭和晚饭。按:古人日出而作,日入而息,一天吃两顿饭。早晨吃的饭叫饔,晚上吃的饭叫飧。⑱仓廪(lǐn):蓄藏粮食的仓库。府库:蓄藏财帛的库房。按:滕国有仓廪府库是表面现象,其中的粮食和财物并非滕文公劳动所得,而是从百姓那里搜刮而来。⑲是:这。指代滕国有仓廪府库这种情况。厉:使困苦,使痛苦。自养:奉养自己。农家学派认为,倘若一个成年人不从事农业劳动,那么他的衣食便只能靠侵夺别人的劳动成果来获得，因此就必然使别人遭受饥寒。⑳恶（wū）：怎么，哪里。得：能够。

译文

有一位研习农家学派学说的人许行，从楚国到滕国去，登门对滕文公说："我一个远方之人，听说君王施行仁政，希望得到一块宅地做您的百姓。"文公给了他一块住地。他的门徒几十人，都穿粗布衣服，编草鞋织席子以此来谋生。陈良的门徒陈相和他的弟弟陈辛背着农具从宋国来到滕国，对滕文公说："听说君王施行圣人的政治，那么您也是圣人了，我愿意做圣人的百姓。"陈相见到许行，非常高兴，便将他从陈良那里学到的学说全部丢掉而向许行学习。陈相去拜见孟子，谈论许行的学说，说："滕国国君倒确实是个贤明的君主，尽管这样，他还没有听到真正的大道。贤明的君主要和人民一起耕作才能吃饭，要自己做熟早晚两顿饭，同时还要治理国家。可如今呢，滕国有贮藏粮食的仓廪和存放财物的府库，那么这是搜刮和损害百姓来奉养自己，哪里算得上贤明呢？"

解说

这段文字，涉及六个人物。先出场的许行，文献中没有更多的记载。本文介绍他的身份是"为神农之言者"，《汉书·艺文志·诸子略》"农家"著录《神农》二十篇，班固自注："六国时，诸子疾时怠于农业，道耕农事，托之神农。"据此，许行应当是农家学派的人物。钱穆《先秦诸子系年考辨》认为，此文中许行表现出的观念，特别是许行及其门人的行为模式，跟墨家接近。

许行仰慕滕文公的贤名,率门人自愿到滕国定居。滕文公是当时一位比较贤明、想要有所作为的君主。他行仁政,行圣人之政,应是受了孟子的教导。公元前326年,他以太子身份出使楚国,途经宋国,拜访了当时在宋国的孟子。孟子大谈性善,"言必称尧舜"。自楚国返回时,文公再次拜见孟子,孟子勉励他说:"今滕,绝长补短,将五十里也,犹可以为善国。"后来文公的父亲滕定公去世,文公派大臣专程去邹国,向孟子请教丧礼。

作为一个蕞尔小邦的君主,文公试图凭借行仁政,在虎狼环伺的环境中求得生存。他的努力也收到了相应的成效,从农家学派的许行,到儒门弟子陈相、陈辛兄弟,陆续前来滕国定居,说明文公的仁政已是声名远播,在各诸侯国产生了影响。

陈相与许行在滕国相见,听许行谈论农家学说,目睹许行及其弟子的生活方式,感到很合自己的心意,于是放弃儒家学说而改学农家学说,成为农家门徒。如此说来,农家学说确实有相当的感染力。

陈相去见孟子,是以农家门人的身份;他与孟子的辩论,是农家与儒家两种不同思想体系的交锋。两人的谈话从陈相对滕文公的评论开始,陈相站在农家学派的立场上,认为滕文公在当时虽然可以称为贤明的君主,但还远远不能达到古代圣贤的标准。

陈相表述的农家学说的核心思想是不劳动者不得食,并且他所说的"劳"仅限于农业劳动。农家学派看到社会分工造成剥削与被剥削,因而主张取消社会分工;却没有看到这种不合理的表象背后是社会生产力发展的合理要求,是社会发展的必然。所以下文孟子针对农家学派的这一核心观点进行批驳。

10. 率天下而路

原文

孟子曰:"许子必种粟而后食乎?"曰:"然。"①"许子必织布而后衣乎?"曰:"否,许子衣褐。"②"许子冠乎?"③曰:"冠。"曰:"奚冠?"曰:"冠素。"④曰:"自织之与?"曰:"否,以粟易之。"⑤曰:"许子奚为不自织?"⑥曰:"害于耕。"⑦曰:"许子以釜甑爨,以铁耕乎?"⑧曰:"然。""自为之与?"曰:"否,以粟易之。""以粟易械器者,不为厉陶冶;⑨陶冶亦以械器易粟者,岂为厉农夫哉?⑩且许子何不为陶冶,⑪舍皆取诸其宫中而用之?⑫何为纷纷然与百工交易?⑬何许子之不惮烦?"⑭曰:"百工之事,固不可耕且为也。"⑮"然则治天下独可耕且为与?⑯有大人之事,有小人之事。⑰且一人之身,而百工之所为备。⑱如必自为而后用之,是率天下而路也。⑲故曰:或劳心,或劳力;⑳劳心者治人,劳力者治于人;㉑治于人者食人,㉒治人者食于人,天下之通义也。㉓(《孟子·滕文公上》)

注释

①粟:粮食。食:吃饭。然:在古汉语中单独成句,表示同意对方的说法,相当于"是的""是这样"。②布:指麻织品。

当时一般平民穿麻布做的衣服,所以平民又称布衣。衣(yì):动词,穿衣服。否:与"然"相对,表示不同意对方的话。衣褐(hè):褐使用的麻未经纺织,所以"衣褐"则不需织布。③冠(guàn):戴冠。按:古代中原各国成年男性束发盘于头顶,再用簪和冠固定。④奚冠:冠奚,以何为冠。素:生丝织成的绢帛,不染色。冠素:以生绢为冠。按:丝帛大概是制作冠的重要材料。⑤与(yú):句末语气词,表示疑惑、探询的语气。又写作"欤"。易:交换。⑥奚为(wèi):为奚,为什么。⑦害:损害,妨碍。害于耕:对于耕作有妨害。⑧釜:古代的一种锅。成语"破釜沉舟"中的"釜"即此义。甑(zèng):用来蒸东西的一种炊具。"甑"字从瓦,曾声,"瓦"表示陶器义。爨(cuàn):动词,烧火做饭。铁:指铁制的农具。战国时期,铁器的使用已相当普遍。这里用"铁"代表农具,是使用"代称"这种修辞方式,以质料代称事物本身。⑨械:器械,工具。前面说的铁制农具属于械。器:器皿,陶器。前面说的釜甑属于器。《说文》"械"字:"有所盛曰器,无所盛曰械。"为(wéi):当做,算是。陶:指烧制陶器的工匠。冶:指冶制铁器的工匠。⑩岂:难道。⑪且:连词,表示递进。何:询问原因,为什么。陶冶:指烧制陶器和冶制铁器这一类事情,与上文"陶冶"所指不同。⑫舍(shě):止,不去做。东汉赵岐注:"舍者,止也。止,不肯。不肯皆自取之其官中而用之。"按:上句"何"修饰的范围包括"不为陶冶"和"舍皆取诸其宫中而用之"。诸:之于。代词"之"称代械器。宫中:家里。按:先秦时代"宫"指房屋,不分贵贱;秦汉以后只有君王所居才能称宫。⑬纷纷然:忙忙碌碌的样子。百工:各行各业的工匠。交:相互。⑭惮（dàn）烦：害怕烦扰。何许子之不惮烦：倒装句，正常语序是"许子之不惮烦何也"。这种句式与前一句都是询问原因，但使用不同的句式，就使文章句子富有变化，不呆板。⑮固：情态副词，本来，理所当然。且：连词，表示两件事情同时进行。⑯然则：这样的话，那么。独：副词，表反诘语气，难道。⑰大人：指在高位者，如王公贵族。小人：平民百姓。指被统治者。⑱且：而且。所为：制作的东西。备：齐备。⑲如：如果。是：这。路：奔走于路。⑳或：无定代词，有的（人）。劳心：动脑筋；费心思。劳力：从事体力劳动。㉑治于人：被人治理。㉒食（sì）：给人东西吃，供养。㉓通义：普遍适用的道理与法则。

译文

孟子说："许先生一定自己种庄稼然后才吃饭吗？"陈相回答说："是的。"（孟子进一步问：）"许先生一定自己织布然后才穿衣服吗？"（陈相）说："不，许先生穿粗布衣服。""许先生戴冠吗？"陈相说："戴冠。"孟子问："拿什么作冠？"回答说："用生绢作冠。"孟子问："许先生自己织的生绢吗？"陈相说："不是，用粮食换来的。"孟子问："许先生为什么不自己织呢？"陈相回答说："对耕种有妨碍。"孟子问："许先生用釜和甑做饭，用铁器耕作吗？"陈相说："是的。"孟子问："是自己制作这些东西吗？"陈相说："不是的，是用粮食交换这些东西。"（孟子说）："用粮食交换农具器皿这种行为，不算是损害了陶匠铁匠，那么陶匠铁匠用器皿农具交换粮食这种行为，难道能算是损害了农夫吗？况且许先生为什么不去做烧制陶器和冶制铁器这一类的事情,为什么不都从自己家里拿出这些东西来使用?为什么忙忙碌碌地跟各种工匠交易?许先生这样不怕麻烦是为什么呢?"

陈相说:"各种工匠的工作,本来就不能一边耕作一边去做。""这样的话,那么治理天下,难道就可以一边耕作一边去做吗?有大人要做的事情,有小人要做的事情。而且一个人的生活,百工所制作的各种东西都要具备。如果一定要自己制作这些东西然后再使用,这是带着天下人奔走在道路上。所以说,有的人从事脑力劳动,有的人从事体力劳动。从事脑力劳动的人管理别人,从事体力劳动的人被人管理。被管理的人要供养别人,管理别人的人要被别人供养。这是天下普遍的道理。"

解说

陈相向孟子提出农家学派的论点之后,孟子并没有直接表达自己的见解,而是提出了一连串的问题,这就叫先发问以制人。从辩论方式来说,这是从对方的口中逼出对自己的观点有用的材料,然后运用这些材料去反驳对方。从写文章的角度说,这是在蓄势。

孟子先从吃和穿两个方面发问,没有结果;从"冠"发问则打开了突破口。因为冠在古代有其特殊的社会礼俗的意义。古人对于冠非常重视。男子二十岁要举行冠礼,通过这一隆重的仪式之后才算正式成人,从此可以步入社会,在此之前是垂髫总发的童子,没有社会地位。

许行用自己种的粮食交换做帽子用的生绢,是两种不同劳动之间的交换,这是在有社会分工的前提下出现的商品交换。

同样，许行用的釜甑、农具都是用粮食换来的，按照陈相的逻辑，这不是"厉陶冶"。然后，孟子用类比推理的方式得出结论："陶冶亦以械器易粟者，岂为厉农夫哉?"他用了反问句的形式表达，因此就更具有反驳的力量。

孟子一针见血地指出了陈相观点的矛盾，利用陈相自己的话驳倒了他的观点。陈相还不服气，于是论辩继续进行。不过，陈相说"百工之事固不可耕且为也"，用一个副词"固"，已经显示出无理强辩的语气。

孟子毫不客气，继续用类比推理的手法驳斥农家的观点。代词"然"表示承认对方的说法，连词"则"表示在此前提下进行推论，从而引出治理国家与从事生产劳动之间的关系也是如此，也不可"耕且为"。"治天下独可耕且为与"，使用反问句形式，显得气势逼人，令对方无从招架。

下面孟子从正面论述其社会观。他认为，与农、陶、冶等属于社会分工一样，"劳心"和"劳力"也是一种社会分工，是社会发展的必然结果，劳心者统治劳力者是一种客观存在，管理国家做国君只是一种社会分工。

这一点在先秦其他典籍中也有类似的说法，如《国语·鲁语》载公父文伯的母亲说："君子劳心，小人劳力，先王之训也。"《左传·襄公九年》载知武子之言曰："君子劳心，小人劳力，先王之制也。"可见春秋时代的上层社会中，就把劳心者统治劳力者看作是一种社会传统。

在《孟子·尽心上》中，公孙丑问孟子："《诗》曰：'不素餐兮。'君子之不耕而食，何也?"孟子回答说："君子居是国也，其君用之，则安富尊荣；其子弟从之，则孝悌忠信。'不素餐兮',孰大于是?"孟子认为由于劳心者有知识、有才能,应该能够对社会作出更大的贡献,起更重要的作用,所以他们"不耕而食"是理所应当的。

孟子又进一步指出,如果按照农家学说,片面强调人人都必须从事农业生产,然后才能吃饭,那就是"率天下而路也"。朱熹《孟子集注》认为"率天下而路"意思是"奔走道路,无时休息"。其实这里还含有一层意思:破坏了正常的社会分工,人们要为生活中所需要的每一件东西四处奔波,社会陷入无序的状态,只能退步。

至此,孟子跟陈相论争的背景和论题都基本清楚了。孟子提出自己的论点之后,需要进一步加以论证,同时对农家学说也需要予以进一步批驳。接下来,孟子滔滔不绝地讲述了历史上圣贤之君对整个社会进步所发挥的作用,说明君主从事管理工作之辛苦,论证治天下不可"耕且为"的道理,批驳农家学派的理论。

11. 尧舜之治

原文

尧以不得舜为己忧,舜以不得禹、皋陶为己忧。① 夫以百亩之不易为己忧者,农夫也。② 分人以财谓之惠,③ 教人以善谓之忠,④ 为天下得人者谓之仁。是故以天下与人易,⑤ 为天下得人难。⑥ 孔子曰:⑦ "大哉,尧之为君!⑧ 惟天为大,⑨ 惟尧则之。⑩ 荡荡乎民无能名焉!"⑪君哉,舜也!⑫巍巍乎有天下而不与焉!"⑬尧舜之治天下,岂无所用其心哉?⑭亦不用于耕耳。⑮(《孟子·滕文公上》)

注释

①禹:传说中远古的圣王,曾奉舜命治理洪水,后来建立夏朝。皋陶(gāo yáo):传说是舜的大臣,掌管司刑,与禹一同辅佐舜治理天下。②夫(fú):那。百亩:指一百亩田地,约合今二十四亩多。按:古代井田制规定,一井九百亩,八户人家,一夫一妇受私田一百亩,公田十亩,八家合为八百八十亩。余二十亩,每家二亩半,用于建田中庐舍;另外在村邑里授每家住宅地二亩半,两处合为五亩。农民春天出居田庐耕种,冬天农事完毕返回村邑。易:治,耕种。按:以上三句先比较治天下者与农夫所考虑的问题不同,前面两句使用叙述句,后面一句使用判断句。古人经常通过这种句式的变化来追求文章的生动。③分:分给。惠:仁惠,因爱怜而予以关怀照顾。④教(jiào):教育,传授。忠:尽心竭力,无保留地对待别人。⑤是故:因此。与:给予,送给。易:容易。⑥为(wèi):替,给。⑦孔子曰:下面的引文见于《论语·泰伯》,词语略有不同。⑧大哉尧之为君:这是一个倒装的感叹句,其主语部分本是主谓结构"尧为君",通过连词"之"成为名词性成分。⑨惟:副词,只有。⑩则:动词,效法。⑪荡荡:广大辽阔的样子。乎:句末语气词,表示赞叹的语气。名:动词,说出来。⑫君哉舜也:这也是一个倒装的感叹句,谓语"君"在这里含有合乎君道的意思。⑬巍巍:高大的样子。有天下:领有天下,指做天

子。与（yù）：参与。这句是说舜任用禹、皋陶等贤臣来治理天下，自己并不一一过问。⑭岂：难道。无所用其心：没有用他们的心思。⑮亦：副词，不过，只是。耳：句末语气词，罢了。

译文

尧把得不到舜这样的贤者作为自己忧虑的事情，舜把得不到禹、皋陶这样的贤者作为自己忧虑的事情。那些把自己的百亩田地耕种不好作为自己忧虑的事情的，是农夫。把财物分给别人叫做惠，用善去教育别人叫做忠，替天下找到贤能的人叫做仁。因此把天下让给别人是很容易的，为天下得到贤能的人却很难。孔子说："尧作为君主真是伟大啊！只有天是伟大的，只有尧能够效法天。尧的圣德广阔无边，百姓能够感受到却无法说出来。真是个君主啊，舜！伟大啊，治理天下却能做到不参与。"尧舜治理天下，难道不用心思吗？只不过不用在耕作上罢了。

解说

滕文公作为国君，是否必须参加农业劳动才能有资格得到衣食？围绕这个问题，孟子与陈相展开了辩驳。孟子使用追问的方式，从陈相的口中逼出用来论证自己观点的材料，揭示了农家学派观点的自相矛盾的漏洞，指出如果依照农家极端的主张来治理国家，必将导致社会混乱不堪，最终人人都是受害者。

孟子不愧为知言善辩的大师，在辩论中始终把握主导权，在驳斥对方观点的同时，为阐发自己的思想蓄势，积蓄充分之后便一泻千里，势不可挡。所以，孟子接下来便讲述了尧任用舜安定天下，舜用益、禹等一批贤臣，治水成功；讲述了尧舜时代的大臣后稷、契等教民耕种、教民人伦。孟子举出古代圣王尧、舜、禹的事迹，是要说明治天下也是"劳"，不能"耕且为"。

接下来，孟子对前文的叙述作结。他特别强调，治天下者所考虑的是发现贤能加以任用，这是治天下的基本条件。他说："为天下得人者谓之仁。"意思是说能够替天下发现并任用贤能的人是很不容易的，也是最能体现统治者仁德的一个方面。

这里要注意，"A 谓之 B"是给 B 下定义的常见句式。古人的这类定义大都是从自己的思想体系出发，是为了说明自己的某一具体观点。因此，不同学派的人对同一概念固然有不同的定义；即使是同一学派的人，甚至是同一个人，在不同的场合，针对不同的谈话对象，对同一个概念也会有不同的定义。

《论语·泰伯》中孔子热情赞颂了尧、舜的圣贤。孟子在此引用孔子的这番话，是说尧、舜治理天下只在大处用心，通过举贤任能实现统治，而不在具体事情上操劳。这样的治理方式就像大自然施与人们恩惠，而老百姓"无能名焉"。关于尧舜之治的特点，晋代皇甫谧《帝王世纪》中有一段形象的描写：

帝尧之时，"天下大和，百姓无事。有五老人击壤于道，观者叹曰：'大哉，尧之德也！'老人曰：'日出而作，日入而息，凿井而饮，耕田而食，帝力何有于我哉？'"（《帝王世纪》一书久佚，此处据徐宗元《帝王世纪辑存》引述。）

击壤是古代的一种游戏，道具是两块鞋状的木片，其中一块侧放地上，然后游戏者站在三四十步以外，用另一块木片去投掷，击中者得胜。按照儒家的表述，尧舜时代，"治天下"主要表现在解决民生疾苦，帝王权力并没有深度干预到百姓生活中去。后世便以"击壤"作为太平盛世的象征。

12. 相率而为伪

原文

(陈相曰:)"从许子之道,①则市贾不贰,②国中无伪;③虽使五尺之童适市,④莫之或欺。⑤布帛长短同,则贾相若;⑥麻缕丝絮轻重同,⑦则贾相若;五谷多寡同,⑧则贾相若;屦大小同,⑨则贾相若。"曰:"夫物之不齐,物之情也;⑩或相倍蓰,⑪或相什伯,⑫或相千万。子比而同之,⑬是乱天下也。⑭巨屦小屦同贾,⑮人岂为之哉?⑯从许子之道,相率而为伪者也,⑰恶能治国家?"⑱(《孟子·滕文公上》)

注释

①从:听从,遵从。②市:集市。贾(jià):价钱。这个意思后来写作"價",简化为"价"。贰:变易,不一样。③国:国都。伪:欺诈。④虽:即使。五尺之童:小孩子。按:古代的尺比现在的尺要短,据《中国古代度量衡图集》,出土战国铜尺约合23.1厘米,则五尺约合1.15米。适:到……去。⑤莫:无定代词,没有谁。或:语气副词,用来加强否定语气。之:代词,指五尺之童,是"欺"的宾语。⑥布帛:麻织成的纺织品总称为"布",丝织品总称为"帛"。相若:相像,这里即相同。⑦麻缕:麻线。丝絮:丝绵,古代填充在衣被里用来保暖。

⑧五谷：古代五种主要粮食作物。说法不一，一说指稻、菽、麦、稷、黍，另一说有麻无稻。粮食生产的结构有地区性的问题，也有历史变化的问题，说法不一致属正常。⑨屦（jù）：用葛或麻等原料编织的鞋子。⑩夫（fú）：那。齐：事物间的齐等一致。情：本性，真实的情况。⑪或：有的。倍：加倍。蓰（xǐ）：五倍。⑫什：十倍。伯：通"佰"，百倍。⑬子：您。比：并列，放在一起。在这个意思上"比"旧读 bì。同：等同。⑭是：代词，这。乱：使混乱，扰乱。⑮巨屦：东汉赵岐注："巨，粗屦也。小，细屦也。如使同贾而卖之，人岂肯作其细者哉？"按赵岐的意见，巨屦是做工粗劣的鞋，小屦是做工精细的鞋。⑯岂：表反问语气的副词，相当于"哪里"。之：指代前文的小屦。⑰相：递相。相率：一个带着一个地。为伪：作假。⑱恶（wū）：疑问代词，怎么，哪里。国家：诸侯的封地称国，大夫的封地称家。这里用"国家"指国。

译文

（陈相说：）"如果遵从许先生的学说，那么市场上就会价钱一致，都市中没有欺诈的行为。即使让小孩子到市场上去，也没有人欺骗他。麻布和丝帛的长短相同，那么价钱就相同；麻线和丝绵的重量相同，那么价钱就相同；各种粮食的数量一样，那么价钱就相同；鞋子大小相同，那么价钱就相同。"孟子说："物品的种类、质量不一样，这是货物实际的情况。各种物品的质量及其价钱，有的相差一倍五倍，有的相差十倍百倍，有的相差千倍万倍。你把它们并列而且等同起来，这是扰乱天下。比如做工粗劣的鞋和做工精细的鞋价钱相同，人们哪里会去做精细的鞋啊！听从许先生的学说，是让大家都去作假，哪里能够治理国家呢？"

解说

在前文中，孟子论证了农家学说的不合理之处。农家把"劳"片面地理解为耕作，由此主张不耕者不得食，这等于取消了必要的社会分工，不仅违背社会发展的现实状态，而且将造成社会混乱。孟子又进一步通过尧舜之忧与农夫之忧的对比，说明治天下者劳心之不易。

在孟子的滔滔雄辩之下，陈相已无力招架。但他并不想就此放弃自己刚刚奉为真理的农家学说，于是提出了新的辩护词。只是，陈相退到最后一道防线，说农家学派可以使人情淳厚，其实已经离开了农家学派的核心观点，是仅就农家学说可能对社会产生的功效而言了。

陈相所说的达到市价不贰的方法，即布帛按长短论价，麻缕丝絮按轻重买卖，五谷按多少交易，这大概是农家的主张。农家极力强调农业生产的重要性，自然排斥市场流通，因而提出这种简化市场交易的方案。

孟子看到农家学派的主张在本质上是违背人性的。他说："巨屦小屦同贾，人岂为之哉？"设想一下，假如做一场社会实验：市场上规定，无论何种材料、做工如何，只要是鞋子，价格便相同。结果会如何呢？人们都开始制作粗劣的鞋子以赚取更丰厚的利润。这是市场法则在起作用，而市场法则首先认定人性是自私的。如此看来，农家学说不过是不切实际的空想，依照农家学说去做，不仅不能使民风淳厚，而且必将造成假冒伪劣泛滥的局面。

孟子和陈相之间的这场论战,是儒家学说与农家学说之间的一次正面交锋。孟子承认社会等级秩序存在的必然性,将劳力和劳心视为社会分工的结果。应该说,这是比较明智和清醒的认识。从历史来看,假如无视现实与人性,把复杂的社会现象简单化,按照自己臆想的设计方案规划百姓的生活,无论其理念闪耀着多么美丽的理想主义的光辉,最终只能是自欺欺人。

13. 鲁平公与他的男宠

原文

鲁平公将出,①嬖人臧仓者请曰:②"他日君出,则必命有司所之。③今乘舆已驾矣,④有司未知所之,敢请。"⑤公曰:"将见孟子。"曰:"何哉,君所为轻身以先于匹夫者?⑥以为贤乎?⑦礼义由贤者出,而孟子之后丧逾前丧。⑧君无见焉。"⑨公曰:"诺。"⑩

乐正子入见,曰:"君奚为不见孟轲也?"⑪曰:"或告寡人曰:⑫'孟子之后丧逾前丧。'是以不往见也。"⑬曰:"何哉,君所谓逾者?前以士,⑭后以大夫;前以三鼎,而后以五鼎与?"⑮曰:"否。谓棺椁衣衾之美也。"⑯曰:"非所谓逾也,贫富不同也。"⑰乐正子见孟子,曰:"克告于君,⑱君为来见也。⑲嬖人有臧仓者沮君,⑳君是以不果来也。㉑"曰:"行,或使之;止,或尼之。㉒行止非人所能也。吾之不遇鲁侯,㉓天也。臧氏之子焉能

使予不遇哉?"㉖(《孟子·梁惠王下》)

注释

①鲁平公:战国时鲁国君主姬叔,前316—前297年在位。②嬖(bì)人:身份卑下而受宠爱的人,如姬妾、侍臣、左右等。请:请示,询问。③他日:往日,从前。命:指示,告知。有司:相关的臣属。所之:去往的地方。④乘舆(shèng yú):古代特指君主所乘坐的车子。驾:把马套在车上。⑤敢:谦词,表示冒昧。⑥何:为什么。按:"何哉"是判断谓语,"君所为……者"是判断主语,把谓语提到前面,通常是表示语气比较强烈,此处臧仓使用这种特殊语序表达强烈的质疑和不满。所为……者:做……的原因。轻:轻贱,看低。先:先为致意,即在对方拜见自己之前,先主动去拜见对方。匹夫:指男性平民,也泛指普通百姓。⑦贤:贤明,有才德。⑧后丧:后来操办的丧事,指孟子为母亲治办的丧事。逾(yú):超过,超越。前丧:先前操办的丧事,指孟子为父亲治办的丧事。按:孟子早年丧父,所以称"前丧"。母丧规格超过父丧,不合礼制。⑨无:通"毋",不要。见焉:见于是,拜见孟子。在这个意思上,"见"旧读xiàn。⑩诺:答应声,表示同意。⑪乐(yuè)正子:即乐正克,孟子弟子,当时在鲁国做官。奚为:为奚,为什么。⑫或:有的人。⑬是以:以是,因此。⑭以士:以士人的身份。⑮鼎:古代用以烹煮食物的器皿,祭祀时用以摆放肉类祭品。按:唐代孔颖达《礼记·郊特牲》正义说,三鼎盛放的祭品是:"牲鼎一,鱼鼎二,腊鼎三。"五鼎盛放的祭品是:"羊一,豕二,肤三,鱼四,腊五。"按照古代礼制,宫室、车

旗、舆服、器用等，都需要依据人的身份等级使用，这是所谓"名位不同，礼亦异数"。《春秋公羊传·桓公二年》东汉何休注："礼祭，天子九鼎，诸侯七，卿大夫五，元士三也。"可见士用三鼎，大夫用五鼎，应该是合乎礼制的做法。与（yú）：句末语气词，表示疑惑、探询的语气。⑯椁（guǒ）：外棺。按：古代士以上等级的人使用两层以上的棺木。衣衾（qīn）：衣服与被子，此指装殓死者的衣服与单被。按："棺椁衣衾"在这里指各种装殓死者的物品。⑰贫富不同：从前贫困，后来富裕，这种实际情况不同。按：这一句是判断句，用来解释原因。判断主语"此"没有出现，"此"指代"后丧逾前丧"的做法。⑱克：乐正子的名。⑲为：将要。⑳沮（jǔ）：阻止。㉑果：实现。㉒或：有人，有东西。使：致使，驱使。㉓尼（nì）：阻止。㉔遇：遇合，即相遇而互相投合。㉕焉：哪里，怎么。予：第一人称代词，我。

译文

鲁平公将要出门，他宠爱的左右近臣中有一位叫臧仓的，请示平公道："往常您要出门，就一定会把要去的地方告知有关的臣子。如今您出行的车马都准备好了，可有关的臣子还不知道要去哪儿，我冒昧地问一下。"平公说："将去拜见孟先生。"臧仓说："您不惜纡尊降贵，先主动去拜见一个平民，是为什么呀？您认为他贤明吗？合乎礼法道义的事都是由贤明的人做的，可孟先生给母亲办丧事的规格，超过了先前为父亲办的丧事。您不要去拜见他。"平公说："好吧。"

乐正子入宫谒见平公，说："您为什么不去见孟轲呢？"平公说:"有人告诉我说:'孟先生给母亲办丧事的规格,超过了先前为父亲办的丧事。'因此我不前去拜见。"乐正子说:"您所说的超过是指什么呢?孟子先前给父亲办理丧事是按照士的规格,后来给母亲办理丧事是以大夫的规格;以前给父亲办理丧事用三只鼎,后来给母亲办理丧事用五只鼎,您说的是这事吧?"平公说:"不是。我是说装殓死者的棺椁、衣服和单被,两次丧事使用的档次不同。"乐正子说:"这不属于通常所说的超标,而是因为以前贫穷,后来富裕,这种经济状况不同。"乐正子去拜见孟子,说:"我禀告了国君(您来鲁国的情况),国君将要前来见您。可国君宠爱的左右近臣中有一位叫臧仓的人制止了国君,国君因此没能前来。"孟子说:"人要做一件事情,是有某种东西在驱使他;停下来不做了,也是有某种东西在驱使他。做与不做,都不是人力能够左右的。我与鲁国国君不能遇合,是天意。臧家那个小子又怎能使我跟鲁君不相遇合呢?"

解说

鲁平公即位后,用乐正克为臣。大概乐正子向鲁平公荐举了老师,并且得到了鲁平公拜会孟子的应允,因为平公一直没有动静,所以乐正子就到宫里询问平公,从而得知这事是因臧仓反对而不了了之。当时孟子年近七旬,对这样的结果淡然处之。

鲁平公在位时,鲁国国力衰弱,《史记·鲁周公世家》对平公仅记载其在位二十年,可见他二十年之中毫无作为。这次他要去拜见孟子,可他宠爱的小臣臧仓摇舌鼓唇几句话,他便顺从地打消了拜见孟子的念头,可见作为君主,他毫无主见,甘愿被身边的近臣所操纵。

按照清代学者焦循《孟子正义》的说法，臧仓是一名男宠。他跟平公谈话时，表面上看很是恭敬，但话里话外还是透着恃宠而骄的蛮横。他高举着道德的大棒，仅是一句"孟子之后丧逾前丧"，就给孟子判了死刑，认定孟子根本不是贤者。他论证的过程也相当霸道：如果是贤明的人，那么一切言行都应当合乎礼制；孟子做了不合乎礼制的事情，因此就不是贤明的人。

平公跟他的男宠简单的一番对话，便结束了孟子在鲁国的政治前途，而当事人孟子还毫不知情。若是孟子了解到这样一个过程，他该作何感想呢？

宫闱之事，外人是无法得知的。乐正克向平公荐举了自己的老师，希望得到一个明确的说法；平公倒也如实地向乐正子说明了原因。乐正子解释说，孟子办理父丧和母丧时的经济条件不同，因此丧事才有不同的规格。

《公孙丑下》记述了孟子厚葬母亲的情况，他的弟子充虞感觉丧葬时用的棺椁太过华美了，孟子解释说，如果子女的身份和钱财等条件允许，使用更好的棺椁，对孝子来说自然是一种安慰。他赞同"君子不以天下俭其亲"的说法，即君子不会因为任何原因而在父母身上省钱。

本来为父母办理丧事，是纯属私人的事情。孟子给母亲办丧事的规格，超过了先前为父亲办的丧事，是客观原因造成的。可竟然被上升到道德层面遭到恶意指责，并因此失去了在鲁国推行自己政治理想的机会。

孟子所说的"天"，似乎是指冥冥之中一种无形的力量，其实他心里明白，并没有什么神秘的力量在支配这一切。他说：

"臧氏之子焉能使予不遇哉?"确实,如果鲁平公是一位明君,又怎么可能甘愿被一名男宠左右自己的想法和行动呢?能让自己受制于一名男宠,这样的君主也只能是庸碌之辈,既无见识,又无能力,孟子又哪会再有与之遇合的兴趣和愿望呀!

儒家极力主张社会的道德建设,主张为政以德。实不知政治原本离道德太遥远了,而且越是人治的社会环境,道德便越会成为万能的律条。政治道德化,道德政治化,其实是用道德宰制臣民的思想行为。孟子很可悲,一个高扬道德旗帜的人,居然被人用道德的大棒打倒了。

古代人治的前提下,一国的兴衰存亡,完全系于君主的德行、能力。像平公这样的君主,昏庸无能,却能在位长达二十年;身边朝夕相处的是臧仓这一类的小人,其力量足以左右平公的心意。如此则鲁国焉能不衰败?鲁平公之后,经文公再到平公的孙子顷公,鲁国最终被楚国灭掉了。

14. 学说齐国话

原文

孟子谓戴不胜曰:①"子欲子之王之善与?② 我明告子。有楚大夫于此,欲其子之齐语也,③ 则使齐人傅诸?④ 使楚人傅诸?"曰:"使齐人傅之。"曰:"一齐人傅之,众楚人咻之,⑤ 虽日挞而求其齐也,⑥ 不可得矣。引而置之庄岳之间数年,⑦ 虽日挞而求其楚,亦不可得矣。子谓薛居州善士也,⑧ 使之居于王所。⑨ 在于王所者,长幼卑尊皆薛居州也,⑩王谁与为不善?⑪在王所者,长幼卑尊皆非薛居州也,王谁与为善?一薛居州,独如宋王何?"⑫(《孟子·滕文公下》)

注释

①戴不胜:人名,宋国大夫。②子:您。善:变善。按"之善"的"之"字,跟下文"欲其子之齐语"里的"之"字一样,都是用在主谓结构中间,其作用是使主谓结构不再陈述一件事情,而是指称一个事实。③齐语:说齐国话。④傅:辅导,教导。诸:"之乎"的合音形式。⑤咻(xiū):吵,喧扰。⑥虽:即使。日:每天。挞(tà):(用鞭子或棍子)打。求其齐:求子之齐语,要求孩子学说齐国话。⑦引:带领。置:安置。庄岳:齐国都城临淄的街道名称。⑧谓:称说。薛居州:人名,是宋国一位道德修养很高的士人。善士:有德之士。⑨王所:王宫。⑩长幼卑尊:指年长的人、年幼的人、地位低下的人和地位尊贵的人。薛居州:指像薛居州一样的有德之人。⑪谁与:与谁,跟谁一起。不善:指不好的事情。⑫独:独自。如……何:拿……怎样。

译文

孟子告诉戴不胜说:"您想要您的君王向善吧?我明白地告诉您。假如有个楚国大夫在这里,想要他的孩子学齐国话,那么让齐国人教他呢?还是让楚国人教他呢?"戴不胜说:"让齐国人教他。"孟子说:"假如一个齐国人教他,很多楚国人喧扰他,那么,即使每天拿鞭子抽打着逼他学说齐国话,也是不可能学会的。假如把他带到齐国都城的街市上住上几年,那么即使天天拿鞭子抽打着要求他说楚国话,也是不可能的。您说薛居州是个有德之士,让他住在宋王宫中。如果在王宫里的人,不论年龄大小、地位高低,都是薛居州那样的人,宋王跟谁一起做坏事呢?如果在王宫里的人,不论年龄大小、地位高低,都不是薛居州那样的人,宋王又能同谁一起做好事呢?仅仅一个薛居州,又能对宋王起什么作用呢?"

解说

  一个人的生活环境,对他的德性养成和善恶走向有很大影响。当时古人常引谚语"蓬生麻中,不扶而直;白沙在涅,与之俱黑"来说明这个道理。戴不胜也明白这一点,所以让宋国著名的有德之士薛居州住在王宫里,希望他能言传身教,影响宋王。

  孟子指出,环境因素很复杂,宋王地位特殊,会接触各方面形形色色的人。这些人品性高下不一,因此,仅凭薛居州一人之力,很难影响到宋王的善恶趋向。文献中触目都是"亲贤者""远小人"的谆谆教诲,然而翻阅史书,君王们却往往反其道而行之。可见善恶的道德选择对人性是很大的考验。对于拥有巨大权力和社会资源的君王来说,要经受住这样的考验,弃恶从善,实在不是容易的事情。

  君王虽然有能力选择身边的人,但是,他依据什么样的标准对人作出道德评判,然后加以选择呢?更何况,君王所拥有的资源是人们所觊觎的,为了从君王手中获取更多的东西,人们会迎合君王的喜好,努力伪装自己。这就让君王的选择难度大大增强了。

西汉刘向《列女传》记述："孟子生有淑质,幼被慈母三迁之教。"孟子自己的成长经历使他认识到,一个人的成长过程中,大的社会环境和具体的生活环境都是非常重要的。可是他对于如何营造向善的社会环境,只是强调"君仁,莫不仁";那么,如何实现"君仁"的目标呢?本章他又提出应该为君王建设向善的环境,却没有提出具体的措施。这很明显陷入了循环论证。所以到韩非,就彻底抛弃了道德论,提出了用法术驾驭臣下的主张,同时又试图通过神化君王,让君王干脆不受一切人的影响。

孟子为论证环境的重要性而举出的楚人学齐语的故事,说明学习语言,师资很重要,语言环境更重要,而且这也成为汉语史上一份不可多得的宝贵资料。这个故事说明,当时各诸侯国之间的方言不同,齐语和楚语的差异比较大,以至于孟子曾斥责楚人许行是"南蛮鴃舌之人"。因此,各国之间的交流沟通,就需要使用类似于今日普通话的雅言,《论语·述而》里记载,孔子在诵读《诗》《书》和行礼的时候,都是用雅言的。

15. 善不可失

原文

滕文公问曰:①"齐人将筑薛,②吾甚恐。如之何则可?"孟子对曰:"昔者大王居邠,③狄人侵之,④去之岐山之下居焉。⑤非择而取之,⑥不得已也。⑦苟为善,⑧后世子孙必有王者矣。⑨君子创业垂统,为可继也。⑩若夫成功,⑪则天也。君如彼何哉?⑫强为善而已矣。"⑬(《孟子·尽心上》)

注释

①滕(téng):周代诸侯国,在今山东滕州市一带。②薛:齐国城邑,在今山东省滕州东南。筑薛:修筑薛城。③大(tài)王:即古公亶父(dǎn fǔ),周文王的祖父,被周武王追尊为太王。《诗经·大雅·緜》:"古公亶父,来朝走马,率西水浒,至于岐下。"邠(bīn):地名,也作"豳",在今陕西彬州市。《说文》:"邠,周太王国。"④狄人:原指居住在北方的狄族,这里是对北方各部族的泛称。侵:越境进犯别国。⑤去:离开。之:到往。岐山:在今陕西省岐山县。⑥择:挑选。取之:采用这个地方为定居之处。⑦不得已:不能不如此,无可奈何。⑧苟:假如。为善:行善。这里指实行仁政。⑨王(wàng):称王,成就王业。⑩君子:才德出众的人。创业:开创基业。统:指一脉相传、世代继承的系统。垂统:把基业留传给后代。为(wèi):为了。继:传承。⑪若:至于。夫(fú):那。成功:成就功业。⑫如彼何:拿齐国人怎么办。⑬强(qiǎng):勉力,竭力。

译文

滕文公问孟子:"齐国人将要修筑薛邑的城郭,我非常担心。对这事该怎么办才好呢?"孟子回答说:"从前周太王住在邠地,狄人常来进犯,于是就离开那里,到岐山下定居。这不是自己挑选然后确定了新的定居地,而是迫不得已。假如能施行仁政,那么后代子孙就一定有成就王业的。君子创立基业并留传后代,是为了能够传承下去。至于说成就功业,那是上天决定的。您能拿齐国人怎么办啊?只有努力施行仁政罢了。"

解说

齐国要修筑邻近滕国的薛城,立即引起滕文公的警觉与恐慌。因为滕国实在太弱小了,对来自周边大国的举措不能不高度敏感。孟子承认,滕国确实没有能力去影响齐国的行动。他告诉滕文公,越是在这种强弱悬殊的情形下,越是应当坚定不移地实施仁政治国。

孟子举历史上周人祖先的事迹来证明自己的观点。当年的古公亶父极为弱小,因屡遭狄人进犯而被迫率族人迁居岐山。但周人世代坚持施行仁政,到了武王便能够一统天下。可见施行仁政,即使不能功在当代,也必然利在子孙。

孟子常言"为善"。对个人来说,为善是保持和养护自身与生俱来的善性,使自己不因外部环境的侵染而丧失善性,不因欲望的支配致使善性泯灭。对为政者来说,为善指行善政、行仁政,是引导社会向善的风气。

孟子在与诸侯国的君王讨论为政时,多从正面立论,热情鼓励君王接受并实施仁政。若换一个角度解读孟子的这段话,则可以更透彻地领会孟子的深意。

孟子自然明白,在诸侯纷争、弱肉强食的环境下,采用激进的纯功利主义的手段,可以更有效地富国强兵,从而避免被别国兼并的命运,甚至有力量去吞并别的国家。但是,孟子相信,用纯功利的手段,即使实现了大一统,如此建立的纯功利的社会并非百姓之福,也是不可持续的。

如果创业立国时为达目的不择手段,甚至无恶不作,这样留传的统绪在本质上就是邪恶的,后世必然造就整个社会的堕落。恶业、恶政必不能长久,对此古人有很多精彩的论述。

《左传·隐公六年》中评论陈桓公时说:"善不可失,恶不可长","长恶不悛,从自及也。虽欲救之,其将能乎?"大意是说,善不可丢失,恶不可滋长;如果任由恶滋长却不悔改,必将自取其祸。自取其祸是没有办法挽救的。接下来作者引用了《商书》里的名言:"恶之易也,如火之燎于原,不可乡迩,其犹可扑灭?"恶的蔓延如同大火燎原,直到整个体系土崩瓦解,才有可能扑灭吧?作者又引用了周代史官周任的话:"为国家者,见恶,如农夫之务去草焉,芟夷蕴崇之,绝其本根,勿使能殖,则善者信矣。"如果"为国家者"本身作恶多端,则社会的善性将荡然无存。

历史事实证明了孟子深刻的洞察力。秦王嬴政以法家思想为指导,横扫六合,一统天下。然而,暴政肆虐,生灵涂炭,秦王朝也迅速走向覆亡。汉代学者总结秦王朝的教训,认为:一切从实用主义出发,急功近利,根本不顾及国家的长远利益,抛弃善性,崇尚暴力,这是导致秦王朝崩溃的根本原因。

16. 人性向善

原文

告子曰:①"性犹湍水也,②决诸东方则东流,③决诸西方则西流。人性之无分于善不善也,④犹水之无分于东西也。"孟子曰:"水信无分于东西,⑤无分于上下乎？人性之善也,犹水之就下也。⑥人无有不善,水无有不下。今夫水,搏而跃之,可使过颡;⑦激而行之,⑧可使在山。是岂水之性哉?⑨其势则然也。⑩人之可使为不善,其性亦犹是也。"⑪(《孟子·告子上》)

注释

①告子:人名。事迹未详。一说战国思想家,孟子的学生。②犹:好像,如同。湍(tuān):水势急。③决:排水。诸:之于。东流:向东流。④无分于善不善:在善和不善方面没有分别。⑤信:副词,确实。⑥之善:趋善,向善。就:趋向。⑦夫(fú):那。搏:击打。跃:使上扬。颡(sǎng):额头。⑧激:水势受阻后腾涌飞溅。行之:使之倒流。⑨是:这。岂:副词,表示反问,难道,哪里。⑩其势:指因"搏""激"的行为造成的势力。然:使得这样。⑪其性:指可以使人为不善的性质。犹是:如同这种情况。"是"指代"其势则然"。

译文

告子说:"人性如同湍急的水流,朝东方排水,水就向东流,朝西方排水,水就向西流。人性没有善和不善的分别,就如同水在向东流和向西流方面没有分别。"孟子说:"水确实在向东流和向西流方面没有分别,可是在向上流和向下流方面也没有分别吗?人性向善,就好像水往低处流。人性本没有不善的,水也没有不往低处流的。对于水来说,用力拍击它,使它飞溅起来,能使它越过额头;把水势阻住使之倒流,可以使它流到山上。这些难道是水的本性嘛?是击打和阻拦的行为造成的势力使得它这样啊。对于人来说,可以使他为不善,其性质也正像水受到击打和阻拦而改变了向下流的本性。"

解说

告子认为,人性本无善恶之分,后天的教育、环境等因素决定其善恶的属性。这可能是一般人对于人性的倾向性认识。

告子以水为喻说明他的观点。于是孟子便顺着告子的比喻,指出水往低处流是水的自然属性;同样的道理,人性向善,这也是人性自然的属性。

孟子也承认,社会存在各种丑恶,由此使人看到人性之恶。不过,他认为这不是人的本性,而是人性被后天的外力扭曲而造成的。这就如同外力可以改变水往低处流的属性一样。

那么,改变人性之善的外力是什么呢?孟子论述水之违逆本性,是"势"使然。"势"字从"力",本指由权力形成的强制性的威力,也指由各种因素综合在一起形成的支配性力量。改变人性之善的"势",也是由各种因素综合形成的外力。

这种外力,首先源自权力。孟子意识到,在当时的权力体系下,君王对一个社会的善恶品性起到决定性作用,"君仁,莫

不仁；君义，莫不义；君正，莫不正。""不仁而在高位，是播其恶于众也。"(《孟子·离娄上》。请参阅《君正莫不正》)

以君王为核心构成的权力机器又对君王的善恶有直接的影响。"在于王所者，长幼卑尊皆薛居州也，王谁与为不善？在王所者，长幼卑尊皆非薛居州也，王谁与为善？"(《孟子·滕文公下》。请参阅《学说齐国话》)

孟子特别强调："一薛居州，独如宋王何？"君王的善恶并非受某一位官员的制约，而是受整个权力体系的善恶属性支配。孟子努力追求仁政，在某种程度上是希望为权力建立明确的道德规范，从根本上改变权力的品质。正是在这个意义上，他又将仁政称为"善政"。

孟子认为，权力体系以及由此而形成的社会的道德生态环境，必然制约着每个人的行为模式，但是个人仍然可以有所作为。他主张每个人都应该像爱惜自己的身体一样，通过个人修养保护与生俱来的善性。(《孟子·告子上》。请参阅《无以小害大》)

告子和孟子均使用比喻的方式讨论人性。比喻可以使抽象的道理通俗易懂，但同时也使辩论的深度受到局限。

五、反求诸己——修身与为政的统一

1. 茅塞顿开

原文

孟子谓高子曰:①"山径之蹊间,②介然用之而成路;③为间不用,④则茅塞之矣。今茅塞子之心矣。"(《孟子·尽心下》)

注释

①高子:齐国人,孟子弟子。②径:通"陉(xíng)",山谷。西汉扬雄《法言·吾子》:"山陉之蹊,不可胜由矣。"《说文》:"陉,谷也。"蹊(xī)间:小路。③介然:专一。路:道路。④为间:少顷,很短的时间。

译文

孟子对高子说:"山谷里的小道,一直去走它就成了路;隔些时候不走,那么茅草就把它堵塞了。现在茅草堵塞了你的心。"

解说

这一章中,关于"径""蹊""间""介""然"诸字,自东汉赵岐以来便歧说纷呈,莫衷一是。后来"蹊径""蹊间""间介""介然"等都凝固成词,于是学者们对这几个字的结合关系和语义解释更是各持己见,似乎都有所依据。

其实，就孟子要表达的意思而言，这段话并不难理解。山间小道，本就是人走出来的；如果这样的小道使用的人多，那么就可能成为大路；反之，如果人们废弃不用，过一段时间便荒草丛生，路便隐没不见了。

人的心灵也是如此。读书思考，让智慧之光照入，从此生命便有了明确的方向；对各种各样的事情都能有正确的原则，行事能遵循合理的途径。但是，这并非是一劳永逸的事情，一旦陷于怠惰，不读书不思考，智慧便将被淹没，人将迷失自我。这与疯长的茅草阻塞了道路，何其相似！

人类社会极其复杂，充满各种欺骗和谎言。一种教育模式持续不断地灌输，也会造成人的单向性思维，使人失去正常思考的能力，内心便如茅草疯长，以至于常识和逻辑都被彻底淹没。对于茅草丛生的心灵，任何真实与真理都会显得苍白无力。一个人的心窍一旦被灌满了谎言，将谎言作为他认识外界的基础，那么从此他将如同被锈死的铁锁所束缚，终其一生都将处于蒙昧混沌的状态之中。

所以，孟子特别强调，人须有坚定的信念和足够的思辨力，能够分清世间的是非真假，这样的心灵如宽阔的大路一般坦荡，洒满智慧的阳光，也就不会时时陷入迷失和混沌的痛苦。

2. 习焉不察

原文

孟子曰:"行之而不著焉,①习矣而不察焉,②终身由之而不知其道者,③众也。"④(《孟子·尽心上》)

注释

①行:做,从事。之:泛指某件事情。著:显明。著焉:著于是,指在做的事情上明明白白,包括清楚做事的动机、目的、方法等。②习:习惯。察:观察考定,即对事物作细致翔实的探究考证,从而把事物的方方面面及其发展变化的过程都确实研究清楚。③终:从开始到结束。由:经由,从……行走。④众:众人。

译文

孟子说:"做一件事情,却并不明白为何而做和怎样做更好;对成为习惯的事物,不去彻底弄清楚;终其一生在一条路上行走,却并不了解那条路:这样的人是多数。"

解说

习惯的力量非常巨大,以至于人们往往在不知不觉中成为习惯的奴隶。在日常生活里,人们在年深日久之中养成许多习惯，慢慢地便把这些习惯视为自然、当然、必然。

人们思考问题、看待事物的角度和方法也随着岁月的流逝而形成习惯，固化的模式使人们思考问题、看待事物时，仿佛戴上了有色眼镜；如此则事物的样子在事实上完全是由人的主观认识塑造，事物的本真反而变得不重要了。

孟子对这个问题有深切的体察，并进行了言简意赅的阐述。"行之而不著焉，习矣而不察焉"两句，把人们习惯化之后的盲目和惰性状态描述得准确帖切。很多时候，人们做事情只是一种习惯，不愿做更深入透彻的追问。

道，本义是道路，引申指做事情所遵循的途径、方法，再引申为事物自身运行和发展变化所遵循的途径，即规律；又引申为人们对事物的规律的认识，即道理、学说。"终身由之而不知其道"一句，包含了字面义和比喻义两层：字面义如译文所表述；比喻义是说，通常情况下，人们事实上是按照事物的规律在做事情，只是始终是不自觉的，也无法懂得事物的规律。

众，本义指多数人，引申指普通的、平常的、一般的。孟子用"众"字也包含了这两层意思。在一个社会中，多数人都如孟子所描述，是"行之而不著焉，习矣而不察焉，终身由之而不知其道"的人；而这样的人又必然是最普通的人。

循着孟子的思路推衍开去，只有那些能够打破既定的思维模式的人，只有那些具有深刻的反思能力的人，才能洞彻大道，也才能成为觉悟的、自主的人。

反之，人生活在习惯之中，习焉不察，浑浑噩噩，又自以为是，想当然耳，这样终其一生，也实属可悲了。

3. 出尔反尔

原文

邹与鲁哄。①穆公问曰:"吾有司死者三十三人,②而民莫之死也。③诛之,则不可胜诛;④不诛,则疾视其长上之死而不救。⑤如之何则可也?"⑥孟子对曰:"凶年饥岁,⑦君之民老弱转乎沟壑,⑧壮者散而之四方者,⑨几千人矣;⑩而君之仓廪实,⑪府库充,⑫有司莫以告。⑬是上慢而残下也。⑭曾子曰:⑮'戒之戒之!⑯出乎尔者,反乎尔者也。'⑰夫民今而后得反之也,⑱君无尤焉。⑲君行仁政,斯民亲其上,死其长矣。"⑳(《孟子·梁惠王下》)

注释

①邹:诸侯国名,在今山东省西南,都城为邹(今邹县)。鲁:诸侯国名,在今山东省西南部,都城为曲阜。哄(hòng):争斗,冲突。②有司:官吏。古代设立官职,各有专司,所以称"有司"。司是主管的意思。③莫:没有谁。之死:死之,为之死,为这场战事拼命。④诛:诛罚,包括对有罪过者实施杀戮。胜(shēng):尽。⑤疾:痛恨。长(zhǎng)上:官长,上司。救:援助。⑥如之何:对这事怎么处理。⑦凶年:荒年。按:年指年成,五谷熟叫做年。凶年指庄稼没有收成。饥岁:也是指荒年,庄稼没有收成。⑧老弱:指年老的人和年幼的人。

转：流亡。乎：于。转乎沟壑（hè）：指在流亡中死去。按：沟壑常用以指野死之处，"填沟壑"是死的委婉语。⑨壮者：壮年人。散（sàn）：分散，逃亡。之：到……去。⑩几（jī）：几乎。⑪仓廪（lǐn）：贮藏米谷的仓库。实：充实，满。⑫府库：指国家贮藏财物、兵甲的处所。充：满，充满。⑬以告：以之告，把这种情况报告（给君主）。⑭是：这。慢：怠慢，不认真对待。残：残害，伤害。⑮曾子：曾参，字子舆，孔子弟子。⑯戒：警惕，当心。⑰尔：你。出乎尔者：从你发出的事情，即你做了什么事情。反：返回。这个意义后来写成"返"。⑱夫（fú）：那。今而后：自今以后。得：可以，可能。⑲无：通"毋"，不要。尤：责怪，归咎。焉：于此，在这方面。⑳斯：连词，则，那么。亲：亲近，亲爱。死其长（zhǎng）：为他们的官长而死。

译文

邹国与鲁国发生了冲突。邹穆公问孟子："我的官员们死掉的有三十三人，可民众没有一个为长官卖命的。要诛罚他们吧，人数太多也无法全都诛罚；不加诛罚吧，我又痛恨他们眼看着自己的长官死掉却不去援助。这事怎么处理才好呢？"孟子回答说："当发生大饥荒的年头，君主的百姓，年老的、幼弱的在流亡中死去，壮年人四散逃亡到各地，几乎达上千人。可君主的粮仓里粮食满满的，库房里堆满了财物，官吏没有谁把这些情况报告给君主。这是在上位者怠慢而残害下民呀。曾子说：'要当心呀，你做出了什么，会有相应的做法返回到你自身。'百姓从今以后便可能把他们所遭受的返还给施加者了，对此君主也别责怪百姓。如果君主施行仁政，那么百姓就会亲近他们的长官，愿为长官牺牲了。"

解说

对于人与人之间的相处之道，孔子主张"己所不欲，勿施于人"（自己不愿意接受的事情，就不要施加到别人身上）；孟子主张"行有不得者，皆反求诸己"（做事情得不到希望的结果，就返回来从自身寻找原因）。同样，上下之间、政府与民众之间也是如此。在邹穆公看来，当邹国与鲁国发生冲突，百姓眼看着官员们纷纷战死，却没有人挺身而出，这简直是罪不可恕。孟子则认为，平时官吏们对百姓作威作福，根本不关心百姓的疾苦；甚至当发生了大饥荒，百姓挣扎在死亡线上，官吏们也不放在心上。上慢，是说在上位者不把自己的职责放在心上，尸位素餐不作为，却利用手中的权力营私舞弊，中饱私囊；残下，是说欺压祸害百姓，搜刮民脂民膏，使百姓生活在水深火热之中。既然如此，国君又有什么资格要求百姓为国家的危难而勇于献身呢？

孟子讲的仁政，首先是君主及其官僚机器能够认识到，百姓是国家的主体，要真心爱护百姓，让百姓安心从事生产从而获得充分的生活保障，只有民富才能国强。孟子深刻地意识到，官民矛盾和对立的根源，在于君主及其官僚阶层仅仅是把百姓当做生产工具和奴役对象，因而毫无忌惮地疯狂聚敛社会财富，以至于上则仓廪府库盈溢，君主和官吏肆意挥霍；下则百姓艰难生存，苟延残喘。孟子引用曾子的话，阐明"出乎尔者，反乎尔者也"的道理，这意味着是把君主和百姓放在对等的位置上看待。在两千多年前能够有这样的思想,可以说极为难能可贵。只是后来的成语"出尔反尔",不再表示你怎样对待别人,对方也将怎样对待你;而是表示言行前后自相矛盾,反复无常。这样的语义流变,有些类似于孟子宝贵的民本思想在后世的遭遇。

4. 各得其所

原文

昔者有馈生鱼于郑子产,① 子产使校人畜之池。② 校人烹之,③ 反命曰:④ "始舍之,⑤ 圉圉焉;⑥ 少则洋洋焉;⑦ 攸然而逝。"⑧ 子产曰:"得其所哉!⑨ 得其所哉!"校人出,曰:"孰谓子产智?⑩ 予既烹而食之,⑪ 曰:'得其所哉,得其所哉。'"故君子可欺以其方,⑫ 难罔以非其道。⑬(《孟子·万章上》)

注释

①昔者:从前。馈(kuì):赠送。生鱼:活鱼。子产:春秋时郑国大夫公孙侨,字子产,辅佐郑简公、定公四十余年,是春秋时期优秀的政治家。②校人:管理池沼的小吏。畜(xù):养。③烹:煮。④反命:复命,执行命令后回报。⑤舍(shě):放出。⑥圉(yǔ)圉焉:赵岐注:"鱼在水羸劣之貌。"即半死不活、有气无力的样子。⑦少:少顷,不多时。洋洋焉:赵岐注:"舒缓摇尾之貌。"即缓缓舒展身体活动的样子。⑧攸

然：迅疾的样子。逝：往，离去。⑨所：处所。得其所，是说得到了它应该在的去处。⑩孰：谁。⑪予：我。既：已经。⑫方：指处理事务、解决问题的道理、方法。以其方：用他的方法，即使用合乎其原则和道理的手段。⑬罔：欺骗。按："罔"是"网"的后起字，编结网是用来抓捕鱼鳖鸟兽的，引申指编造谎言欺骗、陷害别人。非其道：不是他的方法，即不合乎其原则和道理的手段。

译文

从前有人给郑国的子产送了一条活鱼，子产让管理池沼的小吏把鱼放养到池塘里。小吏把鱼煮熟吃掉了，然后向子产回报道："刚开始把鱼放到水里的时候，鱼看上去半死不活的；不一会儿就缓缓舒展身体活动起来；然后就一下子游走了。"子产听了，说："它得到合适的去处了，得到了合适的去处了！"小吏退出后，对人说："谁说子产有智慧呀？我已经把鱼煮了吃掉了，他还说：'它得到合适的去处了，得到了合适的去处了！'"所以对于君子，可以用合乎情理的方法来欺骗他，不能用违反道理的手段欺骗他。

解说

这则故事本身不难理解，孟子用这则故事阐发的道理需要仔细讨论。子产被手下小吏欺骗了，小吏还得意洋洋地向人卖弄自己的聪明，嘲笑子产的智慧。对此，孟子评论道："君子可欺以其方，难罔以非其道。"他的意思是说，子产让小吏去放生那条鱼，小吏复命时说的正是放生鱼的过程，而且小吏把鱼被放生时的神态描述得活灵活现，符合子产的预期；更严格地说，完全符合子产既有的情理体系。对于子产来说，鱼被放生了，他的目的已经达到了，心理上便没有任何不安，这也就"得其所"了。假如小吏胡诌一通谎言，漏洞百出，子产却上当受骗了，那才是子产的智慧有问题。所以，蒙骗正人君子的话，用阴谋诡计难以奏效，用正大光明的理由更容易得手。

孟子相信，君子以诚待人，愿意相信别人，这并没有错。骗子可以得逞于一时，但是不可能总是成功，总有被识破的时候。可悲的是，当骗子的诡诈进化到更高境界，他会先用自己的一套"方"和"道"反复灌输给被骗者，让被骗者按照这套"方"和"道"看世界；然后许多人面对完全违背常情常理的欺骗，也将失去识别能力，于是心甘情愿地被骗。如此，骗人者和被骗者也是"各得其所"了。

5. 无名之指

原文

孟子曰："今有无名之指屈而不信，①非疾痛害事也；②如有能信之者，③则不远秦楚之路，④为指之不若人也。⑤指不若人，则知恶之；⑥心不若人，则不知恶，此之谓不知类也。"⑦（《孟子·告子上》）

注释

①无名之指：人手的中指与小指之间的指头。按东汉赵岐

注:"无名之指,手之第四指也。盖以其余指皆有名,无名指者,非手之用指也。"屈:弯曲。信(shēn):通"伸",伸直,与"屈"相对。②疾:痛苦。疾痛:疼痛。害:妨害。③信(shēn)之:使之伸直。④远:认为遥远。远秦楚之路:认为到秦国或楚国的道路遥远。按:当时的诸侯国中,秦国和楚国距离邹国都比较遥远。⑤为(wèi):因为。不若:不如,比不上。⑥恶(wù):厌恶,不喜欢。之:代词,这种情况,指"指不若人"的情况。⑦知类:懂得事物间类比的关系,把同类事情加以类比后认识清楚。按:孟子的意思是说,只懂得手指不如别人是缺陷,却不懂得心不如别人是缺陷,同样是自身存在的缺陷,很多人却不知道用类比的方法弄明白自己心不如人的事实,所以叫不知类。朱熹《孟子集注》:"言不知轻重之等也。"

译文

孟子说:"现在有人的无名指弯曲不能伸直,并不疼痛或妨害做事;不过如果有人能让他的无名指伸直,那么即使那人远在秦国或楚国,也会不远万里地赶过去,就是因为自己的手指不如别人。手指不如别人,还知道厌恶;可心不如别人,却不知道厌恶,这就叫不懂得把同类事情加以类比后认识清楚。"

解说

人总是在比较中确定自身的价值和意义。不过,普通人拿来跟别人比较的,往往是有形可见的东西,比如容貌、衣饰、财富、地位等等;甚至人体的某个器官也往往成为关注的重点,而互相加以比较。孟子举出无名之指的例子,便是为了说明这一现象。

然而，人内在的精神却是人与人之间作比较时的盲点。人们有意无意地忽略精神层面，原因大概是觉得心的主观性太强，不具有可比性。孟子于是制定出明确的指标加以衡量，他认为，恻隐之心、羞恶之心、辞让之心和是非之心，是人与生俱来的四心；有的人在成长的过程中，能够保有或扩充四心，便是具有"仁义礼智"四种美德的君子；有的人不能日复一日地将"仁义礼智"保存在心里，不注意培养增长自己的四心，致使四心在现实生活中逐渐衰减乃至丧失，也使日益成为小人。于是，不同人的四心便有了程度的差别，也便有了比较的可能。

"心"字在《孟子》一书中属高频词，总计出现125次。孟子定义道："心之官则思。"（《孟子·告子上》）心与耳、目、鼻、口都是人的重要器官，其中心的功能是思考。人的口可以感觉相同的美味，耳可以倾听共同认可的美声，目可以感受相同的美色；同样，人的心也应该有普遍认同的标准，这标准便是理和义，理义能使人心感到愉悦，这可以证明人性善。孟子又把人的善心比作树叶繁茂的树木，有的人任由斧头天天砍伐它，那么久而久之也就枯萎死亡了。所以孟子强调，人们都知道饥渴对自己的伤害，却不明白"人心亦皆有害"，这同样是"不知类"。

6. 敬人者，人恒敬之

原文

孟子曰："君子所以异于人者，以其存心也。①君子以仁存心，以礼存心。②仁者爱人，有礼者敬人。③爱人者，人恒爱之；④敬人者，人恒敬之。有人于此，其待我以横逆，⑤则君子必自反也：⑥'我必不仁也，必无礼也。此物奚宜至哉？'⑦其自反而仁矣，自反而有礼矣，其横逆由是也，⑧君子必自反也：'我必不忠。'⑨自反而忠矣，其横逆由是也，君子曰：'此亦妄人也已矣。⑩如此，则与禽兽奚择哉！⑪于禽兽又何难焉？'⑫是故君子有终身之忧，无一朝之患也。⑬乃若所忧则有之：⑭舜，人也；我，亦人也。舜为法于天下，⑮可传于后世；我由未免为乡人也，⑯是则可忧也。⑰忧之如何？如舜而已矣。若夫君子所患则亡矣。⑱非仁无为也，⑲非礼无行也。如有一朝之患，则君子不患矣。"（《孟子·离娄下》）

注释

①异：区分开，不同。以：凭借。存心：居心，即心里怀有的意念。②礼：礼法。按：礼是规范人与人之间各种关系的一切制度和法则，以及在此制度下每个人的行为规范。因此，"以礼存心"即内心时刻存念着规范和法则。③爱人：友爱他人。敬：敬重。④恒：经常，总是。⑤横（hèng）逆：横暴无

理的行为。⑥自反：自己反省。⑦此物：这样的事情。即别人横暴无理地对待自己。奚宜：为什么会。至：到来，发生。⑧由：通"犹"，还，仍然。是：如此，这样。⑨忠：尽心竭力，无保留地对待别人。按：先秦汉语中"忠"的对象不限于在上者。⑩妄人：不讲道理、胡作非为的人。已矣：罢了。⑪奚：怎么。择：区别。⑫难（nàn）：责备，斥责。何难：难何，责备什么。⑬终身：一生，终其一生。一朝（zhāo）：一个早晨，指一时的，突然发生的。患：忧患，担心。⑭乃若：至于。所忧：忧虑的事情。⑮法：准则，楷模。⑯乡人：乡里的普通人，俗人。⑰是：这。指代"我由未免为乡人也"的状况。⑱若：至于。夫（fú）：那。亡（wú）：无，没有。⑲无：通"毋"，不要。

译文

孟子说："君子能与一般人区分开的原因，是凭借他们内心怀有的意念。君子把仁爱驻存在心里，把礼法驻存在心里。内心怀有仁爱的人友爱他人，持守礼法的人敬重他人。友爱他人的人，别人总是对他友爱；敬重别人的人，别人总是敬重他。比如这儿有一个人，他用横暴无理的行为对待我，那么君子一定会自我反省：'我一定不够仁爱，一定有不合礼法的言行。这样的事情为什么会发生呢？'君子经过自我反省而确定自身仁爱了，经过自我反省确定自己的言行合乎礼法了，可那人的横暴无理毫无改变，那么君子一定会自我反省：'我一定是对待别人不够尽心竭力。'经过自我反省而确定自己已经尽心竭力了，可那人的横暴无理仍然毫无改变，君子就会说：'这就是个不讲道理、胡作非为的人罢了。像他这样，那么跟禽兽又有什么区别呀！对于禽兽又责备什么呢？'因此君子有一生要忧虑的事情，却没有突然发生的忧患。至于君子所忧虑的事情是有的：舜是人，我也是人。舜能够成为天下的楷模，可以流传于后代；我仍不免是个俗人。这样的情况才是应该忧虑的。忧虑这些，怎么办呢？要像舜一样罢了。至于君子担心的事情就没有了。不是仁爱的事情不要去做，不是合乎礼法的事情不要去干。即使有突然发生的忧患，君子也不会担心了。"

解说

孟子这番话，核心意思是君子终生修养自己的仁爱之心，培养自己奉守礼法的习惯，尽心竭力地去对待他人、对待事情。孟子认为，按照这样的方式做人做事，就可以获得别人的友爱和敬重。

不过，在与他人交往的过程中，人们总不免会遇到小人，特别是遇到蛮横无理的人。这时往往令人怀疑自己的做人原则，是不是自己不应当始终以仁爱和礼法去对待别人？孟子的回答是：遇到这样的情况，首先需要自我反省，是否自己有做得不到位的地方。如果经过反省，确认不是自身的问题，那么就可以断定，对方根本不懂道理，也就没必要再跟这种不讲道理的禽兽纠缠了。

孟子所说的"终身之忧"，是指君子在一生中始终关注自身的德业修养。孟子所说的"一朝之患"，大致是指一种患得患失的心态。在日常生活中，遇到任何事情都患得患失，孟子认为这是因为没有把心思放在更高远的人生目标上。当一个人始终关注自身的修养提高,追求达到圣贤的人生境界,也就不会再为眼前的琐屑小事所困扰了。

这一章中,孟子假设的妄人是社会中的客观存在,妄人会对人性善的信仰构成极大的挑战。妄人的基本特征是不讲道理,喜欢强盗逻辑,迷信暴力。孟子虽然在语言上把妄人归到禽兽里了,但是,他们总还是以人的身份存在于社会中,在一些特定的历史时期还会成为炙手可热的权力人物。这大概是孟子所崇尚的道德力量根本无法解决的问题。

7. 机变之巧

原文

孟子曰:"耻之于人大矣。① 为机变之巧者,② 无所用耻焉。③ 不耻不若人,④ 何若人有?"⑤ (《孟子·尽心上》)

注释

①耻:羞愧之心。大:重大,重要。②机变:机谋,权诈。巧:技巧。③无所用耻:没有什么地方使用羞愧之心,即用不着羞愧之心,毫无羞愧之心。④耻:对……感到耻辱。不若:不如,比不上。⑤若人:这里指赶上别人。何若人有:相当于说"何若人之有"。"何 X 之有"是古代汉语的常见句式,表示"哪里还有 X 呢",即在说话人看来,X 是不可能发生或存在的事情。

译文

孟子说:"羞愧之心对于人来说太重要了。对于擅长权谋诡诈的人来说,是没有什么事情会让他有羞愧之心的。自己不如别人,却不感到耻辱,又哪里会有赶上别人的时候呢?"

解说

孟子此章所言似非泛泛而论,只是他讲这番话的语境已经无法还原了。不过,我们从孟子的寥寥数语中,可以体会到孟子特别重视的一些做人的道理。

孟子特别看重自我反省在仁德养成过程中的作用,主张遇到事情首先应当"反求诸己",用仁德的标准衡量、检查自己;在这一过程中,羞耻感是一个人改过向善的内驱力。假如一个人完全失去了羞耻感,也就彻底丧失了做人的底线。"为机变之巧者"正是为达到目的可以不择手段的人。

"为机变之巧者"唯利是图,善于投机钻营。对他们来说,只要达成所追求的目标,便足以享受人生的全部快乐,至于在达到目标的过程中,对他人造成怎样的损害,则丝毫不会去关心考虑。这样的人并非没有自省能力,然而其自省的内容是成败的因素,却全无是非曲直的评断。杨逢彬先生《孟子新注新译》将"为机变之巧者"译为"精于算计老于权谋者",颇为恰切传神。

人们在内省时习惯于拿他人作为参照,以此来进行自我评价,并由此确立生活的目标。因而孟子多次以"不若人"为切入点讨论仁道。"不若人"是拿自己与他人进行比较的结果,在孟子的话语体系中，这种比较的标准应该是仁德。然而在现实中，人们往往更关心外在的比较，很少有人懂得拿自身的内在修养去跟别人加以比较，发现自己的不足并加以改进。在孟子看来，这实在是没有智慧的表现。

8. 思诚

原文

孟子曰："居下位而不获于上，①民不可得而治也。②获于上有道，③不信于友，弗获于上矣。④信于友有道，事亲弗悦，⑤弗信于友矣。悦亲有道，反身不诚，⑥不悦于亲矣。诚身有道，⑦不明乎善，⑧不诚其身矣。是故诚者，天之道也；思诚者，⑨人之道也。至诚而不动者，⑩未之有也。不诚，未有能动者也。"（《孟子·离娄上》）

注释

①居：处在。下位：下属的地位。获：获得，得到。上：官长，上司。获于上：指得到上司的信任。②可：（条件和道义上）可以，可能。得：指得民心，获得民众的爱戴和支持。治：治理好。③道：方法。④信于友：被朋友信任。弗：不。⑤事：侍奉，服事。亲：亲人，特指父母。弗悦：不之悦，不能使他们开心。⑥反身：反过来要求自己。⑦诚身：使自身真诚。⑧明：明白。⑨思诚：追求真诚。⑩至诚：极端诚心。动：使

感动。未之有：未有之，没有过这样的事情。

译文

孟子说："处在下属的地位而不能得到上司的信任，那么就不可能得到百姓的爱戴和支持从而治理好百姓。得到上司的信任有方法：如果不被朋友信任，就不能得到上司的信任。被朋友信任有办法：如果侍奉父母不能使他们开心，就不能被朋友信任。使父母开心有办法：反身自问心意不诚，就不能使父母开心。使自身诚心诚意有办法：不明白什么是善，就不能使自身诚心诚意。所以，真实不欺是自然的道理，追求真诚是做人的道理。做到最大的真诚而不能使人感动，是从来没有过的事情。不真诚是没有人能被感动的。"

解说

在古代官员的层级体系中，上下关系非常重要。即便对那些执掌重权的朝廷大臣来说，他们也需要取得君王的信任，方能充分施展自己的政治才干。每级官员都面临相同的问题，这是由权力授予的过程和性质决定的。那么如何才能获得上级的信任和重用呢？比较普遍同时也是最便捷、最安全的办法，是永远与上级保持一致。汉语中"逢迎""阿谀""谄媚""邀宠"等等，都是贬义词，但是，这些却是官场中人战无不胜的法宝。

对于这个问题，孟子却给出了全然不同的解说。在孟子看来，处理上下关系的关键在于一个"诚"字，这与做人的原则是一致的。他主张，当无法得到上级的信任和重用时，人们首先应该从自身找原因，看看自己做人是否足够真诚。

从词义上说,"诚"指内心的真实,强调表里如一,所以多与"心""意"组合,如"心诚则灵""诚心诚意"等。"诚"是发自内心的,它的反义是虚伪。孟子说:"诚者,天之道也;思诚者,人之道也。"认为做人做事,首先应以诚为原则。在孟子看来,对人真心实意,就一定能感动别人;做事认真走心,就必然能够做到极致。唯有诚,一个人才能达到美善的境界;唯有追求美善,一个人才能以诚为立身之本。

如果一个人对待自己的生身父母都不能做到全心全意,那么他就不可能使父母开心。老话所说的"百善孝为先,原心不原迹,原迹贫家无孝子",正是这个意思。一个人对父母始终如一地以诚相待,那么他与朋友交往时同样也能以诚信为原则,自然能够得到朋友的充分信任。从一个人如何对待父母和朋友,也就可以看出他做人的品性和原则。倘若一个人对父母和朋友全心全意,就表明他确实是位至诚君子,又怎么可能得不到上司的信任呢?

孟子这番话充满理想主义的人性光辉。他相信社会要朝健康的方向发展,就必须遵从天道,也就必须以诚信为本。如果奸诈虚伪的小人总是得意,而至诚君子处处碰壁,走投无路,那么就表明这个社会已经不可救药地走向绝路了。

9. 万物皆备于我

原文

孟子曰:"万物皆备于我矣。①反身而诚,②乐莫大焉。③强恕而行,④求仁莫近焉。"⑤(《孟子·尽心上》)

注释

①万物:统指天地间的一切事物。备:齐备,完备。我:相当于说自身。这是以"我"与"万物"作为相对的两个方面。②反身:反过来省察自己。诚:真。③莫:没有哪一种。大焉:大于是,比这更大。④强(qiǎng):竭力,极力。恕:恕道,即孔子所倡导的"己所不欲,勿施于人"。⑤近焉:近于是,比这种做法(指强恕)更近便。

译文

孟子说:"天地间万物之理在我身上都具备了。反身自问心意真诚,快乐没有比这更大的了。尽力按推己及人的恕道去做,追求仁道没有比这更近便的了。"

解说

万物皆备于我,是就人的天性而言。孟子认为,天地万物的道理存在于人的本性之中。人们应当努力践行天赋本性,反复印证天赋善性。

孟子将"反身""自反""反求"作为修身证道的重要手段。所谓反身,一是遇到任何问题都首先从自身找原因;二是在生命的过程中始终有勇气直面自己的内心,经常加以拷问和省察。诚,便是忠于自己的内心,忠于自己的良知。

反身而诚,是内省不疚,是仰不愧于天,俯不怍于人。这样获得的满足与喜乐,是内在自足的,因此"乐莫大焉"。

孔子贤徒曾参总结道:"夫子之道,忠恕而已矣!"(《论语·里仁》)子贡向老师请教:"有一言而可以终身行之者乎?"孔子回答:"其恕乎?己所不欲,勿施于人。"(《论语·卫灵公》)孔子将恕道作为终身奉行的为人准则。

《孟子》全书唯有此章提到"恕"字。孟子经常使用更通俗的表述"推己及人"来说明恕道。推己及人,人们就能更多地选择宽恕、宽容作为处世原则。不过,遵奉恕道为人处世,而且一以贯之,不是一件容易做到的事情,需要具有坚定不移的信仰和宽大仁爱的胸怀,严于律己、宽以待人,因此孟子用"强"作状语修饰"恕"。"强"是勉力而行,是竭尽全力去做。

人容易迁怒,习惯于推卸责任,喜欢以一己标准强加于人。己所不欲施于人,实为常人之常态。这些做法都使人与人之间的交往充满矛盾和冲突。那么己所欲者施于人,又如何呢?许多人觉得这是出于对对方的爱。其实,己所欲不一定是人所欲;己所欲者施于人,实际是自我膨胀的傲慢心态,实际是反恕道而行;倘若顽固地将己所欲施加于他人,那么怎能保证对他人不是伤害甚至是灾难呢?

10. 有错不改

原文

燕人畔。①王曰:"吾甚惭于孟子。"②陈贾曰:③"王无患焉。④王自以为与周公孰仁且智?"⑤王曰:"恶!是何言也!"⑥曰:"周公使管叔监殷,⑦管叔以殷畔。⑧知而使之,是不仁也;不知而使之,是不智也。仁智,周公未之尽也,而况于王乎?⑨贾请见而解之。"⑩见孟子,问曰:"周公何人也?"曰:"古圣人也。"曰:"使管叔监殷,管叔以殷畔也,有诸?"⑪曰:"然。"⑫曰:"周公知其将畔而使之与?"⑬曰:"不知也。""然则圣人且有过与?"⑭曰:"周公,弟也;管叔,兄也。周公之过,不亦宜乎?⑮且古之君子,过则改之;今之君子,过则顺之。⑯古之君子,其过也如日月之食,⑰民皆见之;及其更也,民皆仰之。⑱今之君子,岂徒顺之,⑲又从为之辞。"⑳(《孟子·公孙丑下》)

注释

①畔:通"叛"。反叛。按:公元前316年,燕国发生"子之之乱"。前314年,齐宣王命匡章率"五都之兵""北地之众"伐燕,一度占领燕国。以赵国为首的其他诸侯国不能容忍齐国亡燕的企图,于是与燕人合谋迎立流亡在外的公子职为燕王,抗击齐军。②王:齐宣王。惭:羞愧。按:齐军占领燕国后,齐宣王想趁机并吞燕国,于是与孟子反复讨论此事。孟子坚决

反对,并建议尽快为燕国立国君。宣王不听,没有撤回军队,结果遭到燕国军民和其他诸侯国的反击。③陈贾:人名。齐国大夫。④无:通"毋",不要。患:担心,忧虑。焉:于是,指在没有听从孟子的建议这件事上。⑤周公:周武王的弟弟周公旦,辅佐武王灭商,受封于鲁。孰:哪一个,谁。且:连词,而且。⑥恶(wū):表示惊讶的叹词。是:这。⑦管叔:管叔鲜。据《史记·管蔡世家》,周武王同母兄弟十人,其中叔鲜长于周公旦,周公旦长于叔度。监:监守,监管。殷:指殷地(在今河南省安阳市西)及安置在此的殷朝遗民。按:商多次迁都,商王盘庚迁都到殷,商才定居下来,后人因称商为殷、殷商。周武王伐灭商纣王后,封纣王之子武庚(名禄父)于殷,统管殷商遗民。为防殷人叛乱,又封叔鲜于管,封叔度于蔡,二人共同辅佐和监视武庚禄父,治殷朝遗民。⑧以:率领。按:武王去世后,成王年幼,管叔、蔡叔与武庚共同叛乱,被周公旦率军平定。⑨未之尽:未尽之,没有完全具备这两个方面。况:何况。⑩解之:向他作解释。⑪有诸:有之乎,有这样的事情吗。⑫然:在古汉语中单独成句,是表示同意对方的说法,相当于"是的""是这样"。⑬与(yú):句末语气词,表示商量、探询的语气。⑭圣人:圣贤之人,道德、智慧达到最高境界的人。这里指周公。且:尚且,还。过:过错。⑮宜:应当的,合理的。按:孟子的意思是说,周公作为弟弟派兄长监殷,完全在情理之中;而管叔以殷叛超出正常情理的范围。因此,周公的失误是合乎情理的。⑯君子:指统治者。顺:依从。顺之:依从所犯的错误,相当于说将错就错。⑰如:如同。食:(日月)亏蚀。⑱及:等到。更:改变。仰:倾慕。⑲岂:表反问语气的副词,相当于"哪里"。徒:副词,只,仅仅。⑳从:跟在后面,即在犯错之后。为(wéi)之辞:为(wèi)之为(wéi)辞,替所犯的错误找借口。

译文

　　燕国人反叛。齐宣王说:"我对孟子感到非常羞愧。"陈贾说:"大王不必在这事上忧虑。大王觉得自己与周公相比,谁更加仁爱而且有智慧呢?"齐王说:"哎呀!这是什么话!"陈贾说:"周公派管叔去监视殷地,管叔带领殷人叛乱。倘若知道管叔会反叛却派他去,这是不仁;如果不知道管叔会反叛而派他去,这是不智。仁和智,周公也没有完全具备,何况大王呢?我请求去见孟子并向他解释清楚。"陈贾于是去见孟子,问道:"周公是什么样的人?"孟子说:"是古代的圣人。"陈贾说:"他派管叔去监视殷地,管叔带领殷人叛乱。有这回事吗?"孟子说:"是这样的。"陈贾说:"周公是知道他会反叛而派他去的吧?"孟子说:"不知道。"(陈贾说:)"这样的话,那么即便是圣人尚且会有过错吧?"孟子说:"周公是弟弟,管叔是哥哥。周公犯这样的过错,不也是应当的吗?况且古代的君子,犯了过错就会加以改正;如今的君子,犯了过错还是依然故我。古代的君子,他犯过错就如同日食月食,人民都看得到;等到他改正了过错,人民都崇敬他。如今的君子,哪里只是坚持错误啊,还要拼命为自己的过错寻找甚至制造各种借口。"

解说

　　在《孟子》一书中,记录孟子与齐宣王的交往和谈话多达十九章，涉及的话题比较广泛，包括仁政、内政、外交、战争、人才、君臣关系和丧葬等方面。从中可以看出，孟子曾对宣王寄寓了热诚的期待，希望宣王凭借齐国的强大国力实行仁政，以仁政结束诸侯混战的状态。

齐宣王确实算得上一位有作为的君王。他有胸襟，有抱负，招贤纳士，一度使齐国国富兵强。他派兵平息燕国内乱，受到燕国臣民的欢迎，于是便生出吞并燕国的念头。孟子极力劝阻，宣王犹疑不定，直到燕国军民奋起反击，赵、韩、秦、楚等国也施加了强大的军事和政治压力，齐军才被动地撤离燕地。

宣王对自己在伐燕获胜之后的战略性失误应该有深刻的反省。所以他说"吾甚惭于孟子"。孟子当初建议他："王速出令，反其旄倪，止其重器，谋于燕众，置君而后去之。"（请参阅本书第三部分《谁能救民于水火》篇）假如宣王听从了这番建议，那么齐国不仅将赢得燕国臣民之心，而且将在道义上获得崇高的国际声望。

只是历史不能假设。齐宣王这一重大的战略性错误，为日后燕将乐毅伐齐埋下了伏笔，也由此拉开了齐国由盛转衰的序幕。宣王表现出的廉耻心，对一位万乘大国的君王来说，实属难能可贵。倘若这时他能及时调整治国理念，全面接受孟子的主张，齐国未必没有机会重新崛起。

可惜，这时他身边的大臣所考虑的，竟是如何维护宣王的权威和尊严，为此琢磨出一套似是而非的说辞：历史上的贤君圣人也会犯错误，因此，宣王的过错应该情有可原，并不影响他作为一代明君的伟大。

当陈贾拿着这套说辞去见孟子，孟子一针见血地指出，古代的贤君犯了错误，能诚恳地承认并勇于改正；如今宣王犯了错误，却不考虑如何改正，而是想文过饰非，这无异于在错上加错的道路上越走越远。

《论语·季氏》中记述了孔子与子路、冉有的一次谈话，孔子说："君子疾夫舍曰欲之而必为之辞。"意即君子讨厌那种回避说想要做某件事情却一定要为做那件事情找个理由的做法。为政者总要为自己的作为，包括自己的错误和罪恶寻找借口，炮制出堂皇的甚至是荒唐的道理，目的无非是为了营造自己永远正确的假象，很多时候更是出于权力的傲慢，或者是维护自身政治利益的需要。

11. 自求多福

原文

孟子曰："爱人不亲，①反其仁；②治人不治，③反其智；④礼人不答，⑤反其敬。⑥行有不得者，⑦皆反求诸己。⑧其身正而天下归之。《诗》云：⑨'永言配命，⑩自求多福。'"⑪（《孟子·离娄上》）

注释

①亲：亲近。②反：反省。③治人：管理别人。不治：治理得不好。④智：有智慧。⑤礼：以礼待人。答：回应（别人的言行、看法等）。⑥敬：恭谨敬畏，不敢稍有马虎、懈怠。⑦不得：达不到目的。⑧反：反过来。求诸己：求之于己，从

自己身上寻找不能达到目的的原因。⑨《诗》云：《诗经》里说。按：下面的引文出自《诗经·大雅·文王》。⑩永言：长久地。配命：配合天命。⑪自求：自我求取。多福：盛多的福佑。按：福指上天鬼神降赐的福佑，包括富贵寿考等。

译文

孟子说："喜爱别人，别人却不亲近自己，那就应反省自身是否仁德；治理别人，却治理不好，那就要反省自己是否有智慧；以礼待人，别人却不回应，那就反省自己是否恭敬。行为达不到目的的时候，都要反过来从自身找原因。自身端正，天下的人便会来归附他。《诗经》上说：'永远配合天命，自己求取盛多的福佑。'"

解说

做人做事都应遵循"反求诸己"的原则，这一主题，孟子多次作过阐述。在本章中，孟子主要针对为政而言，希望为政者更多地反求诸己。孟子深刻地意识到，权力的傲慢通常会让人彻底失去反求诸己的能力。

《孟子》全书中"反"字共出现56次。"反"的本义是翻转，引申为返回、返还、背叛、违背等。孟子讲"自反""反求诸己""反身"等，都是强调回到自己的内心，多作省察反思，用衡定和明确的标准进行对比，分析清楚自己的所思所想和所作所为。个人修养是如此，为政更应如此。

《孟子·离娄下》指出："仁者爱人，有礼者敬人。"君王只要"以仁存心"，自然会有"爱人"之实；倘若"爱人不亲"，就证明"以仁存心"做得不够,因此要"反其仁";如果"君行仁政",那么不仅"民亲其上",而且民将"死其长矣"(《孟子·梁惠王下》)。孟子相信,"民之归仁也,犹水之就下、兽之走圹也。"(《孟子·离娄上》)

孟子认为人生来具有"仁义礼智"四心,并说:"是非之心,智也。"(《孟子·告子上》)即人的智慧表现为有明确的是非观和判断力。具体到为政方面,《孟子·离娄上》说过:"为政不因先王之道,可谓智乎?"由此可知孟子所说"反其智"是有特定所指的,即"治人不治"一定是为政不沿袭先王之道造成的。

孟子反复强调君王需要"反求诸己",大概是因为他观察到当时的执政者缺少基本的道义担当,面对社会矛盾和施政中的问题,从来不肯从自身寻找原因,而是用各种荒唐的理由百般推脱,甚至粗暴地去对付揭露矛盾的人。孟子明白地指出:"其身正而天下归之。"君王自身不正,却企图用欺骗的手段让百姓拥戴,这是不可能实现的。

孟子最后引用《诗经》的诗句是要说明,君王应该永远保持对上天的敬畏之心,依照客观规律做事,小心翼翼、谦恭自律地使用权力,这样才能获得上天的福佑。如果君王恃仗权力,利欲熏心,倒行逆施,尽失民心,那便是"不仁不智,无礼无义",最终只能落得"身弑国亡"的下场。

12. 君王之罪

原文

孟子之平陆,①谓其大夫曰:②"子之持戟之士,③一日而三失伍,④则去之否乎?"⑤曰:"不待三。""然则子之失伍也亦多矣。凶年饥岁,⑥子之民,老羸转于沟壑,⑦壮者散而之四方者,几千人矣。"⑧曰:"此非距心之所得为也。"⑨曰:"今有受人之牛羊而为之牧之者,⑩则必为之求牧与刍矣。⑪求牧与刍而不得,则反诸其人乎?⑫抑亦立而视其死与?"⑬曰:"此则距心之罪也。"他日,见于王,⑭曰:"王之为都者,臣知五人焉。⑮知其罪者,惟孔距心。"⑯为王诵之。⑰王曰:"此则寡人之罪也。"(《孟子·公孙丑下》)

注释

①之:到往。平陆:齐国边境的城邑,在今山东汶上县北,与邹相近。按:战国时齐国设置五都,国都临淄居中,另在边疆建置四个别都,其中包括西都平陆。②大(dà)夫:古职官名。周代官制,国君之下有卿、大夫、士三等官职。这里指邑大夫,即地方行政长官。当时平陆邑的主政长官是孔距心。③戟(jǐ):一种长柄兵器,合戈、矛为一体,可以直刺和横击。持戟之士:指战士。④伍:古代军队的基层编制,五人为伍。引申指士兵的行列。失伍:失其行伍。这里指擅离职守。⑤去:

使离开，赶走。⑥凶年饥岁：指荒年。按：年指年成，五谷熟叫做年。荒年则庄稼没有收成。⑦老：指年老之人。羸（léi）：指瘦弱的人。转：流亡。转于沟壑（hè）：指在流亡中死去。按：沟壑常用以指野死之处，"填沟壑"是死的委婉语。⑧壮者：壮年人。散（sàn）：分散，逃亡。几（jī）：差不多，接近。⑨距心：孔距心自称。所得为：能够做到的事情。按：助动词"得"强调由于客观条件允许能够做。⑩为（wèi）：替，给。牧：放养。⑪求：寻找。牧：指放养牛羊的地方。刍（chú）：割草。这里指草料。⑫反：使反，归还。这个意思后来写作"返"。诸："之于"的合音。其人：指牛羊的主人。⑬抑：还是。表示选择的连词。亦：语气副词，不过，只是。与（yú）：句末语气词，表示商量、探询的语气。⑭他日：别的一天，某一天。见于王：拜见齐王。在这个意思上，"见"旧读 xiàn。⑮为（wéi）：管理。都：大的城邑。知：了解，认识。焉：于其中。⑯惟：只有。⑰诵：述说。

译文

孟子到了平陆，对那里的邑大夫孔距心说："如果您的士兵一天数次擅离职守，那么是否会开除他呢？"孔距心说："不用等到数次。"孟子说："这样说的话，您失职也够多的了。当发生大饥荒的年头，您的百姓，年老的和幼弱的在流亡中死去，壮年人四散逃亡到各地，几乎达上千人。"孔距心说："这不是我能够解决的事情。"孟子说："现在有个人，接受了别人的牛羊而替他放牧，那么就一定要为牛羊寻找牧场和草料了。要是没有找到牧场和草料，那么是把牛羊还给主人呢？还是只是站在那里眼看着牛羊饿死呢?"孔距心说:"这样的话,那么确实是我的罪过。"有一天,孟子拜见齐王,说道:"大王手下的都邑长官我认识其中的五个。能明白自己的罪过的,只有孔距心。"于是对齐王讲述了与孔距心的谈话。齐王说:"这是我的罪过啊。"

解说

公元前331年(一说是前319年),孟子来到平陆,与平陆大夫孔距心谈话。孟子毫不客气地指出,当地百姓生活贫困,苟延残喘,是孔距心作为行政长官严重失职。当孔距心为自己辩解,孟子以替人放牧类比,告诉孔距心,你既然接受了一项职责,就应当承担起相应的责任和义务。孔距心承认这确实是自己的罪过。

孟子的仁政学说中有一个核心理念,即国家、君王应该服务于百姓的福祉。一个国家不能做到政治清明、安定繁荣,百姓没能享有安居乐业的生活,那么就是君王及其官僚系统的失职。社会的无序、百姓的贫穷,都应归罪于为政者,是为政者的耻辱。

孔距心和齐王都诚恳地承认自己失职,因此是有罪之人。这倒不一定表明他们接受了孟子的仁政学说,而是他们承认,作为一地之长官,必须对当地百姓负起责任;百姓的生活陷入困境,甚至民不聊生,那是自己的失职。

公元前683年,宋国发生了严重的水灾。鲁庄公派人前去慰问,宋闵公说:"孤实不敬,天降之灾。"他认为是由于自己不敬上天,所以招致上天降灾惩罚。对此鲁国大夫臧文仲评论说:"宋其兴乎?禹、汤罪己,其兴也悖焉;桀、纣罪人,其亡也忽焉。"大意是说,宋国恐怕要兴起了吧?禹、汤归罪于自己,因此勃然兴起;桀、纣把罪过推给别人,于是迅速灭亡了。(《左传·庄公十一年》)后来听说这话并不是宋闵公说的,而是闵公之弟公子御所说,鲁国大夫臧孙达又评论道:"是宜为君,有恤民之心。"意思是说,公子御这个人适合做国君,因为他有爱护百姓的心意。

这一事件的后续发展实在有些吊诡。宋闵公被大夫南宫万杀掉,公子御继位为君。再后来,历代王朝的帝王在遇到天灾人祸时,也会仿效宋闵公向天下颁布罪己诏。臧文仲的话"其兴也悖焉,其亡也忽焉",则成为其后两千多年中国历史的铁律,如同魔咒一般,反复预言着一个又一个王朝的兴替。

13. 虽千万人吾往矣

原文

公孙丑问曰:①"夫子加齐之卿相,②得行道焉,③虽由此霸王,不异矣。④如此,则动心否乎?"⑤孟子曰:"否,我四十不动心。"曰:"若是,则夫子过孟贲远矣。"⑥曰:"是不难。告子先我不动心。"⑦曰:"不动心有道乎?"曰:"有。北宫黝之养勇也,⑧不肤挠,不目逃;⑨思以一豪挫于人,若挞之于市朝;⑩不受于褐宽博,⑪亦不受于万乘之君;⑫视刺万乘之君若刺褐夫;⑬无严诸侯,恶声至,必反之。⑭孟施舍之所养勇也,⑮曰:'视不胜犹胜也;⑯量敌而后进,⑰虑胜而后会,⑱是畏三军者也。⑲舍岂能为必胜哉?能无惧而已矣。'⑳孟施舍似曾子,北宫黝似子夏。㉑夫二子之勇,未知其孰贤,㉒然而孟施舍守约也。㉓昔者曾子谓子襄曰:㉔'子好勇乎?㉕吾尝闻大勇于夫子矣:㉖自反而不缩,㉗虽褐宽博,吾不惴焉;㉘自反而缩,虽千万人,吾往矣。'孟施舍之守气,㉙又不如曾子之守约也。"(《孟子·公孙丑上》)

注释

①公孙丑:人名,孟子弟子。②夫子:古代对男子的敬称。加:(被)施加。卿相:执政的大臣。③得:能够,可以。行:做,施行。道:此指孟子的政治理想、原则。焉:于是,在齐国。④虽:即使。由此:凭借这样的条件。霸王(wàng):称霸称王,指成就霸业、王业。异:动词,以为奇异,奇怪。⑤如此:像这样。动心:思想、感情因疑惑、惊恐、戒惧、急切等而起波动。否:不。⑥若是:像这样。过:超过。孟贲(bēn):人名,战国时天下闻名的勇士。⑦是:这。告子:人名。一说是孟子弟子;一说告子曾经受教于墨家;或说《孟子》书中的"告子"有两个。先我:在我之前。⑧北宫黝(yǒu):人名,事迹不详。清代焦循《孟子正义》考证其为齐国著名勇士。养勇:培养勇气。⑨挠(náo):本指曲木,引申弯曲,屈服。不肤挠:肌肤被刺而不退缩。目逃:眼睛猛然受刺而避开。⑩思:考虑,感觉。以:因为。豪:毫毛。挫:摧折。于:介词,表示被动。若:好像。挞(tà):笞击。市朝(cháo):集市和朝廷。这里指公共场所。⑪受:承受。这里指受挫。褐(hè):用未经纺织的粗麻做成的布衣。这是当时贫苦之人穿的。

宽博：衣服宽大，这也是贱者的服饰。这里指穿着宽大外衣的人。褐宽博：穿着粗麻做的宽大衣服的地位低贱的人。⑫万乘(shèng)：指一万辆兵车。春秋至战国时期的战争以车战为主，因此常以兵车的多少来衡量一个诸侯或卿大夫封邑的规模和实力大小。万乘之君指当时大国的君王。⑬视：看待。若：好像。褐夫：穿粗布衣服的人，指贫贱者。⑭无：不。严：尊敬，敬畏。恶声：指粗暴无礼的说话方式。反：使反，送回去。这个意义后来写成"返"。⑮孟施舍：人名，事迹不详。所养勇：与"所以养勇"相同，用来培养勇气的方式。⑯不胜：指不能战胜的对手。犹：如同。胜：指能够战胜的对手。⑰量(liáng)：衡量。敌：指对手。进：前进。与"退"相对，在战场上指军队的进退；用于指人生的状态时，指政治上得意而用于世。⑱虑：对事情进行反复深入的思考。《说文》："虑，谋思也。"虑胜：指先把能否获胜都充分地算计清楚。会：会合。这里指交战。⑲是：这。三军：春秋时，大国多设上、中、下三军，后来以"三军"指军队。⑳岂：表反问语气的副词，相当于"哪里"。为：做到。无惧：没有畏惧。㉑似：相像，类似。曾子：曾参，字子舆，春秋时鲁国人，孔子的弟子，后世称为宗圣。子夏：姓卜名商，字子夏，春秋时卫国人，孔子的学生。㉒孰：谁，哪一个。贤：胜过，超过。㉓然：不过。守：遵守，奉行。这里指奉行的主张原则。约：简易可行。㉔昔者：从前。子襄：人名，曾子的弟子。㉕好(hào)：喜欢。㉖尝：副词，曾经。大勇：超乎寻常的勇敢。夫子：此指孔子。㉗自反：自己反省。缩：正直，指符合正当的道理、准则。㉘惴(zhuì)：使恐惧不安。㉙守气：保持勇气。

译文

公孙丑问孟子说:"假如先生被任命为齐国的执政大臣,能够在齐国推行自己的政治理想;即便通过这样的机会而成就霸业甚至王业,都不足为怪。如果这样,那么先生动心不动心呢?"孟子说:"不动心。我四十岁就不动心了。"公孙丑说:"要是这样,那么先生就远远超过孟贲了。"孟子说:"这并不难。告子在我之前就做到了不动心。"公孙丑说:"要做到不动心有方法吗?"孟子说:"有。北宫黝培养自己的勇气,肌肤被刺而不退缩,眼睛被刺而绝不避开;他认为即便是一根毫毛被伤害,也如同在众目睽睽之下遭受鞭笞一般羞辱;他不能忍受地位低贱的人的摧折,也不能忍受大国君王的摧折;他看待刺杀大国君王,就如同刺杀一名穿粗布衣服的贫贱之人;他对诸侯全无敬畏之心,对方如果恶语相向,他一定予以回击。孟施舍培养勇气的方法,用他的话说:'看待不能战胜的对手,跟足以战胜的对手是一样的;假如充分估量对手的强弱然后才决定进退,先把能否获胜都算计清楚然后才与对方交手,那么这是畏惧大军的人。我孟施舍哪能做到一定获胜啊?我能做到没有畏惧罢了。'孟施舍像曾子,北宫黝像子夏。这两位先生的勇敢,我不知谁更强一些,不过,孟施舍所奉行的主张简易可行。从前曾子对子襄说:'你崇尚勇敢吗?我曾经从我的老师那儿听说过什么是大勇:反躬自问,是自己违背道义,那么即使对方只是穿着粗麻做的宽大衣服的地位低贱的人,我也不会让对方恐惧不安;如果反躬自问,自己站在道义一方,那么即使面对千军万马,我也会冲上去了。'孟施舍保守勇气的方法,又不如曾子所奉行的主张简易可行。"

解说

这段文字讨论养勇的问题。公孙丑提问的话题是,当一个人得到了实现理想的机会,能否毫无顾虑、勇往直前地去做呢?公孙丑用了"动心"的说法,人在生活中遇到各种突发事件,都会在内心掀起波浪。这种扰动不安的精神状态,可能包含了种种复杂的情绪。从本章孟子谈"养气"而言,动心是指内心存在疑惧;由本章孟子论"知言"而言,则动心指内心存在惶惑。因此,孟子说"我四十不动心",正如孔子言"四十而不惑",都是说一个人到了四十岁,已经明确地树立了人生的信念,确立了自己的德行,便不会再有疑惧或惶惑。

如何做到不动心呢?孟子没有直接回答,而是谈起了"养勇"的问题。在一般的理解中,勇是有胆量,无所畏惧。但是,孔子多次强调,一个无所畏惧的人,假如没有仁爱之心,没有道义之心,那么对他人而言恐怕是灾难。"勇而无礼则乱。""好勇疾贫,乱也。"(《论语·泰伯》)"好勇不好学,其蔽也乱。"(《论语·阳货》)乱,即是无道,是胡作非为。可见"勇"这种德行需要有更高层次的德行制约,如孔子所言:"仁者必有勇,勇者不必有仁。"(《论语·宪问》)"君子义以为上。君子有勇而无义为乱,小人有勇而无义为盗。"(《论语·阳货》)

孔子给"勇"这个概念赋予了新的内涵。他说:"见义不为,无勇也。"(《论语·为政》)看到应该做的事情不敢去做,这就是没有勇气。孔子用否定形式来论断"勇"的含义,正足以使人明白,"勇"并非指什么都敢做,而是首先要懂得什么该做、什么不该做。当道义上应当挺身而出的时候,绝不犹豫,更不会退缩;反之,不符合道义的事情,宁肯付出生命的代价也绝不去做。这才是真正的勇者。

孟子继承了孔子关于"勇"的观念,并进一步发展出"养勇"的表述,说明勇并非如"仁义礼智"等德行之与生俱来,而是需要后天培养。他阐述北宫黝、孟施舍和曾子三人养勇的不同原则。《韩非子·显学》称孔子之后,儒家分为八派,其中有漆雕氏一派:"漆雕之议,不色挠,不目逃,行曲则违于臧获,行直则怒于诸侯,世主以为廉而礼之。"《陶渊明集》中有《集圣贤群辅录》,言"漆雕氏传礼为道,为恭俭庄敬之儒"。可见这一派儒学坚守礼法原则,在任何情况下绝不妥协退让。不妥协、不退让,需要大无畏的气慨和坚定的意志。

孟施舍主张,培养勇的德行,就要做到不计得失、不问胜负,在任何情况下都无所畏惧。孟子认为,这样的原则简明易行。他说孟施舍的主张与曾子近似,但相较之下,曾子的主张更为简明易行。曾子转述孔子的说法:遇到事情首先反躬自问:自己是否站在道义一方?只要符合道义,那么,"虽千万人,吾往矣。"

遇事以道义标准自我反省,由此决定进退;进则一往无前。这需要深厚的修养,需要非凡的定力,更需要超卓的勇气。其实,有能力自我反省,不断改善自己,都需要战胜自我的勇气。孟子所认同的这种大义凛然的精神气质,对后世士人产生了深远的影响。

六、义利之辨与处世哲学

1. 天下熙熙，皆为利来

原文

孟子见梁惠王，①王曰："叟不远千里而来，②亦将有以利吾国乎？"③孟子对曰："王何必曰利？亦有仁义而已矣。④王曰'何以利吾国'？大夫曰'何以利吾家'？⑤士庶人曰'何以利吾身'？⑥上下交征利而国危矣。⑦万乘之国，弑其君者，⑧必千乘之家；千乘之国，弑其君者，必百乘之家。万取千焉，⑨千取百焉，不为不多矣。苟为后义而先利，⑩不夺不餍。⑪未有仁而遗其亲者也，⑫未有义而后其君者也。⑬王亦曰仁义而已矣，何必曰利？"(《孟子·梁惠王上》)

注释

①梁惠王：即魏惠王，战国时魏侯䓨（yīng），晚年称王。②叟（sǒu）：这里是对老年男人的称呼。远：以为远。③利：对……有利益。④亦：不过，只是。仁义：仁爱和道义。按：孟子说："亲亲，仁也。敬长，义也。"(《孟子·告子下》) ⑤大夫：先秦时代的职官有卿、大夫、士三级。家：大夫的封邑。封邑又称采（cài）邑，是诸侯封赐给卿大夫的田邑，卿大夫可以世代享有封邑的土地、人口和收入。⑥庶人：平民。⑦交：互相，都。征：取，夺。⑧万乘（shèng）：指一万辆兵车。当时的战争以车战为主，一辆兵车有四匹马拉车，每辆兵车配备

甲士三人，车后跟着若干步兵。春秋至战国时期，以兵车的多少来衡量一个诸侯或卿大夫封邑的规模和实力大小，所以有"千乘之国""百乘之家"一类的说法。弑（shì）：古代称臣杀君、子杀父为弑。⑨万：指万辆兵车。焉：于其中。⑩苟：假如。后义：以义为后，把义放在后面。先利：以利为先，把利放在前面。⑪餍（yàn）：满足。⑫仁：指具有仁德。遗：抛弃，遗弃。亲：指父母。⑬义：指坚守道义。

译文

孟子拜见梁惠王，惠王说："老人家不远千里前来，将有什么有利于我的国家吗？"孟子回答说："大王为什么一定要说利呢？只是有仁义就好了。大王说：'怎样对我的国家有利呢？'大夫说：'怎样对我的封邑有利呢？'士人和平民也都说：'怎样对我自身有利呢？'一个国家自上而下全都在拼命逐利，那国家就危险了。拥有一万辆兵车的大国，杀掉国君的，必定是国内拥有千辆兵车的大夫；拥有千辆兵车的国家，杀掉其君主的，必定是国内拥有百辆兵车的大夫。一万辆兵车，占有其中的一千辆；一千辆兵车，占有其中的一百辆，不算是不多了。假如把义抛到后面，凡事利字当头，那么不夺取（国君的全部利益），就不会满足。没有人充满仁爱而抛弃自己父母，没有人坚守道义而把自己的君主摆在后面。大王只是讲仁爱和道义就好了，为什么一定要谈利呢？"

解说

利，无论言或者不言，都是人性自然追逐的对象，对此，孟子有清醒的认识，所以他说："食色，性也。"(《孟子·告子上》)但是，人是社会人，人是需要不断进化的；如果人的本能不受任何约束，那么社会就永远是原始丛林。

基于这种考虑，孟子主张为政者用仁爱引领人性，用道义规范社会。这实际是确立全社会的价值取向。毕竟"人性向下，人心向上"，社会的道德生态环境以及相应的制度，制约着每个人的行为模式，良好的道德环境和优良的制度，使人心向善；而恶劣的道德环境和糟糕的制度下，人欲横流，是各种丑恶滋生的最好土壤。

孟子正是看到这一点，所以他认为，如果为政者念兹在兹的都是利，用现实利益号召和引导民众，致使整个社会疯狂逐利，欲望和贪婪成为社会发展的唯一动力，失去了更高的价值追求，这样的社会不会有长远的未来。

2. 贱丈夫

原文

孟子致为臣而归，① 王就见孟子，② 曰："前日愿见而不可得；得侍同朝，甚喜。③ 今又弃寡人而归，不识可以继此而得见乎?"④ 对曰："不敢请耳，⑤ 固所愿也。"他日，王谓时子曰：⑥ "我欲中国而授孟子室，⑦ 养弟子以万钟，⑧ 使诸大夫国人皆有所矜式。⑨ 子盍为我言之?"⑩ 时子因陈子而以告孟子。⑪

陈子以时子之言告孟子。孟子曰："然。⑫ 夫时子恶知其不可也?如使予欲富,⑬辞十万而受万,是为欲富乎?⑭季孙曰:⑮'异哉子叔疑!⑯使己为政,不用,则亦已矣;⑰又使其子弟为卿。人亦孰不欲富贵?⑱而独于富贵之中有私龙断焉。'⑲古之为市也,以其所有易其所无者,⑳有司者治之耳。㉑有贱丈夫焉,㉒必求龙断而登之,㉓以左右望而罔市利。㉔人皆以为贱,故从而征之。㉕征商自此贱丈夫始矣。"(《孟子·公孙丑下》)

注释

①致:交出。致为臣:辞官。归:指返回故乡。②就见:前往拜见。③前日:前些日子,以前。得:能够。侍同朝:谦辞,意思是说与孟子在同一朝廷上做事。④不识:不知。继此:在此之后。⑤耳:句末语气词,罢了。固:副词,本来。所愿:所希望的事情。⑥他日:别的一天,某一天。时子:齐国大夫。⑦中国:国都的中心地带。授:给予,付与。室:住所。⑧钟:古代容量单位,按齐国的度量衡制度,四升为一豆,四豆为一区(ōu),四区为一釜,十釜为一钟。一钟大约折合后来的六斛四斗。万钟:一万钟粮食。按:这大概是卿大夫一年的俸禄。又,当时一升约合今日0.1937公升。⑨诸:众。国人:指住在国都里的人。矜式:敬重和取法。⑩盍(hé):何不,为什么不。⑪因:通过,凭借。陈子:陈臻,孟子弟子。⑫然:应答之辞,相当于"嗯""是",表示已经了解对方的意思。夫(fú):那。恶(wū):疑问代词,怎么,哪里。⑬如使:假设,倘若。予:我。⑭辞:推辞,不要。十万:指十万钟粮食的俸禄。按:孟子在此举成数说自己在齐国任职期间所得到的俸禄,如今孟子要辞职离去,所以说"辞十万"。是:这,指"辞十万

而受万"的做法。为（wéi）：算得上，算是。⑮季孙：人名，事迹不详。⑯异：不同一般的，奇怪的。子叔疑：人名，事迹不详。⑰为政：执掌国政。不用：指其观点主张不被采用。按：通常把"不用"解释为"不被任用"，就上下文语境看，这种解释比较牵强。虽然子叔疑其人其事无法考证，不过，上句"为政"是已然的事实，因此由情理推断，"不用"应该是说子叔疑虽处高位，可他的治国主张并不被君王所接受。他所做的便是利用自己的权力，让家族成员纷纷上位。从"不用"在《孟子》和其他同时代文献中的使用情况看，既可以指人或物不被使用，也可以指言论主张不被采纳，或虽在官任上却得不到信任，如《孟子·告子下》："孔子为鲁司寇，不用。"很明显是说孔子虽然担任了鲁国司寇，可并没有得到鲁君信任，因此鲁君根本不接受他的意见主张。已：罢了。⑱孰：谁。⑲独：副词，偏偏。按：此处用"独"，使本句与上句形成对比，说明追求富贵是人们普遍的正常心理，可想把富贵全部据为己有，就是不合情理、出人意料的做法了。富贵：这里指富贵之人。私：私自。龙（lǒng）：通"垄"或"陇"，高出地面的土堆。龙断本指土堆，引申为把持，独占。私龙断：指私自垄断（富贵）的人。⑳为市：设置集市。易：交换。㉑司：主管，管理。有司者：管事的人。这里指管理市场的官吏。㉒贱：本指物品价钱低，引申指人的社会地位低下或人的品格低下。丈夫：成年男子。㉓求：寻找。龙断：土堆。㉔以：用（登上高处的方式）。罔（wǎng）："网"的后起字，作为动词，指张网获取，带有一网打尽的意思。㉕从：跟在后面，即在这汉子获利之后。征之：向他征税。

译文

孟子辞掉齐国的官职要返回故乡。齐王到孟子的住处去拜见他,说:"以前希望拜见您而不能够,后来终于有机会能在一个朝廷里共事,我非常高兴。现在您要抛下我回去了,不知道这一别之后还能再相见吗?"孟子回答道:"不敢请求罢了,(有机会再跟大王相见)本来就是我所希望的。"有一天,齐王对时子说:"我打算在都城的中心地带给孟子造一所房屋,用一万钟粮食来供养他的弟子,让大夫们和国都里的百姓都有敬重和取法的对象。你何不替我去跟孟子谈谈这件事呢?"时子于是通过陈子把(齐王的话)转告给孟子。

陈子把时子的话告诉了孟子,孟子说:"嗯。那时子哪里知道这事是不可以的呢?假如我想要富有,可我推辞了十万钟的俸禄却来接受这一万钟的赏赐,这算是贪图财富吗?季孙说过:'子叔疑这个人真奇怪啊,让自己执掌国政,言论主张不被君王采纳,那也就罢了;他却又让自己的儿子兄弟们都去担任卿大夫。人们又有谁不想得到富贵呢?而偏偏在那些富贵者中有人要私自垄断所有富贵。'古代设立市场,是(让人)拿自己所有的东西交换所没有的东西,有关部门的官吏管理这种事就可以了。有个品行低下的汉子,一定要找块高地登上去,以此来左右张望,总想把市场上的好处都捞到自己手里。人们都认为这汉子品行低下,所以就随之向他征税。向商人征税便从这个品行低下的汉子开始了。"

解说

当孟子看清楚自己的思想主张不可能在齐国实行，便断然辞去上卿职位离开齐国。这时齐王流露出恋恋不舍的情意，要挽留孟子，话说得相当谦恭有礼。孟子的回答也很含蓄，只是回应了齐王希望以后还能再次见面的请求。

"他日"是在齐王拜访孟子之后的某一天。齐王通过时子传话，大概是孟子当时尚未离开齐境。孟子一直对齐宣王存有幻想，希望由宣王在齐国实现仁政理想。直到最后，孟子心里仅存的希望破灭了，于是毫不犹豫地踏上回乡之路。

应该说，孟子在齐国，地位崇高，待遇优厚，而且没有具体的职务，用孟子自己的话说："我无官守，我无言责也，则吾进退，岂不绰绰然有余裕哉？"（《孟子·公孙丑下》）没有职务，也没有进言之责，进退当然有很大的余地。只是，齐王如此不惜代价地供养着孟子及其弟子，不过是摆设一块招牌，作为一种标榜，向天下人昭示，他是一位崇尚贤德的君王。当孟子觉察到这一点，便义无反顾地离去。

孟子明白，对君王来说，很多所谓的理念，很多挂在嘴边的口号，都只是一种标榜，并非出自对天下苍生的仁爱之念，因而也永远不会落实到实际的行动中。在这种情形下，倘若自己甘愿充当君王所谓理念的象征性符号，无异于是对自己政治理想和人格的一种羞辱。

按照孟子的思想，权力等公共资源，原本是为社会全体成员服务的公器，不应当成为牟取私利的工具。在他的理想中，一个人是否出任官职，不能以利益的大小来衡量，而是取决于自己的思想主张能否被采纳并推行。

齐王企图使用财利留住孟子,尽管说得深情款款,又似乎冠冕堂皇,可他的真实动机又怎能瞒得过孟子呢?孟子淡然拒绝了齐王的盛情,表明自己不会为了得到财富而担任官职。他用季孙对子叔疑的评论来说明自己关于出任官职的理念。子叔疑执掌国政,因执政理念与君主不合,结果有名无实。不过这并没有妨碍他利用手中的权力拼命提拔兄弟子侄。子叔疑的做法表明,他得到权力的目的不是为了实现自己的政治理想,而是把权力当做敛财牟利的工具。

孟子接着解释了"龙断"的词源和内涵。他说,集市贸易应当是民众互通有无的正常行为,公家没理由向交易双方征税。可是,有人私欲膨胀,从中大捞好处,因而出现了专业的商人;商人的行为改变了集市互通有无的性质,公家便有了征税的理由。

那个汉子很有商业头脑和眼光,懂得怎样投机钻营获取财富。可是他一心要获取更多的私利,为此登上土堆观望,以便操纵、把持集市贸易,这样就打破了原有的市场秩序,因此其品行便被整个社会所贬斥,被视为"贱丈夫"。

商业活动的诞生过程,不是孟子讨论的重点。我们也没必要深究孟子的说法是否合理、正确。孟子想说明的问题是,社会的公平正义首先来自公器不被私用。如果这一点得不到保证,社会堕入疯狂逐利的怪圈,权力也成为逐利的手段,就必将失去其公器的本质。

齐王又何尝不是"贱丈夫"呢?他把齐国当成自己的私有物,垄断财利,拒绝仁政,根本不以全体齐国百姓的福祉为执政目标。

3. 曾经沧海难为水

原文

孟子曰:"孔子登东山而小鲁,①登泰山而小天下。故观于海者难为水,②游于圣人之门者难为言。③观水有术,④必观其澜;⑤日月有明,容光必照焉。⑥流水之为物也,⑦不盈科不行;⑧君子之志于道也,⑨不成章不达。"⑩(《孟子·尽心上》)

注释

①东山:即蒙山,在今山东蒙阴以南。小:觉得小。②观于海者:曾到海上游观过的人。为水:这里指把普通的江河算作大水。③游:游历。游于圣人之门:指在圣人门下学习过。为言:与之交谈。按:所谓"难为言",是说他对各种言论都有很高的鉴别力,因此一般人很难再和他讲大道理了。杨逢彬先生《孟子新注新译》将本句译为"在圣人门下涵泳浸染过的人,别的议论他便不屑一听了"。④术:方法。⑤澜:大波浪。⑥容光:可以容纳光线,指幽微的空隙。⑦为物:作为一种客观事物。⑧盈:满。科:坎,地面低陷的地方。⑨志:本指牢牢记在内心的志向、抱负;这里指立志,也就是确立人生的方向和目标。道:大道。按:《孟子》言"道",多指道义,也指先王治理天下的方法和原则,又指自然和人类社会的规律。这里君

子所志之道，含义比较笼统，故以"大道"译之。⑩成章：古称乐曲终结为一章，这里"成章"指达到一定成就，已经自成格局。达：指通达事理，也就是追求大道达到了新的高度。

译文

孟子说："孔子登上东山，顿觉鲁国很小；当他登上泰山，便觉得整个天下都小了。所以曾到海上游观过的人，很难再把普通的江河算作大水；在圣人门下学习过的人，一般人很难再和他讲大道理了。观赏江河湖海有方法，一定要观赏波涛汹涌时的景象；日月有光辉，凡可以容纳光线的空隙，日月之光就一定能够透过照到。流水作为一种客观现象，不注满低洼之处，就不继续前行；君子立志于追求大道，如果不是修炼到自成格局的高度，那么就还算不上通达了事理。"

解说

本章孟子先由孔子之"小鲁""小天下"说起，其中蕴含的道理比较明确：人所处的高度，决定其眼界。当孔子身在鲁国都城，混迹众人之中，所感受到的是自身之小；只有在登高望远之时，才能看清鲁国全貌，原本规模宏大的都城，此时不过一弹丸之地而已。

接下来，孟子谈到，一个人的思想境界和认识水平何尝不是如此呢？一个人，在圣人门下聆听到修齐治平的大道，则自然对人类社会的规律以及治理天下的方法和原则了然于胸。当普通人与他议论同样的话题时，又哪里能入得了他的法眼呢？

由此进一步推论：观水为何观其澜？不仅是领略波澜壮阔

之美，更可从中体会到，假如积水不厚、水势不大，又如何能涌起滔天巨浪？同样，日月高悬，其本体的亮度超越一切光源，因此，才能穿透一切至细至微的空隙，将光明播洒到幽隐之处。

最后孟子以"不成章不达"点出本章主题。在《孟子·离娄下》中，孟子曾对孔子取法于水的道理作了自己的解读。他赞美流水"源泉混混，不舍昼夜，盈科而后进，放乎四海"，由此领悟到，事物有本源才能浩然成势。人也是如此，假如一个人没有本源，缺乏底蕴，那么凭借投机钻营捞取名声，从而"声闻过情"，这就完全背离了君子的道德准则。

本章孟子称美流水"不盈科不行"的特性，则是强调流水自高而低，可以永不停息地流动；遇有坑洼之处，须盈满之后，再继续前行。志于道的君子也应当仿效流水，一则需有充沛的本源；二则要自高向低，顺势而为，自强不息；三则应积渐生变，积微成著，成就自己的气象与格局。

4. 男女授受不亲

原文

淳于髡曰：①"男女授受不亲，②礼与？"③孟子曰："礼也。"曰："嫂溺，④则援之以手乎？"⑤曰："嫂溺不援，是豺狼也。⑥男女授受不亲，礼也；嫂溺，援之以手者，权也。"⑦曰："今天下溺矣，⑧夫子之不援，何也？"曰："天下溺，援之以道；⑨嫂溺，援之以手。子欲手援天下乎？"⑩（《孟子·离娄上》）

注释

①淳于髡（kūn）：姓淳于，名髡，战国时齐国人，以辩才闻名。齐威王、齐宣王时曾为官于朝廷。《史记·孟子荀卿列传》：" 淳于髡，齐人也。博闻强记，学无所主。其谏说，慕晏婴之为人也，然而承意观色为务。……惠王欲以卿相位待之，髡因谢去。于是送以安车驾驷，束帛加璧，黄金百镒。终身不仕。"可见淳于髡是一位情商很高、富有智慧的人。②授受：指交接物品。亲：亲近，接触。不亲：指不发生身体的接触。按：古代物品等的正式交接，包括在君臣之间、主宾之间等，礼法上都有明确的规定。《礼记·祭义》："夫妇相授受，不相袭处，酢必易爵，明夫妇之别也。"大意是说，在正式礼仪场合，夫妻之间相互敬酒时，不能去握酒爵上对方握过的地方；回敬对方必须另换一只酒爵，这是为了表明夫妇有别。③与（yú）：句末语气词，表示疑惑、探询的语气。④溺（nì）：淹水，掉进水里。⑤援：牵，拉。⑥是：这，指代"嫂溺不援"的做法。豺（chái）狼：豺狗和野狼。按：这句是用判断句的形式表示比喻，意思是像豺狼一样凶恶残暴。⑦权：权宜之计，暂时适用的办法。⑧天下溺：整个天下掉进水里了。按：这是天下无道的比喻说法，指政治黑暗污浊，社会混乱无序，百姓陷入水深火热的状况。⑨道：指治理国家的原则、政策、措施等。⑩子：您。手援：用手拉。

译文

淳于髡说："男女之间交接东西时身体不接触，这是礼法的规定吗?"孟子说:"是礼法的规定。"淳于髡说:"嫂子溺水了,那么要用手把她拉出来吗?"孟子说:"嫂子溺水了,却不去拉她,这种做法简直跟豺狼一样了。男女之间交接东西时身体不接触,这是礼法的规定;嫂子溺水了,用手把她拉出来,这是权宜的做法。"淳于髡说:"现在整个天下溺水了,您却不去拉,这是为什么?"孟子说:"整个天下溺水,把天下拉出来要用治国之道;嫂子溺水,把她拉出来要用手。您难道要用手去拉整个天下吗?"

解说

淳于髡三问,层层进逼。他先向孟子求证礼法中是否有"男女授受不亲"的规矩;在得到肯定的答复以后,他马上设定了一个道德困境:嫂子溺水了,需要施以援手,然而这就违背了礼法;如果不去救她,就要眼睁睁看着嫂子淹死。那么应当如何选择?

孟子毫不犹豫地回答:嫂子溺水不救,违背人性。在日常生活中人们需要遵循礼法,但在特殊情况下又不能拘泥礼法而违背人性。孟子说,这是一种"权"的情况。

宋代张栻《孟子说》对"权"有一段颇精辟的解释。他说:"所谓权者,事有万变,称其轻重而处之,不失其正之谓也。今夫衡之有权,其得名以权者,以夫轻重虽不同,而无不得其平故也。""权"本指秤锤,引申为衡量轻重的意思。权衡事情的轻重缓急,在不损害大原则的前提下,作出合理的取舍和处理,这是权变。不过,张栻也谈到,倘若一味讲权变,甚至完全丧失了底线,那就很可怕了。

淳于髡的第三问是要害。他所言无非是希望孟子能入仕途以"援天下"。前面的铺设到此也就明朗了：孟子坚持自己的价值观，绝不妥协。那么在"天下溺"的情况下，孟子为何不能为了"援天下"而作出适当的让步呢？

宋人对这个问题多有阐发。朱熹《孟子集注》指出："今子欲援天下，乃欲使我枉道求合，则先失其所以援之之具矣。"朱熹总结道："此章言直己守道，所以济时；枉道殉人，徒为失己。"

按照淳于髡的观点，只要能够"援天下"，那么"枉道求合"也是可以的。在孟子看来，"直己守道"本就是拯救时势的题中应有之义。如果为了目的而不择手段，那么无论目的听起来有多崇高，都有可能将人引向歧途。

5. 冯妇搏虎

原文

齐饥。①陈臻曰：②"国人皆以夫子将复为发棠，③殆不可复。"④孟子曰："是为冯妇也。⑤晋人有冯妇者，善搏虎；⑥卒为善，⑦士则之。⑧野有众逐虎，⑨虎负嵎，⑩莫之敢撄。⑪望见冯妇，趋而迎之。⑫冯妇攘臂下车，⑬众皆悦之，⑭其为士者笑之。"⑮（《孟子·尽心下》）

注释

①饥：饥荒，庄稼收成不好或没有收成。②陈臻：人名，

孟子弟子。③国人：国内的人。以：动词，认为。复：再次。为：做。发：打开。棠：地名，在今山东青岛市即墨区南八十里。即墨是齐国的大城邑，当时齐国在其附近建有粮仓。④殆：大概，恐怕。表示对情况的推测。⑤是：这，指代"复为发棠"的做法。冯妇：人名，姓冯名妇。⑥搏：徒手搏斗。⑦卒：副词，终于。⑧则：效法。按：有的学者认为"则"是连词，把这几句标点为："卒为善士，则之野。"不过，这种用法的"则"很奇怪。⑨逐：追赶。⑩负：背靠着。嵎（yú）：山体凹进处。⑪莫之敢撄：即"莫敢撄之"，没有人敢触犯它。撄（yīng）：触犯。⑫趋：疾行，小跑。⑬攘（ráng）：捋。攘臂：捋起衣袖，伸出胳膊。多形容激奋的样子。⑭悦之：对冯妇的举动感到高兴。⑮其：指晋国当地的。为士者：作为士的人。笑之：讥笑冯妇的行为。朱熹《孟子集注》："笑其不知止也。"

译文

齐国发生了饥荒。陈臻说："国人都以为老师将会再次请君王打开棠地的粮仓赈灾，恐怕不能再做了吧？"孟子说："再这样做就成了冯妇了。晋国人有一位叫冯妇的，善于徒手跟老虎搏斗，后来行善，成为士人们效法的对象。一天野外有很多人在追逐一只老虎，老虎背靠着山凹，没有人敢上前去触犯它。（这时冯妇经过，众人）远远地看见冯妇，赶紧跑过去迎接他。冯妇便捋起衣袖，伸出胳膊，下了车子要去打虎。现场的众人自然都为冯妇的举动欢欣鼓舞，而当地的士人却都讥笑冯妇的行为。"

解说

冯妇的寓言很著名,后来"再作冯妇""一作冯妇""又作冯妇"和"负隅顽抗"等成语均来自这则故事。冯妇本是以徒手搏虎闻名的勇猛凶悍之人,后来向善为学,竟成为士人的表率。然而一旦再遇到逐虎的现实场景,加上众人的追捧,便热血沸腾,一下子恢复了本来面目。这则故事说明了江山易改、本性难移的道理。

孟子讲这则寓言,则意在指明冯妇妄逞悍勇的可笑。"国人皆以夫子将复为发棠"一句有"复"字,大概孟子曾做过劝齐王打开棠地粮仓救济齐民之事,所以此次齐国遭遇饥荒,国人便以为孟子会再次做同样的事情。可是,劝君王开仓赈灾是要冒风险的。在当时,开仓赈灾属于君王拿出自己的财富恩赐给百姓活命,百姓将因此对君王感恩戴德。如果由臣下提出开仓赈灾的建议,百姓将感恩之心转移到建议者身上,君王自然会对这样的臣下产生疑心。比如此次齐国饥荒,国人把开仓的希望都寄托在孟子身上,证明孟子上次因建议开仓赈灾得到了民心,这岂能不引起齐王警觉?孟子意识到这一点,所以便用冯妇作喻,指出自己如果"复为发棠"之举,便无异于冯妇了。由此可以看出,孟子在政治上相当明智,懂得审时度势,不会轻易逞热血之勇。

宋代朱熹《孟子集注》说:"疑此时齐王已不能用孟子,而孟子亦将去矣,故其言如此。"这是从另外的角度推测孟子由于当时的处境,使他无力"复为发棠"。

6. 闭户

原文

禹、稷当平世,①三过其门而不入,②孔子贤之。③颜子当乱世,④居于陋巷,⑤一箪食,一瓢饮;⑥人不堪其忧,⑦颜子不改其乐,孔子贤之。⑧孟子曰:"禹、稷、颜回同道。⑨禹思天下有溺者,由己溺之也;⑩稷思天下有饥者,由己饥之也。⑪是以如是其急也。⑫禹、稷、颜子易地则皆然。⑬今有同室之人斗者,⑭救之,⑮虽被发缨冠而救之,⑯可也。乡邻有斗者,⑰被发缨冠而往救之,则惑也;⑱虽闭户可也。"⑲(《孟子·离娄下》)

注释

①禹:传说中古代的圣王,曾奉舜命治理洪水,后来建立夏朝。稷:周人的先祖。相传其母姜嫄践天帝足迹,怀孕生子,因曾将其抛弃,所以取名为"弃"。虞舜命他担任农官,教民耕稼,又称为"后稷"。"后"是帝、君之义。当:在,正当。平世:太平之世,指政治清明、社会安定的时代。与"乱世"相对。②三:这里不一定是确数,而指多次。按:"三过其门而不入"是禹的事迹。③贤:以为贤,认为德行好。④颜子:颜回,字子渊,孔子弟子。乱世:混乱动荡的时代,指政治黑暗污浊、社会无序、百姓困苦不堪的时代。⑤陋巷:指狭窄僻陋的巷子。⑥箪(dān):盛饭的竹筐。食:饭。这个意思旧读 sì。饮:指

喝的东西。这里指水。⑦堪：经得起。其忧：那种生活的清苦。⑧孔子贤之：《论语·雍也》："子曰：贤哉，回也！一箪食，一瓢饮，在陋巷，人不堪其忧，回也不改其乐。贤哉，回也！"⑨同道：道理相同。⑩思：考虑，感觉。溺（nì）：淹水，掉进水里。按：孟子用"溺"比喻有人陷入水深火热的状况。由：通"犹"，如同。溺之：使之溺。⑪饥之：使之饥饿。⑫是以：以是，因此。如是：像这样。急：紧迫，迫切。如是其急也："其急如是也"的倒置形式。⑬易：交换。易地：交换位置。皆然：都是这样。即颜回也会三过家门而不入，禹、稷也会自得其乐。⑭同室：同一户人家。斗：打架。⑮救：使止，阻止。⑯虽：即使。被（pī）发：披散头发。缨：冠带，系在下巴下，使冠固定在头上。缨冠：用冠带把冠系在头上。按：古代中原各国成年男性束发盘于头顶，再用簪和冠固定。"被发缨冠"是形容因急迫而来不及束发便戴冠结缨。⑰乡邻：古以一万二千五百家为乡，以五家为邻。这里"乡邻"指同乡之人。⑱惑：神志不清，心智迷乱。⑲户：房屋的门。

译文

禹、稷处在太平时代，多次路过家门都不进去。孔子认为他们贤明。颜子处在乱世，居住在狭窄僻陋的巷子里，一筐子饭，一瓢白水。别人都受不了那种生活的清苦，可颜回却自得其乐。孔子认为他贤明。孟子说："禹、后稷、颜回处世的道理是相同的。禹感觉天下有人陷入困境，就好像自己使他陷入困境；后稷想到天下有饿肚子的人，就好像自己使他们挨饿。因此，他们如此急切地四处奔波。假如禹、稷与颜回相互交换位置,他们的表现都会这样。如今有同一家的人打起来了,要前去阻止打斗,即使因匆忙而披散着头发就系上冠帽去阻止,也是可以的。如果同乡人有打架的,也披散着头发就系上冠帽匆忙去阻止,那就太糊涂了。这时即使关起门来不予理会也是可以的。"

解说

本章孟子讨论先贤的处世原则。表面上看,颜回的行为与禹、稷不同,但是他们的处世原则是相同的。孟子指出,禹、稷处在太平时代,又位于大臣的位置,因此便一心为天下百姓的福祉而操劳奔波;颜回生当乱世,又不被君王重用,于是满足于"贫而乐道"。两者的表现恰好印证了孟子"穷则独善其身,达则兼善天下"(《孟子·尽心上》)的处世哲学。

孟子相信,假如颜回处在禹、稷的时代和位置,他必然也如禹和稷一样,心系黎民,竭尽全力造福苍生;同样,禹和稷若是生当乱世,也一定安贫乐道。由此可知,古今圣贤所遵奉的宗旨和主张是一致的。

孟子用同室之人相斗比喻禹、稷之世所面对的情况,因而急迫地赶去劝止乃是情理之中。又用乡邻相斗比喻颜回时代诸侯之间争战不休的混乱情景,说明在这样的情况下颜回无力回天,这时赶去止斗是不明智的。孟子主张"闭户",这是比喻保全性命、独善其身。

当年子路曾怅然若失地说:"君子之仕也,行其义也。道之不行,已知之矣。"(《论语·微子》)君子出来从政,只是做自己应当做的事情,也就是尽自己的责任和义务。我们的学说在这个社会上行不通，早已知道了。孔子率领弟子四处奔波，周游列国，苦苦寻求从政的机会，是为了实践自己的政治理念，实现其政治抱负，而不是为了追名逐利。寻求从政的机会以实现救世的目的，这一点孟子与孔子相同；然而孟子似乎比孔子更清醒和理性。至于如何评价这种清醒和理性，就是一个更复杂的问题了。

7. 以邻为壑

原文

白圭曰：①"丹之治水也愈于禹。"②孟子曰："子过矣。③禹之治水，水之道也，④是故禹以四海为壑。⑤今吾子以邻国为壑。⑥水逆行谓之洚水；⑦洚水者，洪水也，⑧仁人之所恶也。⑨吾子过矣。"（《孟子·告子下》）

注释

①白圭（guī）：名丹，战国时魏国人，擅长水利工程。曾任魏惠王的相。②丹：白圭自称名，是自谦的表示。愈：胜，超过。于：介词，表示比较。禹：传说中古代的圣王，曾奉舜命治理洪水，后来建立夏朝。③过：过错。④水之道：指水流通行的途径。按："禹之治水，水之道也"是个判断句，相当于说"禹之治水，治水之道也"。⑤是故：因此。四海：古代认为中国四面有海环绕，各按方位为"东海""南海""西海"和

"北海"。按：古有"百川归海"的说法，即陆地的江河水流最终都将归入大海。汉代焦赣《易林·谦之无妄》："百川朝海，流行不止，道虽辽远，无不到者。"壑：没有水的山谷或大沟，这里指泄水的地方。⑥吾子：您。按：用"吾子"比"子"多一层亲切的感情色彩。⑦逆行：倒行，即不按正常方向行进。按：正常情况下水的流动都是循河道百川归海，当发洪水的时候，就会出现倒流的情形。《孟子·滕文公下》："当尧之时，水逆行，泛滥于中国。"洚（jiàng）水：洪水。⑧洪：指水势大。⑨仁人：仁爱之人。所恶（wù）：憎恨的事情。

译文

白圭说："我治理水患胜过大禹。"孟子说："您错了。大禹治理水患，是顺着水流通行的途径（加以疏导），所以大禹把四海作为泄水的地方。如今您却把邻国当成了泄水的地方。水倒流叫做洚水，洚水就是洪水，这是仁爱之人所最厌憎的。您错了！"

解说

《韩非子·喻老》："白圭之行堤也塞其穴，丈人之慎火也涂其隙。是以白圭无水难，丈人无火患。"可见这位白圭在当时因治水有成效而声名大噪。《吕氏春秋》和《战国策》等文献中也记载了他的一些事迹。总体上看，他是一位颇为精明的政客，但在历史上并没有什么地位。

不过，白圭却相当自信，甚至认为凭借在治水方面的成绩，自己应当与因治水而名垂青史的大禹相提并论。对此，孟子敏锐地指出，白圭根本不可能成为大禹那样的历史人物。原因就在于，大禹怀有仁爱之心，对于洪水带给天下苍生的祸患充满憎恶和忧虑，这样的仁人情怀体现在他治水的措施上，便是顺着水流通行的途径加以疏导，"疏九河、瀹（yuè，疏通）济漯而注诸海；决汝汉、排淮泗而注之江。"（《孟子·滕文公上》）

白圭治水只求表面效益，不惜将水排往邻国。作为政客，他或许是成功的。但是因缺少仁爱之心，为政时不能以天下苍生为念，因而其政绩再光鲜也只能是一时的，终究不能被民众世代感佩怀想，也就不可能拥有流芳千古的历史地位。

8. 弟子提问，孟子为何不答？

原文

公都子曰：①"滕更之在门也，②若在所礼，③而不答，何也？"孟子曰："挟贵而问，④挟贤而问，⑤挟长而问，⑥挟有勋劳而问，⑦挟故而问，⑧皆所不答也。⑨滕更有二焉。"⑩（《孟子·尽心上》）

注释

①公都子：人名，孟子的弟子。②滕更：人名，滕国国君的弟弟，孟子的弟子。在门：在孟子的门下学习。③若：好像。所礼：礼遇的对象。④挟：倚仗。贵：地位尊贵。⑤贤：这里主要指才能超出常人。⑥长（zhǎng）：指年长。⑦勋劳：功劳。

《周礼·夏官司马·司勋》:"王功曰勋,国功曰功,民功曰庸,事功曰劳。"⑧故:旧交,有交情。⑨皆:都。所不答:不予回答的对象。⑩焉:于此,在上述五种情况之中。东汉赵岐注说:"二,谓挟贵、挟贤也。"滕更因其国君之弟的身份而挟贵自无问题,不过说他挟贤,则不知有何依据。

译文

公都子说:"滕更在您的门下学习的时候,似乎应在礼遇的对象之列,可您却不回答他的发问,这是为什么呢?"孟子曰:"倚仗自己地位尊贵来发问,倚仗自己有德才来发问,倚仗自己年长来发问,倚仗自己有功劳来发问,倚仗老交情来发问,这五种情况都是我不会回答的。滕更在上述五种情况之中占了两条。"

解说

孟子强调个人德行的修养。在他心目中,人格完备的人应该充满仁爱之心,明辨是非,正气浩然,大义凛然,无愧于天地,等等。具备这样的品格的人,真正懂得尊重自己,也懂得尊重他人。

不过,人对自己有正确的自我认知,并不是一件容易的事情。孟子谈到的"挟贵而问",是把自己的身份地位与自我等同起来;"挟贤而问",是因为自己的能力出众而傲视他人;"挟长而问",则把年龄作为一种资本,无法以平等的心态看待他人;"挟有勋劳而问",是凭借自己以往的功劳而时时流露出傲慢跋扈之气,也有人会因自己有恩惠于对方而肆意骄纵自己;"挟故而问",则是把自己与他人的老交情当成随意卖弄的资格。其实,这都是没有摆正自己的心态而产生的心理误区。

本来,人与人之间以谦诚恳切的平等态度相互交往和交流,是最自然也最合情合理的。有一次万章问老师,人们在相互交往时应秉承怎样的原则,孟子简要地答道:"恭也。"朋友之间的交往,孟子认为也是如此:"友也者,友其德也,不可以有挟也。"(《孟子·万章下》)

滕更作为孟子的弟子,向老师求学问道,内心里放不下自己的身份;又因孟子客居滕国,受到自己兄长优厚的礼遇,于是在言语中便不由自主地流露出骄慢来。对此,孟子毫不客气,对他的提问根本不予理会。

9. 侮夺人之君

原文

孟子曰:"恭者不侮人,①俭者不夺人。②侮夺人之君,惟恐不顺焉,③恶得为恭俭?④恭俭岂可以声音笑貌为哉!"⑤(《孟子·离娄上》)

注释

①恭者:待人端庄谦逊的人。侮(wǔ):轻慢,侮辱。②俭:节俭。夺:掠夺。《说文》:"夺,强取也。"夺是用暴力或强制手段从别人那里取得财物等。③惟:只。顺:顺从,服从。

④恶（wū）：疑问代词，怎么，哪里。得：能够。⑤岂：副词，表示反问，难道，哪里。可：可以。以：用。声音：指说话的口气和语调等。笑貌：笑容，笑颜。为：做，这里是伪装的意思。

译文

孟子说："待人端庄谦逊的人不轻慢侮辱他人，节俭自律的人不掠夺别人。侮辱掠夺别人的君主，只担心别人不顺从自己，又怎么能做到恭敬节俭呢？恭敬节俭哪里可以用说话的口气和语调以及满脸堆笑装出来啊！"

解说

本章所讨论的，是国君通常会有的两个毛病：一是傲慢，二是贪婪。就内容看，大概孟子是有针对性的评论，然而今天语境已经缺失，难以还原。不过，孟子这番话是具有普遍性意义的。

本来，人与人之间的正常交往，应当建立在相互尊重的基础之上。但是，一旦出现地位上的不平等，双方的心理均衡也就被打破了。于是在上位者便有意无意地产生了轻慢之心，从而造成对方的屈辱感。

其实，何止君主会如此呢，特殊的社会地位或身份，经常给人的内心造成虚假的幻象，令人产生莫名其妙的心理优势，从而把自己摆到高高在上的位置，于是在与人交往时便不由自主地流露出俯视的姿态。

在任何时候都能够以平常心平视他人，以礼自持，尊敬他人,是一种内在的修养。《荀子·解蔽》:"仁者之思也,恭。"始终谦恭有礼地待人接物,这便是仁者。

孔子的弟子有若说:"恭近于礼,远耻辱也。"(《论语·学而》)一个人自己如何对待别人,也将获得相应的回报。因此,恭是一种待人的态度,也是一种做人的态度。试想,一个言行举止轻浮轻狂的人又如何能获得别人的尊重呢?

孟子说的"俭",同样是一种人生态度。《说文》:"俭,约也。""约"即严格约束自己。俭本指在消费方面严格控制自己的欲望,爱惜物力,不奢侈浪费。掌握权力的君主假如不具有俭约的意识和修养,那么必将放纵自己的欲望,无止境地搜刮民脂民膏而不知收敛,骄奢淫逸、肆意挥霍而不知检束。

说到底,"侮夺人"的行为,在君主内心是一种炫耀,是彰显权力的力量。依靠炫耀权力来寻求存在感,获取被人重视的快感,只能证明其内心的空虚无力。"惟恐不顺焉"正是这种虚弱无力的写照。

10. 交友之道

原文

万章问曰:"敢问友。"①孟子曰:"不挟长,不挟贵,②不挟兄弟而友。③友也者,友其德也,④不可以有挟也。孟献子,⑤百乘之家也,有友五人焉:⑥乐正裘、牧仲,其三人,则予忘之矣。⑦献子之与此五人者友也,无献子之家者也。⑧此五人者,亦有献子之家,则不与之友矣。非惟百乘之家为然也,⑨虽小国之君亦有之。费惠公曰:⑩'吾于子思,则师之矣;吾于颜般,则友之矣;王顺、长息,则事我者也。'⑪非惟小国之君为然也,虽大国之君亦有之。晋平公之于亥唐也,入云则入,⑫坐云则坐,食云则食;虽蔬食菜羹,未尝不饱,⑬盖不敢不饱也。⑭然终于此而已矣。⑮弗与共天位也,弗与治天职也,弗与食天禄也;⑯士之尊贤者也,非王公之尊贤也。⑰舜尚见帝,⑱帝馆甥于贰室,⑲亦飨舜,⑳迭为宾主,㉑是天子而友匹夫也。㉒用下敬上,谓之贵贵;㉓用上敬下,谓之尊贤。㉔贵贵、尊贤,其义一也。"㉕(《孟子·万章下》)

注释

①敢:谦词,表示冒昧。友:交友。这里指交友的道理。②挟:倚仗。长(zhǎng):指年长。贵:地位尊贵。③挟兄弟:倚仗是兄弟关系。按:东汉赵岐注:"兄弟有富贵者。"这种说法有明显的增字解经之嫌。后人有多种解释,如明代张居正《四书集注阐微直解》说:"虽有兄弟之盛也,不可挟我之兄弟以加于寡弱者而与之友。"清代江永《群经补义》质疑道:"兄弟多人,有何可挟乎?"他提出"古人以昏姻为兄弟,……既为友,则有师道,不可谓我与彼为姻亲,有疑不肯下问也。挟兄弟而友,与挟故而问相似。"清代赵佑《四书温故录》批评赵岐的解释"则仍挟贵意耳",导致本句与上文"挟贵"语义重复,他认为:"兄弟,等夷之称。必其人之与己相等夷而后友之,则不肯与胜己处,不能不耻下问矣。"等夷是指同等、同辈。《韩诗外传》卷六:"遇长老则修弟子之义,遇等夷则修朋友之义。"

赵佑的解释代价也不小:"挟兄弟"的组合关系跟前文不一致,即前文"挟长"是挟己之长,而"挟兄弟"意思是把"其人之与己相等夷"作为交友的条件。比较以上诸说,暂取江永"挟兄弟而友与挟故而问相似"的意见。④友其德:因其德而交友。⑤孟献子:鲁国大夫仲孙蔑。乘(shèng):车辆的单位。家:大夫的封邑。封邑又称采(cài)邑,是诸侯封赐给卿大夫的田邑,卿大夫可以世代享有封邑的土地、人口和收入。⑥有友五人焉:有好友五人。清代焦循《孟子正义》引《国语》"鲁孟献子有斗臣五人",三国韦昭注:"斗臣,捍难之士。"斗臣,即勇士。焦循推测说:"未知即此五人否?"下文"乐(yuè)正裘""牧仲"都是人名,事迹不详。⑦其:那,其他的。予:我。⑧无:没有,这里是不论、不考虑的意思。无献子之家者:不考虑自己拥有大夫之家。下文"有献子之家"的"有",是说"存在(于内心)"的意思。⑨非惟:不只是。然:这样。⑩费:旧读bì,春秋时期鲁国境内的附庸国,故地在今山东费县以北。后被鲁国吞灭为邑。惠公既以子思为师,则应在战国时,此时费乃鲁邑,所以朱熹《孟子集注》认为:"惠公,费邑之君也。"⑪子思:孔子之孙,名孔伋,是曾子的弟子。曾为鲁穆公之师。师:以为师,师从。颜般:人名,事迹不详。友:以为友。王顺:人名,事迹不详。长息:赵岐注:"长息,公明高弟子;公明高,曾子弟子。"事:事奉。朱熹《孟子集注》:"师,所尊也。友,所敬也。事我者,所使也。"⑫晋平公:春秋时晋国的君主,名彪,公元前557—前532年在位。亥唐:人名。东汉赵岐注:"晋贤人也,隐居陋巷者。平公尝往造之,亥唐言入,平公乃入;言坐,乃坐;言食,乃食也。"入云:(亥唐)云

"入"，即（亥唐）说"进来"。下文"坐云""言云"仿此。⑬虽：即使。蔬：同"疏"。蔬食：粗食。菜羹：煮熟后带汤吃的菜。未尝：不曾，从来没有。⑭盖：语气副词，大概。表示"不敢不饱"是自己的主观推断。平公吃"蔬食菜羹"若不饱食，担心会让亥唐误解为自己嫌弃"蔬食菜羹"。⑮然：不过。终于此：到这一步也就完结了。即晋平公对亥唐表达出充分的敬重，却并没有进一步的举措，比如重用亥唐治理晋国。⑯弗与：不之与，不与之。共：同，同有。天位：天赐之职位，官位。治：治理，管理。天职：上天授与的职分。指政事。食：吃，享用。天禄：俸禄。按：朱熹《孟子集注》引范氏说："位曰天位，职曰天职，禄曰天禄，言天所以待贤人，使治天民，非人君所得专者也。"以"天"字修饰"位""职""禄"，表明士大夫入仕实为代上天行事，并非食君之禄、忠君之事。君主也不应该把官职俸禄视为自己私有的东西，而是应该明白，自己不过是与臣下合作"共天位""治天职""食天禄"。⑰士：有一技之长的人，一般指读书人。贤：指贤明的人。士之尊贤者也：（这）是士人尊敬贤人的做法。王公：天子与诸侯。⑱尚见：向上去拜见。按：下文说"是天子而友匹夫也"，可知当时舜还是平民，因此他拜见帝尧为"上见"。帝：帝王。这里指尧。⑲馆：使……住客舍。甥：女婿。按：传说尧把两个女儿娥皇和女英嫁给舜。贰室：别室，正室以外的房屋。赵岐注："贰室，副宫也。"后代便以"贰室"指女婿在女家的居室。⑳飨（xiǎng）：（用酒食）款待，宴享。㉑迭：更替。迭为宾主：更替作为宾客和主人，即尧既作为主人款待舜，也作为宾客接受舜的宴请。㉒是：这，指代尧招待舜的做法。匹夫：指男性平民。㉓用：

以。用下：以下位者的身份。敬上：敬重上位者。贵贵：第一个"贵"是动词，以为贵，崇尚。第二个"贵"指地位高贵的人。㉔尊：以为尊，尊重，重视。㉕其义：指贵贵尊贤的道理。一：相同。

译文

万章问道："请问交友之道。"孟子说："交友，应该不倚仗自己年长，不倚仗自己地位尊贵，不倚仗是兄弟关系。交友这件事，是因对方的德性而成为朋友，是不能有所倚仗的。孟献子是有百辆车马的大夫，他有朋友五位：乐正裘、牧仲，其他三人，我忘记了他们的名字。献子同这五个人结交为友，是不考虑自己拥有大夫之家的。这五个人呢，若是心里存了献子是大夫的想法，也就不跟他交友了。不仅拥有百辆车马的大夫是这样的，即便是小国的君主也有这样的情况。费惠公说：'我对于子思，那是把他当做我的老师的；我对于颜般，则是把他当做朋友了；至于王顺、长息，那只是事奉我的人。'不只小国的君主是这样，即便是大国的君主也有这样的情况。晋平公对待亥唐，亥唐说"进来"他就进去，亥唐说"坐"他就坐，亥唐说"吃吧"他就吃；即使是粗饭汤菜，从没有不吃饱过，因为不敢不吃饱。不过最终也就做到这一步罢了。平公不与亥唐共有天赐的官位，不与亥唐一起管理天授的政事，不与亥唐分享上天赐予的俸禄；这只是士人尊敬贤人的做法，不是天子与诸侯尊敬贤人应有的做法。舜作为一介平民，向上去拜见帝尧，帝尧让这位女婿住在自己另一处房舍，又正式宴请他；舜也接着回请尧，双方互为宾主。这是作为天子而与平民结交为友的做法。以下位者的身份敬重上位者，这叫做崇尚地位高贵的人；以上位者的身份敬重下位者，这叫做尊重贤明的人。崇尚地位高贵的人和尊重贤明的人，其中的道理是相同的。"

解说

本章篇幅较长，内容看上去很多，其实主题很简单：交友之道，重在德行。因对方的德行值得自己欣赏和尊重，双方志趣相投，所以交为好友；这样的交友之道，一定建立在平等相待的前提之下，不应掺杂各种复杂的因素。

孟子所言"挟"，朱熹《孟子集注》解释说："挟者，兼有而恃之之称。"张居正《四书集注阐微直解》说："挟是挟持所以傲人的意思。"由此说来，人与人交往若不能去除有所挟的心意，就无法以正确的心态对待对方，也就不能建立起真正的友情。

孟子首先举出鲁国大夫孟献子交友的故事来说明这一点。献子与他的五位好友都能完全忽略献子的身份，因而才有了相互交往的条件。

孟子又说到小国之君如费惠公，对不同的人有不同的心理定位。费惠公对子思仰视，因子思是他的老师；他对颜般平视，那是把颜般当做朋友；他对王顺、长息俯视，那是把这二人当做臣子。

接下来，孟子将晋平公与亥唐的相交和尧、舜的相交作了比较。两者相同之处在于，晋平公和帝尧身居帝王之位，都能礼贤下士；然而，晋平公只是君主的礼贤下士，跟帝尧与舜的深度相交，有本质的不同。

表面上看，晋平公对待亥唐可谓恭敬有加；然而仔细体会，他的恭敬是不自然的。"入云则入"云云，"不敢不饱"云云，表现出的都是一种不自然。这样说来，平公尽管做足了礼贤下士的姿态，然而，这同时也就使他与亥唐之间不可能有深层次的交往。尧以天子的身份接待作为平民的舜，相互之间以坦然真诚的心态交往，没有任何伪饰。

古人重视人与人之间的伦理关系，又特别看重君臣、父子、兄弟、夫妇、朋友五种人际关系，称为"五伦"或"五常"。其中朋友关系并无血缘或礼法的制约，因而通过交友更能体现人的情商和价值观。宋代张栻《孟子说》指出："自天子至于庶人，未有不须友而成者。"然而，若为相同的利益诉求而相互结交，并非正确的朋友之道。因为利益而结交，也会因为利益而反目成仇。只有在德行上的相通相悦，才是建立牢固长久的友情的前提。《周易·乾》所言"同声相应，同气相求，……各从其类"，大概就是对这种友情的最恰切真实的描述吧。

11. 右师不高兴

原文

公行子有子之丧，①右师往吊。②入门，有进而与右师言者，有就右师之位而与右师言者。③孟子不与右师言，右师不悦，曰："诸君子皆与驩言，④孟子独不与驩言，是简驩也。"⑤孟子闻之，曰："礼，朝廷不历位而相与言，⑥不逾阶而相揖也。⑦我欲

行礼,⑧子敖以我为简,不亦异乎?"⑨(《孟子·离娄下》)

注释

①公行子:人名,齐国大夫。丧(sāng):丧事,为死者举行的殓莫殡葬等礼仪。②右师:官名。下文他自称"驩(huān)",孟子称他的字"子敖",据此推断此右师应为齐宣王的宠臣王驩。吊:吊唁,对家里遭遇丧事或不幸的人表示抚恤慰问。③就:走过去。④诸君子:指众大夫。⑤是:代词,指代孟子"不与驩言"的做法。简:慢待,轻视。⑥朝廷:在朝廷上。按:古代上朝有严格的礼仪规定。孟子这里的意思是说,卿大夫遵君主之命前来吊唁,那么就应当依照朝廷的礼仪规定。历:越过,超过。位:位次,即依照卿大夫的身份等级而规定相应的位置顺序。相与:相互。按:朱熹《孟子集注》:"右师未就位而进与之言,则右师历己之位矣;右师已就位而就与之言,则己历右师之位矣。孟子、右师之位又不同阶,孟子不敢失此礼,故不与右师言也。"⑦逾:越过,跨过。阶:台阶。这里指官位、爵禄的等级。相揖:拱手行礼。⑧行礼:按照礼的规定行事。⑨子敖:王驩的字。异:怪异,奇怪。

译文

公行子为儿子举办丧事,右师前往吊唁。走进大门,有人上前来同他说话,(他进入席位后)又有人来到他席位旁跟他说话。孟子没有与右师说话。右师很不高兴,说:"众君子都跟我说话,唯有孟子不与我说话,这是慢待我呀。"孟子听说了这事,说:"礼仪规定,在朝堂上不越过位次交谈,不越过台阶作揖。我是想依礼行事，子敖却认为我是慢待他，不也太奇怪了吗？"

解说

右师王驩受到齐宣王宠信，是齐国的贵臣。一朝贵臣，权势熏天，自然是其他大臣们争相巴结逢迎的对象。同为齐国大臣的孟子却一向鄙视王驩。有一次齐宣王派他前往滕国吊唁滕文公，让王驩担任副使。孟子与王驩一路无话，弟子公孙丑觉得难以理解，孟子于是告诉弟子，这位王驩仗着宣王的宠信，独断专行，因此自己与他没什么好谈论的。

孟子对待当朝的权贵，内心是鄙视憎恶的；同时，他又明确表现出自保的态度，尽量不去做无谓的对抗。这次参加公行子儿子的丧礼，孟子看不惯满朝文武趋炎附势的嘴脸，因此采取了保持沉默、冷眼旁观的态度。

不过，在王驩看来，孟子不主动过来与自己交谈，就是没把自己放在眼里。对这样的权势人物来说，别的大臣攀附他，他不一定在意；但如果有大臣没自觉前来谄媚，他一定会牢牢记在心里，伺机报复陷害。

因此，孟子便搬出一套堂皇的说辞，用礼法规定为自己开脱。其实，孟子何尝不明白，任何礼法在权臣面前都不过是一纸空文罢了。只是，他紧扣政治正确的角度来解释自己的所作所为，恐怕王驩也无法再挑他的毛病了吧？

12. 礼与食色

原文

任人有问屋庐子曰：①"礼与食孰重？"②曰："礼重。""色与礼孰重？"③曰："礼重。"曰："以礼食，④则饥而死；不以礼食，则得食，必以礼乎？亲迎，⑤则不得妻；不亲迎，则得妻，必亲迎乎？"屋庐子不能对。明日之邹，以告孟子。⑥孟子曰："于答是也何有？⑦不揣其本，⑧而齐其末，⑨方寸之木可使高于岑楼。⑨金重于羽者，⑩岂谓一钩金与一舆羽之谓哉？⑪取食之重者与礼之轻者而比之，⑫奚翅食重？⑬取色之重者与礼之轻者而比之，⑭奚翅色重？往应之曰：⑮'紾兄之臂而夺之食，⑯则得食；不紾，则不得食，则将紾之乎？逾东家墙而搂其处子，⑰则得妻；不搂，则不得妻，则将搂之乎？'"（《孟子·告子下》）

注释

①任（rén）：周代诸侯国名，在今山东济宁，战国时并入鲁国。屋庐子：人名，孟子弟子，名连。有问屋庐子：有人问屋庐子。按：这个结构是"有问屋庐子者"的变体形式。②食：指吃饭。孰：哪一个。重：重要。③色：美色，女色。④以礼：按照礼制。食：动词，吃饭。⑤亲迎：古代婚礼六礼之一。夫婿到女家迎新娘入室，行交拜合卺（jǐn）之礼。《淮南子·泰族》："待媒而结言，聘纳而取妇，绂絻（fú miǎn）而亲迎。"这

里"亲迎"相当于说举行正式婚礼。⑥明日:第二天。之:到,往。邹(zōu):周代诸侯国名,在今山东省西南的邹城市。按:邹地距离任地约百里。以告:以之告,把跟任国人的对话告诉了(孟子)。⑦于:在,对于。答是:回答这样的问题。何有:有何,有什么。按:"何有"用来表示不难。⑧揣(chuǎi):这里指测量(高度)。本:指树木的根部。这里"揣其本"指从根基开始测量。⑨齐:使整齐,使齐平。末:树梢,这里指顶部。齐其末:从比较对象的末端开始测量。⑨方寸:边长一寸。岑(cén)楼:高楼。⑩重于:比……重。⑪岂:难道。钩:带钩,古人衣带上的挂钩,是很细小的物件。舆:车子。⑫食之重者:吃饭这事中最重要的部分,即吃饭或不吃饭。礼之轻者:礼制中最轻微的部分,即按照礼制吃饭。比之:比较它们。"之"指代"食之重者"与"礼之轻者"。⑬奚:何,哪里。翅:通"啻",仅仅,只。奚翅食重:何止是吃饭重要不重要的问题呢。意思是两者根本不具有可比性。⑭色之重者:女色中最重大的方面,即娶妻与不娶妻。礼之轻者:指是否行迎亲礼。⑮应:应对,应答。⑯紾(zhěn):扭折。夺之食:从他那里抢夺食物。⑰逾:翻越。处子:处女,即尚未出嫁的女子。

译文

有个任国人问屋庐子说:"礼制与吃饭哪个更重要?"屋庐子说:"礼制重要。"任国人又问:"女色与礼制哪个重要?"屋庐子说:"礼制重要。"任国人说:"按照礼制吃饭,那么就会饿肚子而死去;不按照礼制吃饭,那么就可以得到食物。在这样的情况下,一定遵循礼制吗?如果行迎亲礼,那么就得不到妻子；不行迎亲礼的话，就能得到妻子。在这样的情况下，一定行迎亲礼吗？"屋庐子不知怎么回答这个问题。第二天屋庐子去了邹国，把自己跟任国人的对话告诉了孟子。孟子说："回答这样的问题有什么难的呢？假如不是从根基开始测量，而是自高楼顶端开始算起，那么一寸长的木头能让它比高楼更高。金子比羽毛重这种说法，难道是指把一个小小的金制带钩去跟一车子羽毛相比吗？拿吃不吃饭跟是否按照礼制吃饭这两件事放在一起比较，何止是吃饭重要不重要的问题呢？同样，拿娶妻与不娶妻跟是否行迎亲礼这两件事放在一起比较，又何止是女色重要不重要的问题呢？你去答复他说：'扭折兄长的胳膊从他手里抢夺食物，就能得到吃的；如果不扭折兄长的胳膊从他手里抢夺食物，就不能得到吃的。那么，将扭折兄长的胳膊从他手里抢夺食物吗？翻过东邻家的墙去搂抱人家的少女就能得到妻子，不去搂抱人家的少女就不能得到妻子，那么会去搂抱吗？'"

解说

《荀子·礼论》："人生而有欲，欲而不得，则不能无求；求而无度量分界，则不能无争。……故制礼义以分之。"人的物质欲望和生理欲望是人的自然本性，为了满足各自的欲望，人与人之间难免会发生争斗；人又是社会性动物，需要合作共存，因此便有了社会成员共同遵守的行为准则和规范，这就是礼。

那么，当人的自然本性与礼制发生冲突时，人应当如何选择呢？在孟子看来，人不同于动物，不能从人的生物本能定义人性。人之所以成为人，正在于人与禽兽相区别的属性，即人有恻隐之心、羞恶之心、辞让之心、是非之心。假如人失去了这与生俱来的四心,便不再是人。

因此,作为人,在遭遇道德困境时,会依据此"四心"来作出正确的选择。比如,一个饥饿的人,哪怕濒临死亡,也不会从兄长手里抢夺食物;一个有羞恶之心的人,不会凭借强力去霸占邻家的姑娘为妻。

任国人向屋庐子提出的问题,表面上看是人的自然本性与礼制之间的冲突,实际上其中隐藏了诡辩的陷阱。孟子一针见血地指出,任国人是把根本不能放在一起比较的方面强行进行比较。人不吃饭会饿死,因此吃饭还是不吃饭,在吃饭这个话题上是重大的问题;是否按照礼制吃饭,则是礼制中比较次要的问题。拿吃不吃饭跟是否按照礼制吃饭这两件事放在一起比较,显然是不合理的。娶妻不娶妻,是古代伦理中非常重要的方面;是否行迎亲礼,则是相对次要的问题。

任何比较都应当具备必要的前提。把不具比较前提的事物放在一起比较,从而推导出似是而非的结论,或者用于辩论中的诘难,这是违背常识和逻辑的,不是讲道理应有的方式。

13. 何必曰利?

原文

宋牼将之楚。① 孟子遇于石丘,曰:"先生将何之?"② 曰:"吾闻秦、楚构兵。③ 我将见楚王,说而罢之。④ 楚王不悦,⑤ 我将见秦王，说而罢之。二王我将有所遇焉。"⑥曰："轲也请无问其详，愿闻其指。⑦说之将何如？"⑧曰："我将言其不利也。"曰："先生之志则大矣，先生之号则不可。⑨先生以利说秦、楚之王，秦、楚之王悦于利，以罢三军之师。⑩是三军之士乐罢而悦于利也。⑪为人臣者怀利以事其君，⑫为人子者怀利以事其父，为人弟者怀利以事其兄。是君臣、父子、兄弟终去仁义，怀利以相接；⑬然而不亡者，未之有也。⑭先生以仁义说秦、楚之王，秦、楚之王悦于仁义而罢三军之师。是三军之士乐罢而悦于仁义也。为人臣者怀仁义以事其君，为人子者怀仁义以事其父，为人弟者怀仁义以事其兄。是君臣、父子、兄弟去利，怀仁义以相接也；然而不王者，⑮未之有也。何必曰利？"（《孟子·告子下》）

注释

①宋牼（kēng）：人名，又名宋鈃或宋荣子，战国时宋尹学派的代表人物。主张"见侮不辱""禁攻寝兵"。之：到……去。②遇：碰上。石丘：宋国地名。何之：之何，去哪儿。③构兵：交兵，交战。④说（shuì）：游说，向人陈述自己的主张并使对方听从。罢：使停止，制止。⑤悦：喜欢。不悦：指不喜欢我的进言，也即不愿接受我的进言。⑥遇：投合，即思想主张被对方接受。所遇：投合的对象。焉：于是，指在二王之中。⑦轲（kē）：孟子称自己的名。请：表敬副词，表示请求对方允准的意思。无：不。其详：指关于宋牼游说秦、楚两国君王的详细内容。愿：希望。指：意向，主旨。⑧何如：如何，怎样做。⑨号：名称，主张。⑩悦于利：因为利益而欣喜。三军：春秋时，大国多设上、中、下三军。师：军队。⑪是：这样。乐：

感觉愉快。乐罢:对于停止交战感到高兴。⑫怀:怀想,思念。事:为……做事,事奉。⑬终:最终。去:使去,抛弃。在这个意思上旧读 qù。接:结交,交往。⑭未之有:未有之,没有过这样的情况。⑮然:这样。王(wàng):称王,成就王业。

译文

宋牼要到楚国去。孟子在石丘遇到他,就问道:"先生要去哪儿呀?"宋牼说:"我听说秦国和楚国要交战。我要去面见楚王,劝说他罢兵。楚王要是不喜欢我的进言,我就去面见秦王,劝说他罢兵。两位君王总会有一位接受我的主张。"孟子说:"我呢,也不要问您详细的想法,只希望听听您遵循怎样的主旨去进言。您向两位君王进言,将会怎样做呢?"宋牼说:"我将说明交战对双方都不利。"孟子说:"要说先生的志向,的确是很伟大了;可说到先生的主张却是行不通的。先生用利益去劝说秦国和楚国的君王,秦、楚两国的君王被利益打动了,因而罢兵。这样的话军队的官兵们对于停止交战感到高兴,因此就喜欢利益。给人做臣子的人都心里揣着求利的想法去事奉自己的君王,给人做子女的都念着利益去事奉自己的父亲,给人做弟弟的都抱着求利的想法去事奉自己的兄长。这样的话,君臣之间、父子之间、兄弟之间,最终都会抛弃仁义,一心想着利益去相互交往;这样而不灭亡的,从来没有过。先生用仁义去劝说秦国和楚国的君王,秦、楚两国的君王被仁义打动了,因而罢兵。这样的话军队的官兵们对于停止交战感到高兴,因此就喜欢仁义。给人做臣子的人都心里装着仁义去事奉自己的君王,给人做子女的都念着仁义去事奉自己的父亲,给人做弟弟的都怀着仁义的想法去事奉自己的兄长。这样的话,君臣之间、父子之间、兄弟之间就会抛弃利的观念,全都一心想着仁义去相互交往;这样而不成就王业的,从来没有过。为什么一定要说利呢?"

解说

一个社会提倡怎样的价值观,对整个社会的文明程度和人心世道的秩序都有直接的影响。孟子认为,空洞的口号和理念不能引导社会价值观的形成,必须自上而下遵从共同的价值观看待和处理各种社会问题,方能有效地建立起社会的价值体系。

宋牼试图力劝秦、楚两国罢战,这是仁善之行。他告诉孟子,他准备向两国君王剖析利害,使他们认清交战给自身带来的危害,从而主动停止战争的打算。

其实人们在做劝说工作时,大体都是选择这样的角度。比如鼓动别人去做某事,就会努力描述做此事有什么好处;规劝别人不要做某事,则需要危言耸听地告诫对方做此事会造成怎样的危害。

孟子肯定和称赞了宋牼为"禁攻寝兵"挺身而出的行为,但是又郑重指出,用利益来劝说君王停止战争,假如成功了,会在不自觉之中影响到人们的思考方式。做事情的出发点,衡量事物的标准,逐渐都围绕着利益展开,整个社会便将彻底被功利至上的观念所左右。到最后,君臣、父子、兄弟之间不再存在道义、情感等关系,利益成为人与人联系的唯一纽带,这岂不是太可悲了吗?

孟子并不曾否认利的存在,也不曾贬斥利的意义。孟子反复强调的是,不可以拿利来塑造社会的价值观。(请参读《天下熙熙,皆为利来》)所谓义利之辨,在孟子的思想中是关于价值观构建和思维方式导向的问题。有学者因此以为孟子重义轻利、迂阔陈腐,那实在是一种误解。

14. 舍生取义

原文

孟子曰:"鱼,我所欲也;①熊掌,亦我所欲也。二者不可得兼,舍鱼而取熊掌者也。②生,亦我所欲也;义,亦我所欲也。二者不可得兼,舍生而取义者也。生,亦我所欲;所欲有甚于生者,③故不为苟得也。④死,亦我所恶;⑤所恶有甚于死者,故患有所不辟也。⑥如使人之所欲莫甚于生,⑦则凡可以得生者,⑧何不用也?使人之所恶莫甚于死者,则凡可以辟患者,何不为也?由是则生而有不用也,⑨由是则可以辟患而有不为也。是故所欲有甚于生者,所恶有甚于死者。非独贤者有是心也,⑩人皆有之,贤者能勿丧耳。⑪一箪食,一豆羹,⑫得之则生,弗得则死;⑬嘑尔而与之,⑭行道之人弗受;蹴尔而与之,乞人不屑也。⑮万钟则不辩礼义而受之。⑯万钟于我何加焉?⑰为宫室之美、妻妾之奉、所识穷乏者得我与?⑱乡为身死而不受,⑲今为宫室之美为之;乡为身死而不受,今为妻妾之奉为之;乡为身死而不受,今为所识穷乏者得我而为之。是亦不可以已乎?⑳此之谓失其本心。"㉑(《孟子·告子上》)

注释

①所欲:想要得到的事物。②可得:能够做到。兼:同时拥有。舍(shě):放弃。③甚于生:超过生命,比生命更重要。④苟得:苟且得到(生命),苟且偷生。《礼记·曲礼上》:"临财毋苟得。"唐代孔颖达疏:"非义而取,谓之苟得。"⑤恶(wù):憎恨。⑥患:可忧虑的事,祸害。辟(bì):退避。这个意思后来写作"避"。⑦如使:如果。莫:没有什么,没有哪一个。⑧凡:表示总括的副词,全部,所有。可以:能够用来。⑨由是:凭借这样的途径。有不用:有不用的人。⑩独:副词。只是,唯独。是心:这样的想法。⑪勿:否定词,相当于"不之"。勿丧(sàng):不之丧,即不失去它。耳:句末语气词,罢了。⑫箪(dān):盛饭的竹筐。食:饭。这个意义旧读sì。豆:古代盛肉的器皿,类似后代的高脚盘子。羹:煮熟带汤吃的肉。⑬弗(fú):否定词,相当于"不之"。弗得:不之得,即得不到。⑭嘑(hù)尔:没有礼貌地吆喝别人的样子。与:给予。⑮蹴(cù)尔:用脚踩着。乞人:乞丐。不屑:不放在眼里,轻视。⑯钟:古代的容量单位,一钟合六斛四斗。辩:通"辨",分别,区别。⑰何加:加何,增加什么。⑱为(wéi):取,追求。宫室:房屋。按:先秦时代"宫"指普通人住的房屋。奉:尊奉,奉戴。所识:所认识的。穷乏:窘迫贫困。得我:对我感到满意。按:或以"得"通"德",感恩。与(yú):句末语气词,表示疑惑、探询的语气。⑲乡(xiàng):先前。⑳是:这。已:停止。㉑此之谓:"谓此"的倒置。失:丢失。本心:天性,天良。

译文

孟子说:"鱼是我想得到的,熊掌也是我想得到的。如果这二者不能做到同时拥有,一般人选择的是舍弃鱼而取得熊掌。同样的道理,生命是我想要的,道义也是我想要的。如果二者不能做到同时拥有,我的选择是舍弃生命而坚守道义。生命自然是我想要的,可想要的事物有比生命更重要的,所以就不会做苟且偷生的事。死亡自然是我所憎恶的,不过有比死亡更令我憎恶的事情,所以有的祸患就不能躲避。假如一个人最想得到的就是生命,那么所有可以用来活命的手段,什么不可以用呢?如果一个人所憎恶的事情没有超过死亡的,那么所有可以用来躲避祸患的法子,什么不可以做呢?凭借这样的途径就能够活命,可有人就坚决不用;凭借这样的做法就可以躲避祸患,可有人就坚决不做。可见,所想要的有超过生命的,所憎恶的有超过死亡的。不只是贤明的人有这样的信念,其实每个人都有这样的信念,只有贤明的人能够不失去这样的信念罢了。一筐饭,一盘肉,得到这些就能活命,得不到就会饿死;假如粗鲁无礼地吆喝着送给别人,路上的行人都不会接受;假如踩在脚下送给别人,即使是乞丐也不会瞧上一眼的。可是面对万钟的俸禄,很多人不问是否合乎礼义就接受了。万钟的俸禄对于自己又能增加些什么呢?是想求得住宅华美、妻妾尊奉、所认识的窘迫贫困的人都对自己感到满意吗?以前宁可失去生命也不会接受,如今想求得住宅华美就接受了;以前宁可失去生命也不会接受,如今想求得妻妾尊奉就接受了;以前宁可失去生命也不会接受,如今想求得所认识的窘迫贫困的人都对自己感到满意就接受了。这样的东西就不能放弃吗？这就叫做丢失了自己的天性。"

解说

《礼记·中庸》："义者，宜也。"在儒家思想中，义是指恰到好处，是理所应当的，是合情合理的。义是一种价值观，也是一种评判标准。孔子说"见义不为，无勇也"（《论语·为政》），意思是看到应该做的事情不敢去做，这就是没有勇气。孔子又说"闻义不能徙"（《论语·述而》），就是知道了应该如何做，却不能按照这样的标准去做，这同样是无勇的表现。孟子说"羞恶之心，义也"（《孟子·告子》），他认为羞恶之心是人与生俱来的本能，做了不该做的事情感到羞耻，对违背良知和公德的现象感到憎恶，这就是义。

司马迁在《报任安书》中说："取与者，义之表也。"取和与是否得当，这是衡量义与不义的标志。人生无时无刻不处在取和与的选择之中，观察一个人面对每一次取和与的选择时表现得是否得当，就可以评判他的人格品性。

人生活在现实中，许多人为生计所迫，不得不做自己不喜欢做的事情，不得不放弃自己应该做的事情。但是，所有这一切都是有底线的。当一个人觉得最基本的人格尊严被侵犯，他会奋起反击；当一个人遇到事情，感觉若不挺身而出则从此遭受无休止的良心折磨，他定会奋不顾身地舍生取义。

孟子承认，舍贱取贵、欲生恶死，都是人之常情。当人的选择面临义与不义的选择时，孟子主张符合道义的选择是个人的正确选择，同样也是君王的选择。所以他说："行一不义，杀一不辜,而得天下,皆不为也。"(《孟子·公孙丑上》)如果违背道义,得天下尚且不为,又何况其他呢?孟子认为,只有坚守道义,人们才不会"苟得";只有将道义摆在首要的位置上,人们才不会为了满足私欲而无所不用其极,从而致使人性堕入黑暗的深渊,使社会沦落为野蛮的原始丛林。

孟子非常善于从朴素的日常生活经验出发,生发出对深刻哲理的感悟。他秉持人的精神生命高于物质生命的信念,提出"舍生取义"的命题。在孟子心目中,这样的价值追求并非空洞的道德说教,亦非对人生的选择搞道德绑架;这样的价值追求乃是源自人的本性、人的天良的自然选择。

道义似乎没有可以客观衡量的标准,而且不同的时代和社会,对道义有不同的认识;不同的民族和文化,对道义有不同的理解;不同的政治理念和制度,也会造就对道义不同的定义。但是,孟子指出,当人面临死亡的直接威胁,依然不会彻底放弃做人的尊严,拒不接受嗟来之食,可见具备羞恶之心实乃人之天性。

然而,当人有机会获得高官厚禄时,在心理上便发生了奇妙的变化。为得到万钟俸禄,可以不择手段,可以弃人格尊严如敝屣。生命的尊严何以在高官厚禄面前如此不堪一击?人的价值观为什么能经得起死亡的考验,却在高官厚禄面前迅速崩溃呢?

对上述问题,孟子没有明确给出答案。他连用三句"乡为身死而不受",与物质享受(宫室之美)、美色(妻妾之奉)和社会声誉(所识穷乏者得我)进行对比,说明名利对人的诱惑力之强大。孟子质疑"万钟于我何加焉"?责问"是亦不可以已乎"?孟子之问,表面上是不解,其实又何尝不是他给出的正面回答呢?

七、人的尊严与士的使命

1. 独善其身

原文

孟子谓宋勾践曰:①"子好游乎?②吾语子游。③人知之,④亦嚣嚣;⑤人不知,亦嚣嚣。"曰:"何如斯可以嚣嚣矣?"⑥曰:"尊德乐义,⑦则可以嚣嚣矣。故士穷不失义,⑧达不离道。⑨穷不失义,故士得己焉;⑩达不离道,故民不失望焉。⑪古之人,得志,泽加于民;⑫不得志,修身见于世。⑬穷则独善其身,⑭达则兼善天下。"⑮(《孟子·尽心上》)

注释

①宋勾践:人名,身世不详。②好(hào):喜欢,热衷。游:出游,游历。这里指周游各国以寻求仕途发展的机会。③语:告诉。在这个意义上旧读 yù。④知之:了解你的才能和主张。按:当时士人四处游历,追逐仕途,首先需要获得接近君王的机会,陈述自己的观点主张,让对方了解和接受,从而进一步得到重用。因此,"知之"同时也包含了获得赏识任用的意思。⑤嚣(xiāo)嚣:自得无欲的样子。⑥何如:如何,怎样做。斯:连词,则,那么。可以:能够。⑦尊:以为尊,尊崇。德:德性,指人的自然至诚之性。乐:感觉愉快。义:道义。按:所谓道义,是全社会公认合宜的道理和行为。乐义:对义感觉愉悦,喜爱道义。⑧穷:困窘,不得志。⑨达:通畅,

顺利。按：这里指仕途通达。离：离开，背离。道：指道义和原则。⑩得己：得到自己，也就是保持自己的人格节操。焉：句末语气词，表示确认的语气。⑪失望：丧失希望。⑫得志：指实现其志向。泽：恩泽。加：施加。⑬修身：修养自身的道德。见（xiàn）：表现。⑭善：使善，使变美善。⑮兼：同时。

译文

孟子对宋勾践说："你热衷于周游各国吗？我来给你谈谈游历求仕的道理吧。别人了解并起用你，你是悠然自得无所欲求的样子；别人不接受你的主张，你也是悠然自得无所欲求的样子。"宋勾践问道："怎样就能做到悠然自得无所欲求呢？"孟子说："尊崇德行、喜爱道义，那么就能够做到悠然自得无所欲求了。所以对一个士人来说，在最失意的时候也不会丧失自己的德行，在飞黄腾达的时候也不会背离正道。在最失意的时候也不会丧失自己的德行，所以能保持自己的人格节操；在飞黄腾达的时候也不会背离正道，所以百姓不会丧失希望。古代的人，得志时，施加恩泽给百姓；不得志时，修养自身呈现给世人。在处于困境的时候就独自保持自己的善性，显达时同时要使天下人趋向美善。"

解说

仕途上发展的机会，是许多读书人梦寐以求的理想。孟子在此章中阐述一名士人踏上仕途应当秉持的原则："穷则独善其身，达则兼善天下。"这几乎成为历代仁人志士宦海沉浮中砥砺节操的座右铭。

古代"游"的词义范围比现代汉语的"游玩"宽泛，凡离开家乡到外地去都可以叫游，包括学习、做官、经商、游玩等等。由于古代专制政治制度和社会经济的特点，对有才能、有抱负的人来说，可供选择的人生道路是非常有限的，因而春秋战国时，士人周游各国以寻求仕途发展的机会竟成一时风尚。直到唐诗中，还可以经常见到"游宦""宦游"一类的说法，都是对这种社会现象的描述。到元杂剧和明清小说中，"学成文武艺，货与帝王家"更是成为当时士人信奉的不二法门。

但是，不同的人追逐仕途的目的和心态不同。很多人看到进入官僚阶层后，不仅能够获得社会财富分配的优先权和更大的份额，更重要的是可以利用权力为自己谋取巨大的私利。于是，"一人得道，鸡犬升天"，便成为宦游人飞黄腾达之后的典型写照。这样的人飞黄腾达，只能是社会的灾难，百姓不仅无法得到任何福祉，而且将丧失对社会未来的希望。

不过，孟子也看到了问题的另一面。毕竟宦海沉浮在许多时候并不以个人的意志为转移，那些为谋取私利而投机钻营、拼命跻身仕途的人，当他们没有达到目的时，始终处于焦虑痛苦之中；即便得意于一时，难免会有失势的时候，那时对他们来说不啻于坠入万丈深渊，整个人生都因此失去了意义。

因此，孟子告诫宋勾践，在进入仕途时，始终保持一颗自得无欲的平常心，是第一要义。如何才能做到自得无欲呢？孟子明确回答：加强自身的道德修养，抱着为百姓谋福利的目的，就可以做到襟怀坦荡，无论得志还是失意，都不会造成自己心理的巨大失衡。

孟子试图将人生价值实现的途径，从社会评价转为个人内心评价，将其内化为个人德性修养，并努力把两者完美地结合起来，从而获得心灵满足与平静。他的思想确实对后世士人产生了深远影响，不过，没有完备的制度制约和保障，仅凭个人道德修养，实在无法从根本上改变古代官场作为名利场的基本属性。

2. 无以小害大

原文

孟子曰："人之于身也，兼所爱。①兼所爱，则兼所养也。②无尺寸之肤不爱焉，则无尺寸之肤不养也。所以考其善不善者，岂有他哉？③于己取之而已矣。④体有贵贱，有小大。⑤无以小害大，无以贱害贵。⑥养其小者为小人，⑦养其大者为大人。今有场师，⑧舍其梧槚，⑨养其樲棘，⑩则为贱场师焉。⑪养其一指而失其肩背，⑫而不知也，则为狼疾人也。⑬饮食之人，则人贱之矣，⑭为其养小以失大也。⑮饮食之人无有失也，则口腹岂适为尺寸之肤哉？"⑯（《孟子·告子上》）

注释

①兼：动词，无不具备，无所不用。所爱：指爱惜的心意，爱护的方法。②所养：指保养的方法。③所以：用来……的方式。考：考察了解。岂：副词，表示反问，难道，哪里。他：别的。④于己：对于自身。取之：选择哪个方面。即在体之贵

贱、小大中作怎样的选择。⑤贵贱：高贵的和低贱的。按：这里"贵贱"是就对人的重要性而言。小大：指人体主要的和次要的方面而言。宋代朱熹《四书集注》云："贱而小者，口腹也；贵而大者，心志也。"⑥无：通"毋"，不要。害：伤害，损害。⑦小者：指小的方面。⑧场师：古代从事园艺的工人。《周礼·地官·司徒》："场人，掌国之场圃，而树之果蓏、珍异之物，以时敛而藏之。"⑨舍：放弃。梧：梧桐。槚（jiǎ）：楸树。按：梧桐和楸木是比较珍贵的木材。⑩樲（èr）：酸枣树。棘：荆棘，山野丛生多刺的灌木。按：酸枣树和荆棘都是不成材的树木。东汉赵岐注以"樲棘"指酸枣树，今用清代钱大昕《十驾斋养新录·樲棘》之说。⑪贱：本指物品价钱低，引申指人的社会地位低下或人的品格、能力等低下。⑫失：丧失。按："失"指因不小心、不在意等因素而造成了不好的结果。"失其肩背"应当与"养其一指"联系起来解读，是说不顾其肩背受到伤害。⑬狼疾：同"狼藉"，散乱无序的样子。狼疾人：指头脑糊涂无序、做事情乱七八糟的人。⑭贱：认为卑贱，轻视。⑮为：因为。⑯口腹：口和腹，多指饮食。适：通"啻（chì）"，副词，只，仅仅。按：此句是说，表面上看，饮食只是满足了口腹之欲；但实际上是解决了人的基本生理需求，是人的生命存活不可或缺的物质保障。

译文

孟子说："人们对于自己的身体，可谓爱惜到家了。正因为爱惜到家了，所以各种保养身体的法子无所不用。人们对自己的每一寸肌肤都倍加爱惜，因而对自己的每一寸肌肤都精心保养。要了解一个人好还是不好，哪里用得着别的什么法子呢？只要看他对于自身所选择的方面罢了。人体各个部件，有重要和次要、小和大的分别。不能因为小的而伤害到大的，不能因为次要的而损害到重要的。一心保养自己小的方面的人是小人，注重保养自己大的方面的人是大人。假若有这么一位园艺工人，把园子里的梧桐、楸树都舍弃不管，却去专心养护那些酸枣树和荆棘之类的树木，那么这一定是个很差劲的园艺工人。假如一个人，只精心保养一根手指，却不顾其肩膀和后背受到伤害，自己还不明白，那么这人就一定是个糊涂透顶的人。要是一个人只知道吃喝，人们都会瞧不起他，因为他只保养小的方面，却因此丢失了大的方面。如果一个正常吃喝的人并没有失去什么，那么满足口腹之欲又哪里仅仅只是为了身体那一小部分啊？"

解说

人们都懂得一个简单的道理：吃饭是为了活着，但活着不仅仅是为了吃饭。可是要将这样一个简单的道理贯彻到自己的人生观之中，就不是一件容易的事情。

孟子提出了养身和养心的问题。他并非将二者截然对立起来，而是在现实生活中看到人们为了满足肉体的欲望，生活的目标被物质追求所绑架，根本无暇顾及修养自己的德性，从而迷失了良知乃至人性。因此，他呼吁人们要审视自己的内心，认真照看自己的本性。

孟子用"贵贱""小大"之别提醒人们，一个人，除了肉体，还有精神。物质可以满足肉体本能的需要，但这属于"贱"

和"小"的方面,是尚未脱离动物层次的方面。人还需要有精神生活,这是一个人"贵"和"大"的方面。一个人只有不断用义理养护自己的心,懂得做人的道理和尊严,从而在精神上昂然挺立,才算得上是真正大写的人。

《孟子》一书中,"大人"共出现十二次。"大人"可以指居于高位的人,但更多情况下是指有高尚的道德修养的人,这样的大人有高远的志向和坚定的原则,并能以自身的德行影响整个社会,是士人阶层的杰出人物,也是一个社会真正的中流砥柱。

不过,对一般人而言,很容易被表面的现象所蒙蔽和诱惑,比如,各种感官刺激往往使人沉溺其中,只顾贪图眼前的享受,而全然想不到可能对整个身心的伤害。好吃懒做的人是如此,疯狂地追名逐利的人又何尝不是如此呢?

正是基于对现实和人性的深刻洞察,孟子反复强调,一个社会不可以把利益至上作为基本价值观。倘若让"贱"和"小"的方面成为社会的主流评价标准,那么这个社会必将物欲横流,道德沦丧。

3. 天爵与人爵

原文

孟子曰:"有天爵者,① 有人爵者。② 仁义忠信,乐善不倦,③ 此天爵也。公卿大夫,④ 此人爵也。古之人,修其天爵而人爵从

之。⑤今之人，修其天爵以要人爵；⑥既得人爵而弃其天爵，则惑之甚者也，⑦终亦必亡而已矣。"⑧（《孟子·告子上》）

注释

①爵：爵位。爵位是代表贵族或功臣身份、地位的称号，受封爵位后通常可得到食邑或相当数量的财富。天爵：天然的爵位。指高尚的道德修养。因德高而受人尊敬，胜于有爵位。②人爵：人为的爵位。指社会制度规定的官爵。③乐：以……为快乐。乐善：以行善为快乐。④公：周代以太师、太傅、太保为三公，是周王室三种最高的官衔。卿：按照周朝的制度，天子和诸侯都设卿一级官职，地位在大夫之上，或说上大夫为卿。大（dà）夫：古职官名。周代在国君之下有卿、大夫、士三等；各等中又分上、中、下三级。⑤修：修饰，使美善。从：跟从，追随。人爵从之：指人为的爵位自然会拥有。⑥要（yāo）：求，求取。⑦甚：严重，过分。惑之甚者：所有迷惑之中最严重的情况。⑧亡：丧失。

译文

孟子说："有天然的爵位，有人为的爵位。具备仁义忠信的品性，孜孜不倦以行善为快乐，这是天然的爵位。三公九卿和大夫的高位，这是人为的爵位。古时候的人，修养自己天然的爵位，则人为的爵位随之而来。如今的人们，修养自己天然的爵位，是作为手段来求取人为的爵位；在得到了人为的爵位之后，就把天然的爵位抛弃了，这真是糊涂透顶的行为，最终也必将丧失人为的爵位。"

解说

这一章是讲个人的道德修养与追逐仕途获取功名利禄之间的关系。孟子的基本观点是：一个人要确立自己在社会上的地位，首先应凭借自己的道德修养。他把"仁义忠信，乐善不倦"这样的德性，视为一个人的天爵；天爵，是从自己的本性获得的，是不需要别人封赐的；具备了这样的德性，便拥有了在社会上托身立足、受到他人尊重的条件。再进一步，凭借这样的德性，也应当受到君王的欣赏和重用，因此，孟子说"修其天爵而人爵从之"。

古代仕途成功意味着荣华富贵，因此被人们普遍视为人生最辉煌的标签。孟子认为，仕途成功，获得权力地位，这是被社会和体制认可的表现。他用"人爵"命名，实际包含了更深一层的用意：官爵可以得到，也可能失去，并不能伴随生命的始终。在位时受到他人的膜拜和礼敬，也并非是因自身的德性使然；他人所膜拜和礼敬，在更大程度上是官爵地位。

孟子注意到一个社会现象：当时许多人踏上仕途之前，以其道德君子的名声而享誉社会，因而在尚贤的社会背景下更容易获得入仕的机会。然而一旦爬上了权力高位，也就将自己修养的德性逐渐抛弃掉了。他认为，这样的人原本是把道德修养作为追逐仕途的手段而已，即使一时得踞高位，但最终不会有好的结局。

对这种得人爵而弃天爵的人，孟子称为"惑之甚者"。所谓"惑"，是指因主观上不明是非而导致的疑惑和认识上的混乱。一个人不明白道理，被物欲和权欲所驱使，胆大妄为，从而迷失了自己天赋的善性,在孟子看来,这样的人实在是"惑之甚者"。

孟子本章的主旨,清晰地表达了修齐治平的政治理念。这样的一种政治理念缺乏制度保障的设计,根本无法在社会实践中得以运用,因而只能成为仁人志士的情怀和理想。在古代的权力运作中,"厚黑学"成为仕途的敲门砖,劣币驱逐良币成为必然;而德才兼备的贤者必须遇到圣君才有机会获得权力,这样的机遇实在是小概率事件。所以,怀才不遇的哀叹便成为两千多年来士子们无数诗文名篇反复诠释的主题。

4. 大丈夫

原文

景春曰:① "公孙衍、张仪岂不诚大丈夫哉?② 一怒而诸侯惧,③ 安居而天下熄。"④ 孟子曰:"是焉得为大丈夫乎?⑤ 子未学礼乎?丈夫之冠也,父命之;⑥ 女子之嫁也,母命之,往送之门,戒之曰:⑦ '往之女家,⑧ 必敬必戒,⑨ 无违夫子。'⑩ 以顺为正者,妾妇之道也。⑪ 居天下之广居,⑫ 立天下之正位,⑬ 行天下之大道;⑭ 得志,与民由之;⑮ 不得志,独行其道。⑯ 富贵不能淫,⑰ 贫贱不能移,⑱ 威武不能屈,⑲ 此之谓大丈夫。"⑳ (《孟子·滕文公下》)

注释

①景春:人名,生平不详。大概比较崇尚纵横家。②公孙

衍：魏国人，名衍，文献中也称为"犀首"。战国中期的纵横家。《史记·张仪列传》："张仪已卒之后，犀首入相秦。尝佩五国之相印，为约长。"张仪：魏国人，战国中期著名的纵横家，主张实施连横，为秦国的强大和扩张做出了很大贡献。岂：副词，表示反问，相当于"难道"。诚：确实，果真。大丈夫：指有志气、有节操、有作为的男人。③一：一旦。④安居：安静地生活。熄：通"息"，安宁。⑤是：这样的人。指公孙衍和张仪。焉：哪里。得：能够。⑥丈夫：男子。冠（guàn）：戴冠。这里指加冠礼。按：古代中原各国成年男性束发盘于头顶，再用簪和冠固定。男子二十岁时举行冠礼，通过这一隆重的仪式之后正式作为成人步入社会。命：训示。按：按照《仪礼·士冠礼》的记载，冠礼仪式上由父亲邀请的宾给儿子加冠并训示。清代江永《群经补义》："父命之者，迎宾冠子，父主其事。"认为此句中的"命"是"主持"义。⑦送：送行，送亲。戒：告诫，嘱咐。⑧往之：去到。女（rǔ）：通"汝"，你。⑨敬：恭谨敬畏，不敢稍有马虎、懈怠。戒：小心留意。⑩无：通"毋"，不要。违：背离，与……不一致。夫子：丈夫。⑪顺：依从对方的想法而不拂逆。正：准则。者：助词，表自指。妾妇：指妇女。⑫居：处在。广居：宽大的住所。旧题宋代孙奭的疏和朱熹《孟子集注》都认为"广居"喻指仁道。⑬正位：中正之位。孙奭和朱熹认为此处喻指礼。⑭大道：宽阔的道路。孙奭和朱熹认为此处喻指义。⑮得志：实现志愿；指仕途发达，登上高位。由之：指遵循道义而行事。⑯独：独自。行：做，从事。⑰淫：使放纵，使沉溺。按："富贵不能淫"，是指即使获得富贵，也不会因此自我放纵，沉溺于其中无力自拔。⑱移：

使改变。⑲威武：权势，强权。屈：使屈服。⑳此之谓："谓此"的倒置。

译文

景春说："公孙衍和张仪难道不的确是大丈夫吗？一旦发怒，诸侯都害怕；平静安详能使天下安宁。"孟子说："这样的人哪里能算得上大丈夫啊！您没有学过礼吗？男子在行加冠礼时，父亲训示他；女子出嫁时，母亲训示她，到大门口为她送行，告诫她说：'到了你的夫家，一定要恭谨敬畏，小心留意，不要背离丈夫。'把顺从作为准则，是作为妇人的道理。住在天下最宽广的住宅里，站在天下最中正的位置上，走在天下最宽阔的大道上；仕途发达、登上高位的时候，同百姓一起遵循道义而行事；仕途受到挫折的时候，就独自按自己的理念行事。富贵不能使之放纵，贫贱不能使之改变，强权不能使之屈服。这就叫做大丈夫。"

解说

本章中"富贵不能淫，贫贱不能移，威武不能屈"数语，激励了后代无数仁人志士矢志不渝地坚守自己的节操，终生追求自己的理想。

孟子认为，像公孙衍、张仪那些时代的弄潮儿，毫无原则和底线，以曲意逢迎君主权贵来获取尊爵厚禄；因此，他们即便可以在一个时期成为翻手为云、覆手为雨的风云人物，然而就其本质而言，他们不过是"以顺为正"的人格和精神上的侏儒。

孟子心目中的大丈夫，"居仁由义"，以涵养其浩然正气，拥有独立的人格，永远坚持自己的理念，其人格不会被丑恶的现实所玷污和同化，其理念不会因困窘和挫折而动摇，其强大的精神力量顶天立地，任何强权都无法使之屈服。

5. 牛羊茁壮

原文

孟子曰："仕非为贫也，①而有时乎为贫；②娶妻非为养也，而有时乎为养。为贫者，辞尊居卑，③辞富居贫。④辞尊居卑，辞富居贫，恶乎宜乎？⑤抱关击柝。⑥孔子尝为委吏矣，⑦曰：'会计当而已矣。'⑧尝为乘田矣，⑨曰：'牛羊茁壮长而已矣。'⑩位卑而言高，⑪罪也；立乎人之本朝，⑫而道不行，⑬耻也。"（《孟子·万章下》）

注释

①仕：做官。为（wèi）：因为。②乎：语气词，表示停顿。③辞：推辞。尊：指高位。居：处在。卑：指低下的地位。④富：指俸禄优厚的职位。贫：指俸禄微薄的职位。⑤恶（wū）：如何，怎么。宜：合适，恰当。⑥关：门闩。抱关：指看门人，也指地位卑微的小吏。柝（tuò）：巡夜人敲的木梆。击柝：指巡夜打更的人。⑦尝：曾经。委吏：古代管理粮仓的小官。⑧会（kuài）计：管理财物及其出纳等事。当（dàng）：

合宜,妥当。⑨乘(shèng)田:春秋时鲁国主管畜牧的小吏。⑩茁壮:生长旺盛。长(zhǎng):成长。⑪言高:言论高妙。《庄子·让王》:"屠羊说居处卑贱而陈义甚高。"⑫本朝:朝廷。古以朝廷为国之本。⑬道不行:指思想学说不能实行。

译文

孟子说:"做官不是因为贫穷,可有的时候呢,只是因为贫穷;娶妻不是因为要奉养父母,可有的时候呢,就是因为要奉养父母。若是因为生计无着而不得不出仕,就应当推辞高官而甘处低位,拒绝厚禄而甘居清贫的官位。那么推辞高官而甘处低位,拒绝厚禄而甘居清贫的官位,怎么做最合适呢?做个看门人或更夫就好。孔子曾做过管仓库的小吏,他说:'账目妥当就行了。'又曾做过管理畜牧的小吏,他说:'牛羊长得肥壮就行了。'如果地位低下而言论高明,是罪过;如果站在君主的朝廷上,而政治主张不能推行,是耻辱。"

解说

对于士人来说,出仕或者不出仕,是一个艰难的选择。出仕的根本目的,应当是推行和实施自己的政治理想。然而,理想很丰满,现实很残酷。对官场的尔虞我诈,争权夺利,钩心斗角,士人一般都有清醒的认识。面对官场的险恶和肮脏,退避三舍,以保全自身的人格节操,则必然牺牲士人以天下苍生为己任的道义担当;而抱着为天下苍生造福的信念踏入仕途,所要遭遇的一切都会构成对士人政治洁癖的巨大考验。如何处理好二者的关系呢?孟子给出了他的回答。

首先，作为社会人，人们需要养家糊口，因此不得不出仕以维系生计。但是，无论如何不能把出仕当做求取富贵的手段。特别是政治黑暗污浊的社会中，求取富贵的过程往往也是助纣为虐的过程，因此，孔子说："邦无道，富且贵焉，耻也。"（《论语·泰伯》）

其次，为生计而出仕，选择了卑微的官位，却高谈阔论，这就未免有怨天尤人之嫌，不仅于世无补，反而影响到自身的德业修养。所以孔子说："不在其位，不谋其政。"（《论语·泰伯》）"君子耻其言而过其行。"（《论语·宪问》）孔子主张要做到言行统一，那么同时便意味着一旦身处庙堂之上，便应义无反顾地为实践自己的政治理想挺身而出，不能顾忌这样做是否会对自己的仕途产生不利的影响。

总之，做人有坚定的信念和明确的标准，不见利思迁更不见利忘义，不虚妄更不苟且，这是孟子心目中的君子人格；本章所论，是君子在出仕问题上权变的底线和奉守的准则。

6. 声闻过情

原文

徐子曰：①"仲尼亟称于水，②曰：'水哉！水哉！'何取于水也？"孟子曰："源泉混混，③不舍昼夜，盈科而后进，④放乎四海。⑤有本者如是，⑥是之取尔。⑦苟为无本，⑧七八月之间雨集，⑨沟浍皆盈；⑩其涸也，可立而待也。⑪故声闻过情，君子耻之。"⑫

(《孟子·离娄下》)

注释

①徐子：孟子的弟子徐辟。②仲尼：孔子，字仲尼。亟(qì)：屡次。称：称扬。③源泉：有源之水。混(gǔn)混：水奔流不绝的样子。④盈：满。科：坎，地面低陷的地方。⑤放：纵，这里有从四面八方汇入的意思。四海：古代认为中国四面有海环绕，各按方位为"东海""南海""西海"和"北海"。⑥本：本源。如是：像这样子。⑦是之取：即"取是"，是宾语前置的格式。尔：句末语气词，同"耳"，罢了。⑧苟：假如。⑨七八月之间：指周历的七八月，相当于夏历的五六月，是中原地区雨水正多的季节。集：汇集在一起。⑩沟浍(kuài)：泛指大小沟渠。浍，田间水渠。⑪涸(hé)：干涸。立而待：立等可待，形容很快。⑫声闻：名声。情：实情。耻：以为耻辱。

译文

徐子说："仲尼多次对水大加称赞，说：'水啊！水啊！'他对于水是取其哪一点呢？"孟子说："有源之水奔流不绝，昼夜不歇，注满低洼之处，然后继续前行，一直汇入大海。有本源的事物都是像这样，孔子所取于水的正是这一点罢了。假如没有本源，七八月的时候雨水众多，大小沟渠就都涨满了；不过雨季一过很快就都干枯了。所以名声超过实情，君子会视为羞耻。"

解说

《论语》和其他关于孔子言行的文献记载中，没有留下太多孔子称赞水的言论，比较有名的是孔子曾站在水边感叹："逝者如斯夫，不舍昼夜。"（《论语·子罕》）世间一切流逝的事物都像这滔滔流去的河水一样吧？昼夜奔流，永无止歇。其实，阅读古代典籍，可以强烈地感受到古人非常善于从各种自然事物中汲取智慧，所谓"近取诸身，远取诸物"（《周易·系辞下》），所谓"人法地，地法天，天法道，道法自然"（《老子》二十五章），说的大致都是这个意思。

孟子对孔子取法于水的道理作了自己的解读，强调事物有本源，才能浩然成势，人也是如此。一个人没有本源，缺乏底蕴，便如墙头芦苇，头重脚轻根底浅；即使凭借投机钻营一时得意，也终归走不了太远。孟子所说的"声闻过情"，是指一些人没有真才实学却善于自我包装炒作，从而造出了远近闻名的声势；他说对这样的做法"君子耻之"，即按照君子的道德准则，是不屑于做这样的事情的。大概孟子只能从道德上否定这种做法的合理性，毕竟那个时代便已经有不少人靠着声闻过情的炒作赚取了现实的富贵。只是声闻过情之声闻，还是美好的声闻；孟子没有想到，社会后来会发展到眼球经济的时代，丑名恶闻也会成为牟利的手段。

7. 进锐退速

原文

孟子曰:"于不可已而已者,①无所不已。于所厚者薄,②无所不薄也。其进锐者,③其退速。"④(《孟子·尽心上》)

注释

①已:停下来。②厚:看重,重视。薄:轻视。③锐:疾速,猛烈。④速:快,迅速。

译文

孟子说:"一个人在不可以停下来的时候停下来了,那他就没有不停下来的时候了。对于应该重视的事情却轻视,那就没有什么事情不轻视了。那种前进异常迅猛的人,他后退得也会特别迅速。"

解说

《孟子》一书中,动词"已"可以受"不得"修饰,比如有一次弟子公都子问孟子道:"外面的人都说老师喜欢议论,这是为什么呢?"孟子回答说:"予岂好辩哉?予不得已也!"(《孟子·滕文公下》)"我哪里是喜欢辩论呢?我是不能罢手呀!"这里用"不得已"是说客观形势使自己无法停止。

动词"已"也可以受"不可"修饰。比如此章"不可已",用"不可"强调的是道义上不能停止。所以,"于不可已而已"的行为,意味着放弃了道义;这样的人,无论放弃什么都不会有所顾忌了。

"于所厚者薄"是同样的道理。"所厚"是内心明白这是应当看重的,"薄"则是指对自己认为重要的事情无法落实到行动上。既然对自己认为重要的事情都如此,那么对其他的事情就更不用说了。

以上两种情形,在本质上都是不能真正尊重自己的内心,不断突破自己的底线,到最后便一泻千里了。

由此,孟子总结道,对一个人来说,重要的并不是逞一时之勇,锐意猛进,而是在任何时候都能坚守自己的底线。当一个人热情洋溢地投入一件事情的时候,他或许应该想一想,这样的热情能持续多久?一旦激情消退,会不会"于不可已而已"呢?

8. 揠苗助长

原文

宋人有闵其苗之不长而揠之者,①芒芒然归,②谓其人曰:③"今日病矣!④予助苗长矣!"⑤其子趋而往视之,⑥苗则槁矣。⑦天下之不助苗长者寡矣。⑧以为无益而舍之者,⑨不耘苗者也;⑩助之长者,揠苗者也。非徒无益,⑪而又害之。(《孟子·公孙丑

上》)

注释

①闵:忧虑。揠(yà):拔(苗心)。按:汉代扬雄《方言》卷三:"东齐海岱之间曰揠。"郭璞注:"今呼拔草心为揠。"揠之,是指把禾苗的心拔高一些。②芒芒然:疲倦的样子。归:回家。③谓:告诉,对……说。其人:指他的家人。④病:指极度劳累。⑤予:我。⑥趋:疾行,小跑。⑦槁(gǎo):枯干。⑧寡:少。⑨以为:认为。益:利益,好处。⑩耘:除草。耘苗:给禾苗除草。⑪非徒:不仅仅。

译文

宋国有个人,总为他的禾苗长得不够快而忧心,于是就去一棵一棵地把苗心拔高一截,然后疲惫不堪地回到家,告诉家里人说:"今天可把我累死啦!我帮着禾苗长高了。"他的儿子一听,拔腿就赶到田里去看,结果禾苗已经枯萎了。天下不助苗生长的人非常少。认为(培养浩然之气)没有益处而放弃的人,就像是不给禾苗锄草的人;那些使劲帮着(浩然之气)生长的,就像拔苗心的人。这样做不仅没有好处,反而伤害了浩然之气。

解说

"揠苗助长"的故事人人皆知,故事传达的道理也浅显易懂。这里就不再多费笔墨了。孟子要用这个故事说明,一个人充满浩然正气,需要长期的修养过程,只可逐渐积累,不可急于求成。

孟子的养气说对后世士人的影响极为深远。孟子在此章中,对怎样"养吾浩然之气"作了深入阐述。首先,他强调不动心的重要性。弟子公孙丑问他,如果有机会做到齐国的相,从而实现自己的政治理想,老师会不会动心呢?孟子果断地回答:"不会,我四十岁起就不动心了。"不动心,就是思想感情不会因外物的改变而波动,无论地位、名声、财富等,均属于外物,只有内在的修养以及由此形成的崇高的人格,才是真正属于自己的。当一个人充满对功名利禄的热切追求,内心便将患得患失,动荡不安,那么便已经丧失了保持自己崇高人格的基础,又如何能养气呢?

其次,孟子主张持志养气。他说:"夫志,气之帅也。"意思是说,人的心志统帅着他的气场,很难想象一个没有专一而高远的心志和崇高情怀的人,能够拥有强大的气场。同时,孟子指出,一个人具备正直、仁义等品德,是培养浩然之气所必不可少的。倘若做了有愧于心的事情,便会导致浩然之气的萎缩。

最后,孟子谈到培养浩然之气需要长期的积累。只有有意识地在逆境中磨砺自己,经历"苦其心志,劳其筋骨,饿其体肤,空乏其身,行拂乱其所为"的痛苦,才能"动心忍性,曾(zēng)益其所不能",最终达到"富贵不能淫,贫贱不能移,威武不能屈"的境界。一个人激于义愤,做一次或几次符合道义的事情,那不过是逞一时血气之勇,并不会从此便具备了浩然之气。若是为了表现自己的浩然之气,屡屡逞血气之勇,其结果就会像那位揠苗助长的宋人,对培养浩然之气有害无益而已。

9. 贤士的姿态

原文

孟子曰:"古之贤王好善而忘势,①古之贤士何独不然?②乐其道而忘人之势。③故王公不致敬尽礼,④则不得亟见之。⑤见且由不得亟,⑥而况得而臣之乎?"⑦(《孟子·尽心上》)

注释

①好(hào)善:喜好美善。势:权势。②独:表反问的副词,难道。何独:难道。不然:不是这样。"然"指代"好善而忘势"。③乐:对……感到快乐,喜爱。其道:指贤士信仰的大道。④王公:天子与诸侯。致敬:极尽诚敬之心;极其恭敬。尽礼:竭尽礼仪。⑤亟(qì):屡次。⑥且:尚且。由:通"犹",还。⑦况:何况。得:能够。臣之:使他成为臣子。

译文

孟子说:"古代的贤君喜好美善而忘记自己的权势,古代的贤士难道就不是这样吗?他们在自己信奉的大道中获得无穷的快乐,于是忘记了别人的权势。所以天子和诸侯如果不极其恭敬、竭尽礼仪,那么就不能多次跟贤士见面。见面尚且还不能多几次呢,何况要使贤士做自己的臣子呢?"

解说

　　这段话讲士与权力之间的关系。在孟子看来，士超然于权力之外，有自己独立的社会价值、独立的人格尊严和自由的精神世界。他们追求真理、信奉大道，从中获得快乐，因而忘记了权势。他们认为，权势在真理和大道面前应该屈服，而掌握真理和大道的人绝不可以趋炎附势。具体表现就是天子、诸侯必须"贵德而尊士"，从而做到"贤者在位，能者在职"；唯有如此，方能使"天下之士皆悦，而愿立于其朝矣"，而这是一个诸侯国能够走向繁荣富强、称王天下的必要条件。天子、诸侯倘若做不到"尊贤使能"，贤士自然会弃而远之，根本不屑于与这样的天子、诸侯为伍。

　　在《论语》中，"士"主要指底层贵族，他们具备一定的知识技能，是社会的中坚力量。但总体而言，孔子并未赋予"士"以特定的道义担当和独立的社会价值。比如《里仁》篇记孔子说："士志于道，而耻恶衣恶食者，未足与议也。"（杨逢彬先生《论语新注新译》译为："士人有志于真理，但又以吃粗粮穿破衣为耻辱，这种人，不值得同他商议。"）这里的"士"很明显是中性的。在《子路》篇，子贡问孔子："何如斯可谓之士矣？"（怎么样才称得上士呢？）孔子回答说："行己有耻，使于四方，不辱君命，可谓士矣。"（杨逢彬先生译："用羞耻之心约束自己的行为，出使各国，不辱没君主的使命，就可以叫做士了。"）这是从道德和能力两方面提出他心目中的士的标准。

　　孟子对"士"的本分、定位和自我认知都作了明确的定义，给"士"这个阶层注入了全新的内涵。他自豪地宣称："无恒产而有恒心者，惟士为能。"没有固定的产业收入，仍然坚守自己的价值观念和做人准则，只有士才能做到。士对社会的价值在于能够发挥自己的智慧和才干，使社会有序而健康地运行和发展，所以，"士之失位也，犹诸侯之失国家也。""士之仕也，犹农夫之耕也。"（《孟子·滕文公下》）行使管理社会的职责，是士的本分。但是，当君王胡作非为，"无罪而戮民，则士可以徙。"（《孟子·离娄下》）

孟子理想中的士，对后代的士人人格影响非常深远。只是他没有预见到，在特定的历史时代背景下，士人也会集体出逃，主动放弃对社会良知和人性底线的坚守，彻底演化成权力的奴仆，对权力蚁附蝇集，极尽谄媚巴结之能事。孟子见到这样的士人，又该说些什么呢？

10. 孟子的底气

原文

孟子曰："说大人，① 则藐之，② 勿视其巍巍然。③ 堂高数仞，④ 榱题数尺；⑤ 我得志，⑥ 弗为也。食前方丈，⑦ 侍妾数百人；我得志，弗为也。般乐饮酒，⑧ 驱骋田猎，⑨ 后车千乘；⑩ 我得志，弗为也。在彼者，皆我所不为也；在我者，皆古之制也。吾何畏彼哉？"（《孟子·尽心下》）

注释

①说（shuì）：说服，劝说别人听从。大人：指在高位者，

如王公贵族。②藐：小看，轻视。③勿视：不要看，即不放在眼里。巍巍然：高高在上的样子。④堂高：指殿堂及其台基的高度。按：古代的宫殿建筑一般都建造在夯土台基上。仞（rèn）：古代丈量高度的单位，一仞是八尺。当时一尺约合 23.1 厘米。⑤榱（cuī）题：屋檐下椽子的端头，"数尺"是指椽子的端头伸出的长度。⑥得志：实现志愿，指仕途发达，登上高位。⑦食：指饭食。前：摆在面前。方丈：一丈见方。⑧般（pán）乐：大肆作乐。⑨驱骋：驱马驰骋。田猎：打猎。按：在打猎的意义上"田"后来写作"畋"。⑩后车：后面跟随的车子。乘（shèng）：辆。

译文

孟子说："向权贵进言，要藐视他，不要把他那副高高在上的样子放在眼里。殿堂高达数丈，屋椽的端头伸出去数尺；我要是登上高位，是不会这么做的。美味佳肴摆满面前，达一丈见方，姬妾有数百人；我要是登上高位，是不会这么做的。纵情作乐饮酒，驱马驰骋打猎，随从的车子上千辆；我要是登上高位，是不会这么做的。他们的所作所为，都是我根本不会去做的；我所做的都是符合古代制度的，我为什么要畏惧他们呢？"

解说

人们处在高位上，就会自然摆出高高在上的样子，实际上其心理优势并非建立在个人的品德、能力之上，而是屁股决定脑袋的结果。孟子所列举的权贵的作为有三点：一是把殿堂修造得巍峨庄严，门禁森严，以此彰显其地位；二是穷奢极欲地讲究排场；三是醉生梦死地追求享乐。在孟子看来，以上诸般权贵们自以为高贵的作为，其实都是内心虚弱空洞的表现。孟子看穿了权势的本质，更相信道德和文化的力量，所以能够在跟权贵们打交道的时候，始终做到泰然自若，不卑不亢。

东汉赵岐注"勿视其巍巍然"一句，认为是说"勿敢视之巍巍富贵若此，而不畏之，则心舒意展，言语得尽而已"。清代学者焦循在《孟子正义》中接受了赵岐以"巍巍然"为富贵之义的说法，但不同意赵岐"勿敢视"的解释，把这句话理解为"犹俗云不必以其富贵置在心目中也"，然后仔细辨析了"勿视"与"勿敢视"的语义差异，他说："勿敢视者，心畏其富贵，目不敢视也。勿视者，不以其富贵为重而视之也。勿敢视是畏，勿视是不畏。赵氏谓其富贵可畏若此而不畏之。盖在他人则勿敢视者，在我则勿视；在他人则畏之，在我则不畏之。曲折以互明其义也。"富贵会令人产生强烈的幻觉，以为自己可以凌驾于众生；而贫贱往往令人不自觉地产生屈服和畏惧感。孟子说："富贵不能淫，贫贱不能移。"这话虽然被许多人喜爱并奉为座右铭，可真正做到实非易事；这需要长期修炼，不断培养自己的"浩然之气"，如此方能有孟子的底气。

11. 君子入仕的前提

原文

陈子曰：①"古之君子何如则仕？"② 孟子曰："所就三，所去三。③迎之致敬以有礼;④言,将行其言也,⑤则就之。⑥礼貌未衰,⑦言弗行也,⑧则去之。其次,⑨虽未行其言也,迎之致敬以有礼,则就之。礼貌衰,则去之。其下,⑩朝不食,⑪夕不食,⑫饥饿不能出门户;⑬君闻之,曰:'吾大者不能行其道,⑭又不能从其言也,⑮使饥饿于我土地,吾耻之。'⑯周之,⑰亦可受也,免死而已矣。"⑱(《孟子·告子下》)

注释

①陈子:指孟子的弟子陈臻。②何如:如何,怎么样。仕:做官。③就:趋向,主动前往。所就:指主动投奔君主效力的情况。按:这里"所"是表原因的用法。三:指有三种情况。去:离开。④致敬:极尽诚敬之心;极其恭敬。以:用。⑤言:说话,这里指君子向君主进言。行其言:按照所进之言实行。⑥就之:投奔这样的君主。⑦貌:仪容,神态。《论语·季氏》:"色思温,貌思恭。"礼貌:礼节和脸色。衰:减退。⑧弗行:不之行,不行之,即不按照进言去做。⑨其次:(比起前面所说的)差一等的情况。⑩其下:(比起前面所说的)更下等的情况。⑪朝(zhāo):早晨。不食:不吃东西。这里指没有东西吃。⑫夕:傍晚。按:夕指月亮出现太阳落下的时段,是白天的末尾,夜晚的开始。⑬门户:门。按:古代房屋的门是单扇的,称户;宅院的门是双扇的,称门。⑭大者:指大的方面。行其道:实施他的思想主张。⑮从其言:听从他在具体事情上的进言。⑯耻之:对此感到耻辱。⑰周:接济,救济。⑱免死:避免饿死。

译文

陈子说:"古代的君子怎么样才会选择出来做官呢?"孟子说:"主动去投奔君主效力的情况有三种,离开君主的情况也有三种。君主迎接时极其恭敬,并能用完全合乎礼法规定的方式;向君主进言,君主能够按照所进之言行事,在这种情况下,君子就会主动来投奔效力。尽管礼节和脸色都没什么减退,可是进言之后君主不再接受并实行,那就离开他。次一等的情况是,虽然没有实行君子的言论,然而迎接时极其恭敬,并能用完全合乎礼法规定的方式,这时可以主动前往。一旦礼节和脸色都减退了,那就马上离开。最下等的情况是,早饭没东西吃,晚饭还是没东西吃,饥饿不堪,连门都出不了了;君主听到这种情况,说:'大的方面我不能遵行他的思想主张,又不能采纳他的进言,让他在我的国土上忍饥挨饿,我对此感到耻辱。'于是君主便从生活上接济他。对此君子也是可以接受的,只是为了避免饿死罢了。"

解说

孟子认为,作为君子,选择出仕是有条件的。最重要的是要保证自己的人格受到应有的尊重;其次是有所作为,即君主能够接受并实施自己的主张。在这两条之中,人格受到尊重是基本前提。即使是在陷入贫困的境况时,也需要君主有正确的态度,君子才会接受君主的接济。

在孟子看来,一个人投身于追逐权力或财富,为了达到目标不择手段,不仅甘愿自讨没趣,甚至可以逢迎谄谀,毫无良知和底线，那就已经失去了做人的资格，因而无论爬到怎样的高位，都是令人不齿的。在孟子的价值观念中，君子出仕的前提，必须是在任何情况下都坚守自己的节操，不能辱没自己的身份，更不能使父母和家族的名声蒙受羞耻。

出仕意味着与权力打交道。在漫长的人治社会中，傲慢是权力的基本特征。有的人认同甚至艳羡权力的傲慢，以追逐权力为人生目标，那么他在获取权力之后，会将权力的傲慢演绎到极致。孟子则选择以人性的尊严对抗权力的傲慢，既不放弃自己对社会的道义和担当，也绝不为此牺牲个人的尊严。可惜，在过去两千多年的历史进程中，始终没有人去追问权力傲慢的根源，从而思考如何改变权力的属性，用制度去限制并逐渐消除权力傲慢的品质。

12. 孟子的不臣之论

原文

孟子告齐宣王曰："君之视臣如手足，则臣视君如腹心；①君之视臣如犬马，则臣视君如国人；②君之视臣如土芥，则臣视君如寇雠。"③

王曰："礼，为旧君有服。何如斯可为服矣？"④曰："谏行言听，膏泽下于民；⑤有故而去，则君使人导之出疆，⑥又先于其所往；⑦去三年不反，⑧然后收其田里。⑨此之谓三有礼焉。⑩如此，则为之服矣。今也为臣，谏则不行，言则不听，膏泽不下于民;有故而去,则君搏执之,⑪又极之于其所往;⑫去之日,遂收其田里。⑬此之谓寇雠。寇雠,何服之有?"⑭(《孟子·离娄下》)

注释

①手足:手和足。手足既是人体的组成部分,又是人体行动作为不可或缺的工具。古人以"手足"比喻臣下,臣下与君主关系密切,同时又是执行、实施君主意志的工具。腹心:肚腹与心脏,古人视为人体最重要的器官。此用"腹心"比喻最重视和最亲密的人。②犬马:狗和马,都是供人驱策役使的,因此用作臣子对君上的自卑之称。这里说君视臣如犬马,意思是君主只是把臣下看作奴才。国人:国内之人。这里相当于说路人,即相互之间是没有任何情感的普通关系。③土芥:泥土草芥,都是极微贱之物,用以比喻地位低贱、无足轻重。寇雠(chóu):强盗和仇敌。④为(wèi):替,给。旧君:以前事奉过的君主。服:指服丧期。有服:指服丧。何如:如何,怎样。斯:连词,则,就。⑤谏行:劝谏被采纳实施。言听:进言被接受。膏泽:德泽,恩惠。⑥故:事,变故。去:离开。导:引导。疆:国界。⑦先:动词,先行。按:这个意思旧读去声。其所往:指那位臣下所要前往的地方。按:先于其所往,相当于如今所说的打前站,即提前去安排布置。⑧反:返回。这个意义后来写作"返"。⑨田里:特指君主封赐给卿大夫的禄田和住宅。⑩三有礼:三方面有礼。焉:于之,于臣下。⑪搏执:拘捕。⑫极:使疲困。⑬遂:就。⑭何:哪里,怎么。服之有:"有服"的倒置形式。

译文

孟子告诉齐宣王说:"君主看待臣下如同自己的手足,那么,臣下看待君主如同自己的腹心;君主看待臣下如同犬马,那么,臣下看待君主如同常人;君主看待臣下如同泥土草芥,那么,臣下看待君主如同强盗和仇敌。"

齐宣王说:"按照礼制,(臣下)要为以前曾事奉过的君主服丧。君主怎样才能使人替自己服丧呢?"孟子说:"劝谏能得到采纳,进言能被接受,恩惠施加于百姓;如果有事情要离去,那么,君主派人引导他离开国境,并派人先行到他所要去的地方;离开三年没有返回,然后才把封赐给他的禄田和住宅收回。这就叫做对臣下三有礼。像这样的话,臣下就会为事奉过的君主服丧。如今作臣下,劝谏则得不到采纳,进言则不被接受,恩惠不能施加于百姓;如果有事情要离去,君主就马上派人拘捕他,并派人到他所要去的地方把他搞到走投无路;在臣下离开的当天,就把封赐给他的禄田和住宅收回。这就叫做强盗和仇敌。既然是强盗和仇敌,又怎么能为他服丧呢?"

解说

《明史·钱唐传》记载,朱元璋读《孟子》,读到"草芥""寇雠"一句,怒道:"非臣子所宜言。"于是下令取消孟子配享孔庙的资格,并下诏:"有谏者以大不敬论。"刑部尚书钱唐冒死劝谏:"臣为孟轲死,死有余荣。"孟子配享的地位才得以恢复。

在金字塔形的权力框架下,君臣之间、上下级之间,在本质上是冷冰冰的权力关系。君主不仅可以决定臣子的荣华富贵，而且能够主宰臣子的生死命运。因此，臣下在行使君主赐予的权力时，首先以迎合君主的想法、维护君主的利益为宗旨就成为必然；同时由于对君主存在事实上的人身依附关系，臣下不可能有独立的人格。

基于这样的权力关系，"官大一级压死人"，献媚取悦在上位者是下级官员进身乃至保身的重要法宝。与阿谀奉承、奴颜婢膝相伴而生的，便是欺上瞒下；同时每一级官员又需要在下属面前仗势凌人、颐指气使，借此获得心理上的快感和平衡。

孟子对齐宣王的告诫，可谓正气凛然，豪气干云。孟子宣告，君臣在人格上是平等的，双方倘若能够相互尊重，便可以齐心协力，追求仁政；否则便只能是相互敌对。如果君主不以礼使臣，那么臣下将表面上对君主忠诚、谄媚，实则内心充满怨恨、仇视。这样的君臣关系，又怎么可能和谐安定呢？

宣王听了孟子振聋发聩的一番话，很突兀地抛出一个问题：你孟先生讲礼，可按照礼制，臣下是应该为以前曾事奉过的君主服丧的。照孟子的说法，臣下可以"视君如国人"，甚至"视君如寇雠"，那岂不是说明，"为旧君有服"就不是天经地义的了？因此，需要讨论臣下这样做的前提是什么。

孟子的回答，依然把君主如何对待臣下作为臣下如何对待君主的前提条件。他所论述的"三有礼"，正是孔子"君使臣以礼"思想的具体体现。孔子同样强调"君使臣以礼"，然后才能"臣事君以忠"（见《论语·八佾》），两者的关系非常清楚。"三有礼"所表现的，不仅是君主对臣下周到备至的礼数，更是君主对臣下人格的尊重。其中所表现出来的是一种完全不同于以往的新型的君臣关系，君臣之间在实质上是一种合作关系，而不再是人身依附关系。

旧有的君臣关系建立在以血缘关系为基础的宗法制度上，由家族统治而形成的家国政治体系，使得统治集团内部成员之间存在亲疏远近不等的宗亲关系，所以，《仪礼·丧服》中除明确规定为亲属服丧的五种礼仪（五服），包括居丧服饰、居丧时间和行为限制等内容，还规定了基于政治关系的服丧制度，包括诸侯为天子服丧，大夫、士、庶人为诸侯服丧。这些制度在某种程度上都与五服是同一性质的。而公、士、大夫家的奴仆为主人服丧，则是基于人身依附关系，属于五服的扩展。

战国时期各诸侯国出于富国强兵的现实需要，拼命延揽人才，从而导致统治集团的构成发生了重大变化。孟子认识到人才对于国家发展的重要性，指出要实行仁政从而无敌于天下，首先应做到"尊贤使能，俊杰在位，则天下之士皆悦，而愿立于其朝矣"（《孟子·公孙丑上》）。尊重知识、尊重人才是孟子仁政思想中的重要内容。

在这样的思想背景下，孟子建立起双向对等的君臣观，明确主张臣下凭借自身的知识和能力为君主做事，而并非依附于君主的奴仆，完全没有愚忠君主的义务。当得不到应有的礼遇，或者无法实现自己的政治理想时，自可飘然而去，另择明君。

如此说来，后世的"君为臣纲"的理论，即要求臣下单方面绝对服从君主的君臣关系，恐怕与孟子没有什么关系。

13. 君子何养?

原文

公孙丑问曰:①"不见诸侯,何义?"②孟子曰:"古者不为臣不见。③段干木逾垣而辟之,④泄柳闭门而不纳,⑤是皆已甚;⑥迫,⑦斯可以见矣。阳货欲见孔子而恶无礼,⑧大夫有赐于士,不得受于其家,⑨则往拜其门。⑩阳货瞰孔子之亡也,而馈孔子蒸豚;⑪孔子亦瞰其亡也而往拜之。当是时,⑫阳货先,岂得不见?⑬曾子曰:⑭'胁肩谄笑,⑮病于夏畦。'⑯子路曰:⑰'未同而言,⑱观其色赧赧然,⑲非由之所知也。'⑳由是观之,则君子之所养,可知已矣。"(《孟子·滕文公下》)

注释

①公孙丑:孟子弟子。②何义:什么道义。按:所谓义,是全社会公认合宜的道理和行为。③古者:古时候。④段干木:战国初期人,孔子弟子子夏的弟子,曾做过魏文侯的老师。逾(yú):翻越。垣(yuán):围墙。辟(bì):躲避。这个意思后来写成"避"。《史记·魏世家》唐代张守节《正义》引《高士传》:"木,晋人也,守道不仕。魏文侯欲见,造其门,干木逾墙避之。"⑤泄柳:鲁缪公时的贤者。纳:使入,接待。⑥是:这,指国君到了门口而拒绝见面的做法。甚:过分。⑦迫:逼近,这里是指已经到了门口。斯:连词,则,就。⑧阳货:季

氏家臣，名虎。曾囚禁季桓子而专鲁国之政。见：使拜见。在这个意思上旧读 xiàn。按：阳货想使孔子来拜见自己，是希望孔子出仕帮助自己。恶（wù）：讨厌。⑨大夫：周代职官名，国君之下有卿、大夫、士三等。按：阳货当时担任鲁国正卿季氏的家务总管，因此可以称"大夫"；孔子没有官职，所以称"士"。有赐：有赏赐之物。不得：不能，指由于客观原因而不能。受于其家：指在士自己的家里接受赏赐。⑩往拜其门：前往大夫的家行拜谢之礼。按：《礼记·玉藻》："大夫亲赐士，士拜受，又拜于其室。……敌者不在，拜于其室。"⑪瞰（kàn）：同"瞰"，窥视。亡：不在，外出。馈（kuì）：赠送。蒸豚（tún）：蒸熟的小猪。⑫当是时：在这个时候。⑬先：先行，先做某事。这里是说阳货主动先去见孔子。岂：哪里，怎么。得：能。⑭曾子：曾参，字子舆，春秋时鲁国人，孔子的弟子，后世称为宗圣。⑮胁：收敛。胁肩：耸起肩膀。这是表示对对方的敬畏。谄笑：极力作出谄媚的笑脸。"胁肩谄笑"形容极端谄媚的样子。⑯病：困苦，疲累。于：介词，表比较。畦（qí）：本指田间划分的小区，这里作动词，指在田间劳作。⑰子路：仲由，字子路，孔子的弟子。⑱未同：指观点不相同。⑲色：神色。赧（nǎn）赧然：因羞愧而脸红、惭愧的样子。⑳非由之所知：这不是我所能懂得的。按：这是子路表示极端厌弃的说法。

译文

公孙丑问道："不去求见诸侯，是什么道理呢？"孟子说："古时候，如果不是诸侯的臣下，就不去谒见。段干木翻墙避开

（魏文侯的来访），泄柳关上门不接待（鲁穆公），这些做法都太过分了。如果对方已经到了门口，也就可以见一面了。阳货想让孔子来拜见自己，又不喜欢被人说自己不懂礼数。（按礼节规定，）大夫赠送礼物给士人，士人因故不能在家接受礼物，就应该前往大夫家拜谢。于是阳货就瞅着孔子不在家的时候，给孔子送去一只蒸熟的小猪。孔子也趁着阳货不在家时上门拜谢。那时阳货如果主动先去见孔子，孔子哪能不见呢？曾子说：'耸起肩膀，强装出巴结的笑容，真比大夏天在田间劳作还难受。'子路说：'明明合不来还要交谈，看他脸色羞愧得通红的样子，这不是我所能理解的。'由此看来，君子所要培养的道德操守，就可以知道了。"

解说

孟子与弟子公孙丑讨论的话题是，作为士人，在什么情况下应当主动求见君主。讨论这个话题的背景是，当时的官场等级森严，逢迎谄媚是下级对待上司的惯常姿态。很多士人坚持操守，不愿牺牲自己的人格尊严而步入官场，因此采取远离官场的生活态度。孟子为了实现自己的政治理想，一方面要周旋于名利场，另一方面又特别强调应保持自己崇高的气节和人格尊严。因此，公孙丑便以"不见诸侯，何义"为题，求教于孟子。

孟子首先表明，士人为了保持品格的高洁，远离权力，即使君主上门拜访也绝不接触，这种做法是不可取的。有时候，拥有权力的人也希望得到贤能之人的帮助，如魏文侯为了求见段干木，不仅诚恳地以客礼待干木，而且充分肯定段干木的品德高尚，认为"干木先乎德，寡人先乎势；干木富乎义，寡人富乎财。势不若德贵，财不若义高"（《高士传》卷中《段干木》）。对这样的君主，就不妨与之接触，引导和帮助他施行仁政。

　　阳货是另外一种情况，他想请孔子出山，于是按当时的礼数设计了一场戏，想让孔子主动前来拜谢自己。这就显得丝毫没有诚意，因此孔子也毫不客气地以彼之道，还施彼身。孟子用这个故事说明，士人凭借自己的道德学问和见识才干获得地位和待遇，在人格上与当权者是完全平等的，因此，当权者要与自己会面必须使用正确的态度和方式。

　　孔门弟子在对待权贵的态度上，认知完全一致。有些人为了获得利益，毫无羞耻地巴结权贵，对这些人，曾子表达了极端的鄙夷；子路更是完全搞不懂，为什么有人明明知道自己的理念见解与权贵格格不入，却还硬要腆着脸追逐当政者。在孔门弟子看来，这些人摧眉折腰攀附权贵，为此不惜牺牲自己的人格尊严，实在是不值得。

　　孟子在举出先贤的观点和做法之后总结道，作为君子，与权力保持距离，是保护自己的人格不被肆意践踏并培养自身的浩然之气的必要条件。事实上，这种保持距离的姿态，是士人能够冷静地审视时代和社会的前提。如果士人紧贴权力甚至拥抱权力，那是无法看清楚真相的，最终只能沦为权力的帮凶或奴仆。

14. 狂狷与乡愿

原文

(万章)曰:①"何如斯可谓之乡原矣?"②曰:"'何以是嘐嘐也?③言不顾行,④行不顾言,则曰:古之人,古之人。行何为踽踽凉凉?⑤生斯世也,⑥为斯世也,⑦善斯可矣。⑧'阉然媚于世也者,⑨是乡原也。"⑩万子曰:"一乡皆称原人焉,⑪无所往而不为原人;孔子以为德之贼,何哉?"曰:"非之无举也,⑫刺之无刺也;⑬同乎流俗,⑭合乎污世;居之似忠信,⑮行之似廉洁;⑯众皆悦之,⑰自以为是,⑱而不可与入尧舜之道,⑲故曰'德之贼也'。"(《孟子·尽心下》)

注释

①万章:孟子弟子。②何如:如何,怎么样。斯:则,于是。谓:叫做,称为。原:通"愿",指平民为人处世谨小慎微,相当于"老实""本分"。乡原:即"乡愿",指一乡中的愿者,这样的人看起来恭谨忠厚,然而没有是非原则,一心博取好名声。③何以:以何,因为什么。是:这样。嘐(xiāo)嘐:志向远大而言语夸张的样子。④顾:顾念,考虑。⑤何为:为何,为什么。踽(jǔ)踽:独自走路孤单的样子。凉凉:寂寞冷落的样子。⑥斯世:这个社会。⑦为斯世:在这个社会上做事。⑧善:认为善。斯:则,就。⑨阉(yān):割去生殖器在

官中服役的男子。阉然：像宦官的样子，即善于迎合讨好的样子。媚：讨好，逢迎。⑩是：这。⑪称：称赞。⑫非之：责难他。无举：没有可以揭发的事情。⑬刺之：指责批评他。无刺：没有可以批评的行为。⑭流俗：社会上流行的风俗习惯，一般含贬义。⑮居之：平时。⑯行之：指做事情。⑰悦：喜欢。⑱自以为是：自己认为自己正确。⑲与入：与之入，跟他一起进入。尧舜之道：尧和舜都是传说中远古的帝王，以仁义做人、治天下。尧舜之道，即仁义之道。

译文

万章问："怎么样就可以把他称为乡愿呢？"孟子说："（乡愿指责狂者说：）'为什么总是那样志向远大、口气不凡？说话不考虑能否做到，做事情不考虑自己说过的话，却还说什么：古代的人！古代的人！'（乡愿又批评狷者说：）'行为为什么那样孤单冷落？生在这个社会，在这个社会上做事，只要大家觉得好就行了。'像宦官那样在社会上迎合讨好的人就是乡愿。"万章问："全乡的人都称赞他是忠厚人，时时处处无不表现得是个忠厚人，孔子却认为（这种人）戕害道德，这是为什么呢？"孟子说："（这种人，）要责难他，却举不出什么可以责难的事来；要指责他，却又觉得没什么可指责的；他永远跟社会上流行的风俗习惯保持一致，总是能在污浊的现实中如鱼得水；平时一派忠厚长者的气象，行为看上去廉洁自律；大家都喜欢他，他自我感觉也相当良好，但是却不能同他一起进入尧舜之道，所以说是'戕害道德的人'。"

解说

孔子创造了"乡愿"这个词,并表示出对乡愿的极度憎恶:"乡愿,德之贼也!"(《论语·阳货》)一百多年后的某一天,孟子和学生万章一起由孔子对狂狷之士的看法聊起人的品类,孟子比较了狂者、狷者和乡愿(原)的不同。

孟子对万章解释说,狂放的人志向远大,谈吐不俗,虽然在个人修为和行动力方面都有欠缺,可终归是理想主义者。其次便是狷介之士,不肯同流合污,绝不会为现实利益而做自己不齿的事情。还有一类人,就是乡愿,孟子引用了孔子的话:"过我门而不入我室,我不憾焉者,其惟乡原乎?""经过我门口却没有进屋来坐坐,我不会感到任何遗憾的,大概只有乡愿吧?"

孟子说的"乡原",就是孔子说的"乡愿"。孟子给乡愿画了一幅标准像:"阉然媚于世也者,是乡原也。"一副宦官嘴脸地在社会上献媚邀宠、八面玲珑的人,就是乡愿。用"阉然媚于世"描述乡愿,虽然有毒舌之嫌,倒也着实恰切。

孟子通过乡愿对狂者和狷者的议论,具体生动地揭示出乡愿的内心世界。狂者仰望星空,抱着理想主义的热情,总是在批评社会现实,却又在实际行动上达不到自己所标举的理想,有什么意义呢?狷介之士为了保持自身的节操,结果弄得自己孤孤单单,何必呢?

所以,乡愿认为正确的三观是:"生斯世也,为斯世也,善斯可矣。"一个人生活在这个社会上,只要大家觉得好就可以了。既有如此观念,乡愿在现实生活中的具体表现就是:任何人说不出他的任何不好,他总是跟社会现实水乳交融,不分善恶,不管是非。

在一个乡愿社会里,人们的行为准则是,只要不影响自己升官发财,一切都好;只要有碍于自己升官发财,那么对不起,乡愿们下起黑手,也同样是没有底线的。

"生斯世也,为斯世也,善斯可矣。"杨伯峻先生译作"生在这个世界上,为这个世界做事,只要过得去就好了。"好一个"过得去就好了",于是社会失去了底线。

15. 齐人之福的背后

原文

齐人有一妻一妾而处室者,① 其良人出,② 则必餍酒肉而后反。③ 其妻问其所与饮食者,④ 则尽富贵也。⑤ 其妻告其妾曰:"良人出,则必餍酒肉而后反;问其与饮食者,尽富贵也,而未尝有显者来。⑥ 吾将瞯良人之所之也。"⑦ 蚤起,⑧ 施从良人之所之,⑨ 遍国中无与立谈者。⑩ 卒之东郭墦间,⑪ 之祭者乞其余;⑫ 不足,又顾而之他。⑬ 此其为餍足之道也。其妻归,告其妾,曰:"良人者,所仰望而终身也;⑭ 今若此!"与其妾讪其良人而相泣于中庭。⑮ 而良人未之知也,⑯ 施施从外来,⑰ 骄其妻妾。⑱ 由君子观之,则人之所以求富贵利达者,其妻妾不羞也而不相泣者,几希矣。⑲(《孟子·离娄下》)

注释

①处（chǔ）：居住。②良人：古时女子对丈夫的称呼。③餍（yàn）：饱。反：返回。这个意义后来写作"返"。④其所与饮食者：他跟一同吃喝的人，即他跟谁一起吃喝。⑤尽：全部。富贵：指富贵之人。⑥未尝：不曾。显者：显贵的人。⑦瞷（jiàn）：窥伺。所之：去的地方，去哪儿。⑧蚤：通"早"。⑨施（yí）：曲折行进貌，这是说为了不使对方发现，所以要躲躲闪闪地曲折行进。从：跟随。⑩国：指国都。⑪卒：最终。之：到。东郭：指东城外，东郊。郭：外城。内城的城墙叫城，在内城的外围加筑的一道城墙叫郭。墦（fán）：坟墓。墦间：指墓地。⑫之：到。祭者：祭祀的人。其余：指祭祀结束后余下的供品，如瓜果、酒食等。⑬顾：回头看，这里指东张西望。他：别的，此指另外的祭者。⑭仰望：期望，指望。⑮讪（shàn）：讥讽。中庭：即庭中，堂前的院子里。⑯未之知：未知之，不知道这一切。⑰施施：喜悦自得的样子。⑱骄：本指人趾高气扬、志得意满的样子。这里是"对……骄"的意思。⑲几（jī）：几乎，差不多。希：稀少。

译文

齐国有户一妻一妾在一起生活的人家，她们的丈夫外出，一定酒足肉饱地回家。他的妻子问他跟什么人一同吃喝，他说的全都是有钱有权的人物。他的妻子把这事告诉了妾，说："丈夫外出，就一定酒足肉饱地回家，问他跟什么人一同吃喝，他说的全都是有钱有权的人物，可家里从没来过什么有地位的人物。我得偷偷地观察一下他究竟去了哪儿。"第二天早上起来，妻子就暗中跟着丈夫，看他要去哪儿。结果丈夫在城里晃荡了一大圈儿，也没人站住脚跟他说句话。最后丈夫到了东郊的一块墓地里，跑到上坟祭奠的人那里乞讨些祭祀余下的供品；没吃饱，又东张西望找另外一家上坟的人去乞讨。原来这就是他做到酒足肉饱的法子。他的妻子回到家里，把所看到的一切都告诉了妾，说道："丈夫是咱们指望着过一辈子的人，如今却是这个样子！"于是跟妾一起嘲骂她们的丈夫，然后就在院子里相对哭泣。她们的丈夫还不知道这一切，又得意洋洋地从外面回家了，向自己的妻妾摆着架子。在君子看来，人们用来追求升官发财的手段，能使他们的妻妾不感到羞耻、不相对而泣的，恐怕是很少的。

解说

这位丈夫能娶一妻一妾，却要靠到墓地去乞讨酒食来骗妻妾，大概是家道败落的子弟吧？他骨子里依然很好面子，所以会搞些把戏给妻妾看，以此在妻妾面前制造自己混得还很体面的假象。妻子是个聪明人，从家里没有贵客上门看出了破绽，于是跟踪观察，亲眼目睹了丈夫如何做到酒足肉饱，那不堪的场景深深地刺激了她。妻妾相对而泣，是为丈夫的卑劣行径而深感羞耻，是为自己的不幸命运而悲哀。只是丈夫不知道自己的老底儿已经被识破，依然在妻妾面前摆出趾高气扬、志得意满的姿态。故事到此戛然而止，下文如何，需读者凭自己的想象来分解了。

故事最后的评论颇有味道。人生在世，总是拼命追求飞黄腾达、光耀门楣；成功者会风光无限地站在社会的顶层，炫耀自己不凡的身份和地位。孟子告诫道，富贵诚可贵，尊严价更高。有时为求取功名富贵，而卑躬屈膝、无所不为；牺牲尊严而换来的所谓荣耀，究竟值不值得呢？因此，自以为活得很有面子、混得很有地位的人，都应该想想，在爬到如今位置的过程中，有没有做过些令妻妾感到羞耻、相对而泣的事情呢？

16. 无耻之耻

原文

孟子曰："人不可以无耻。①无耻之耻，②无耻矣。"（《孟子·尽心上》）

注释

①可以：助动词，表示道义情态的许可。耻：羞愧之心，指声誉受到损害而产生的羞愧感。②无耻之耻：对自己没有羞耻心而产生的羞耻感。东汉赵岐注："人能耻己之无所耻，是为改行从善之人，终身无复有耻辱之累也。"

译文

孟子说："人不能没有羞耻心。能对自己没有羞耻心而感到羞耻，也就不会有耻辱了。"

解说

孔子说:"古者言之不出,耻躬之不逮也。"(《论语·里仁》)又说:"君子耻其言而过其行。"(《论语·宪问》)都是说作为君子,说了大话而又没能做到,会产生羞愧感。这种羞愧感来自内心自我反省,是君子以"言必信"的道德标准约束自己的结果。因此,不一定与他人如何看待自己有关。

孔子说:"士志于道,而耻恶衣恶食者,未足与议也。"(《论语·里仁》)孔子又说:"敏而好学,不耻下问。"(《论语·公冶长》)这类羞愧之心同样来自依据自己的标准自我衡量的内心感受。因此,孔子把"行己有耻"作为对士的要求,强调士应当树立内心的规则和秩序,如果自我反省时违背了内心的规则和秩序,就应当感到羞愧。

检视孟子对"耻"字的使用,大体继承了孔子。在本章中,孟子强调一个人具备羞耻心的重要性,认为羞耻心乃衡量个人道德水准高下的尺度。当一个人察觉到自己在某件事情上应当感到羞愧而没有羞愧,他就马上警醒,深以为耻,这样的人也就可能远离羞耻了。

在下一章,孟子继续谈羞耻心的问题,他说:"耻之于人大矣。为机变之巧者,无所用耻焉。不耻不若人,何若人有?"(《孟子·尽心上》)羞耻感对于一个人来说至关重要。玩弄权术诡计的人,只求达到目的,因而也就完全用不着有羞耻心了。而对于普通人来说,假如觉得不如别人并不是羞耻,那么就永远无法赶上别人。正如朱熹《孟子集注》所说:"但无耻一事不如人,则事事不如人矣。"

当然，如人或者不如人，则又涉及价值观的问题。孟子所论，乃是对追求道德完善的人而言。对于不择手段捞取功名富贵的人来说，根本无视道德问题，也就不存在有耻无耻的问题。同样，君王高喊的道德，通常是要求百姓们奉守的；实际上君王内心的耻，与要求百姓感受的耻，内涵是全然不同的。

17. 豕交兽畜

原文

孟子曰："食而弗爱，①豕交之也；②爱而不敬，兽畜之也。③恭敬者，币之未将者也。④恭敬而无实，君子不可虚拘。"⑤（《孟子·尽心上》）

注释

①食（sì）：给……吃，喂养，供养。弗爱：不之爱，不爱他。②豕：猪。这里用作状语，表示像对待猪一样。交：交接，交往。③兽：走兽，这里指犬马一类。畜（xù）：畜养，豢养。④恭敬：对人谦恭敬重。币：古代以束帛作为馈赠的礼物，称为币，引申为礼物的通称。将：奉送。⑤实：实际。无实：即只有形式，而没有相应的实际内容。虚：相对"实"而言，即虚空的形式。这里"虚"作状语，用虚空的形式。拘：束缚，限制。按："拘"本指把人拘束起来使其失去行动的自由。君子不可虚拘：指君子不会因为对方虚空无实的礼仪形式而留下来

为对方做事。

译文

孟子说:"供养一个人却不真心喜欢他,这是像对待猪一样对待人;喜欢一个人却对他毫无敬重之心,这是像畜养牲口一样豢养人。谦恭敬重之心,是在礼物还没送上之前就应当具有的。不过,只有恭敬有礼的形式,却没有恭敬的实心诚意,那么,君子也不会被虚空的形式所束缚。"

解说

所谓"食",是指在物质上满足人的生理需求。人养猪是为了吃肉,并不会投入情感。因此,用养猪的态度对待人,是有德才的贤者决不会接受的。对于犬马之类,人们会有喜爱之情,但却不会有敬重之心。有德才的贤者自然也不会接受。有时君主在形式上似乎做足场面,恭谨有礼地对待贤者,其实内心仍是高高在上的傲慢,在孟子看来,真正的贤者也不会接受这种徒有其表的礼遇。

爱,本指人与人之间相互喜欢的感情,引申指人对某种事物的喜爱之情。由于所爱的对象不同,"爱"在语义上会表现出一定的变异性;特别是当这种感情出现在人与物之间时,在喜爱之上有时增加了贪图、舍不得的感情。爱而不敬,是人与人之间交往中经常出现的现象。敬,是从内心敬重对方,是诚心诚意、尽心竭力地对待别人;表现在行为上,是端庄恭敬、不敢怠慢。

孟子讲到的养而不爱、爱而不敬、敬而不实等问题,具有某种程度的普遍意义。子女之于父母长辈会存在同样的问题,所以当子游向孔子请教关于孝的看法时,孔子回答说:"今之孝者,是谓能养;至于犬马,皆能有养。不敬,何以别乎?"(《论语·为政》)如今人们讲到有孝心的人,主要是说他能奉养父母;可是对于狗马一类的家畜,也都能做到精心饲养呀。所以,如果对父母没有敬爱之心,又拿什么去区别这两者之间的不同呢?

君主对于贤者又何尝不是如此呢?君主闻听贤者的名声,于是礼聘到朝廷加以任用。可是虽然给予贤者优厚的待遇和隆重的礼遇,却不接受更不会采纳贤者的思想主张,这在本质上与"豕交""兽畜"并无根本的区别。

为政者之于百姓也存在同样的问题。当为政者减轻盘剥压榨,因而百姓在辛勤劳作之下得以丰衣足食,为政者便以百姓的恩主自居,对百姓既无爱心,更无敬意,这其实与养猪又有什么不同呢?

八、孟子的心声

1. 圣之清者

原文

孟子曰："伯夷，①目不视恶色，②耳不听恶声。③非其君不事，④非其民不使。⑤治则进，⑥乱则退。⑦横政之所出，⑧横民之所止，⑨不忍居也。⑩思与乡人处，如以朝衣朝冠坐于涂炭也。⑪当纣之时，⑫居北海之滨，⑬以待天下之清也。⑭故闻伯夷之风者，⑮顽夫廉，⑯懦夫有立志。⑰……伯夷，圣之清者也。"⑱（《孟子·万章下》）

注释

①伯夷：商朝末年孤竹国君主的长子，跟弟弟叔齐相互推让君位，相继出走。他曾劝阻周武王伐纣。武王攻灭商朝后，耻食周粟，宁可饿死在首阳山。古人把他看作清高廉洁的典范。②恶色：邪恶的事物。③恶声：邪恶的声音。④事：事奉，服事。⑤使：用。⑥治：治理得好。指政治清明、社会太平、百姓富足。进：指到朝廷做官。⑦乱：不治，指政治黑暗污浊、社会无序，百姓困苦不堪、朝不保夕。退：指隐退，即退出朝廷回家隐居。⑧横（hèng）：专横，暴虐；横政即暴政。⑨横民：凶暴不法、不讲道理的民众。所止：居住的地方。⑩不忍：不狠心，不愿意。⑪思：考虑，感觉。乡人：乡下人，世俗之人。处（chǔ）：相处，交往。如：好像。朝（cháo）衣：君臣

上朝时穿的礼服。朝冠：君臣上朝时所戴之冠。涂：泥，泥污。炭：木炭。涂炭，指污浊之处。⑫纣：商朝最后一个王，昏乱残暴；商朝被灭后，纣自焚而死。⑬北海：指渤海。滨：水边。⑭清：政治清明，太平。⑮风：指人的品行和作风。按："风"由自然界的风引申指社会上流行的风俗习惯，孔子说："君子之德，风；小人之德，草。草上之风，必偃。"（君子的品行好像是风，小人的品行好像是草。草被风吹过就一定会顺着风倒伏。见《论语·颜渊》）上层社会对整个社会的道德习惯和礼仪风尚起着引领和制约的作用，因而"风"又可指对社会有影响的品行、作风。⑯顽夫：贪婪无耻的人。廉：廉洁，指自我约束、有原则。⑰懦夫：软弱胆怯的人。立志：坚强独立的意志。⑱圣：指智慧和道德都达到最高境界的人。清：清廉，清高。

译文

孟子说："伯夷，眼睛不看邪恶的事物，耳朵不听邪恶的声音。不是他心目中理想的君主，就不去服事；不是他心里满意的百姓，就不去使唤。天下太平就入仕为官，世道昏乱就退身隐居。暴政肆虐的国度，暴民居住的地方，他是不会在那儿居住的。他感觉跟世俗之人相处好像穿着上朝的礼服、戴着上朝的冠帽坐在泥污炭灰里。在纣当政的时候，伯夷居住在渤海边上，等待着天下太平。所以听闻了伯夷的品行、作风的人，贪婪无耻的人变得廉洁，软弱胆怯的人具有了坚强独立的意志。……伯夷是圣人中清高的人。"

解说

所谓恶色,大概指妖艳之色;所谓恶声,大概指淫靡之声。伯夷拒绝视恶色、听恶声,可能是因为有精神洁癖,因此对违背其价值观的东西采取隔离姿态;也可能是他担心自己不能承受诱惑,受到恶色恶声的不良影响。

人性在本质上是向下的,作为个体的人又生活在复杂的社会中,时时受到物欲和利益的诱惑以及来自社会习俗风尚的深刻影响。假如一个人在主观上对自己有高尚的人格期许,并树立起崇高的道德目标,可能首先需要接受现实的严酷考验。隐居是通过自我隔离,在远离社会的环境中完成道德修养,大概隐士对人性有深刻的洞察,不相信人可以经受得起考验吧。

晋代王康琚在其著名的《反招隐诗》中说:"小隐隐陵薮,大隐隐朝市。伯夷窜首阳,老聃伏柱史。"所谓大隐,是身居朝市而仍能保持独立的精神世界和高洁的道德操守的人。在王康琚看来,"伯夷窜首阳"以坚守内心的清廉,便是沦为小隐了。可是,能如伯夷一般爱惜羽毛、自重自爱的小隐,古往今来恐怕也是不多见的。

孟子所说的"横政"与"横民",堪称孪生兄弟。孟子主张仁政,仁政创造治世;治世下社会各方面都处于有序的状态,百姓既可以享受丰衣足食的安定生活,又可以对未来有稳定而合理的期待,因而百姓的心理状态也会是平和有序的。横政导致乱世,乱世下整个社会陷于混乱无序的状态,民生维艰,民不聊生,于是百姓崇尚暴力,迷信强权,人与人之间完全失去了讲道理的可能性。由这样的横民构成的社会,实在是人间地狱了。

2. 圣之和者

原文

柳下惠不羞汙君,①不辞小官。②进不隐贤,③必以其道。④遗佚而不怨,⑤厄穷而不悯。⑥与乡人处,⑦由由然不忍去也。⑧"尔为尔,⑨我为我,虽袒裼裸裎于我侧,⑩尔焉能浼我哉?"⑪故闻柳下惠之风者,⑫鄙夫宽,⑬薄夫敦。⑭……柳下惠,圣之和者也。⑮(《孟子·万章下》)

注释

①柳下惠:春秋时鲁国大夫。《淮南子·说林》高诱注:"柳下惠,鲁大夫展无骇之子,名获,字禽。家有大柳,树惠德,因号柳下惠。一曰,柳下,邑。"另一说"柳下"是展获的封邑名,"惠"是他死后的谥号,故称为柳下惠。汙(wū):同"污",指德行污浊低下。不羞汙君:指不因为事奉德行污浊低下的君主而感到可耻。②辞:推辞,不接受。小官:级别低微的官职。③进:指到朝廷做官。隐:隐蔽,遮蔽而使之不能显露。贤:指自身的德才。④以其道:用自己的原则方式。⑤遗佚(yì):遗弃不用。⑥厄(è):困厄,陷入困境。穷:困窘,不得志。悯:忧郁,郁闷。⑦乡人:乡下人,世俗之人。处(chǔ):相处,交往。⑧由由然:愉悦的样子。去:离开。

⑨尔：你。⑩虽：即使。袒（tǎn）：脱衣露出上身。裼（xī）：脱去外衣露出内衣或身体。裸裎（chéng）：赤身露体。⑪焉：哪里，怎么。浼（měi）：玷污。⑫风：指人的品行和作风。⑬鄙夫：狭隘浅陋的人。按："鄙"本指偏僻的小邑，引申指固陋愚昧，见识短浅。宽：宽宏，指见识长远宽广。⑭薄夫：轻薄的人。按："薄"指人的道德修养、才能见识等累积不够，因而表现为轻浮轻薄、不厚重、不诚挚。敦：惇厚纯朴，自然不虚伪。⑮和：和顺，平和。按："和"本指声音相应，引申为和谐、调和、和顺等意思；对于人而言，不偏执、不极端，一切以适度为原则，中正平和，此类品性也称为和。

译文

柳下惠不会因为事奉德行污浊低下的君主而感到羞耻，也不会推辞低微的官职。如果得到机会到朝廷做官，就尽力施展自己的才干，而不会有所隐藏，一定坚持按照自己的理念和原则做事。被遗弃不用他不会心怀怨恨，处境困窘而不忧郁苦闷。他跟世俗之人相处，充满愉悦不愿离开。他认为："你是你，我是我，即使你赤身露体在我旁边，又怎么能玷污我呢？"所以听到柳下惠的品行、作风的人，狭隘浅陋的人变得宽宏起来，轻薄浮佻的人变得敦厚起来。……柳下惠是圣人中和顺的人。

解说

这段文字是孟子对先贤伯夷、伊尹、柳下惠和孔子的评论中，关于柳下惠的部分。柳下惠的观念行为与伯夷相成鲜明对照。伯夷对人性有深刻的洞察，不相信人可以经受得住现实社会中物欲和利益诱惑的考验,于是采取了自我隔离的方式,拒绝与任何违背其价值观的人和事物发生接触。

柳下惠的人生姿态则与伯夷截然相反。他以一种随和的心态把自己融入到现实生活中,但内心高度警醒,始终保持独立的精神世界和高洁的道德操守,"坐怀不乱"便是柳下惠最著名的标签。"必以其道",是做事的坚守,也是为人的坚守。他以他的坚守感染身边的人,改变人性中的鄙陋和轻浮,也由此改变社会的鄙陋和轻浮。

在《孟子·公孙丑上》中,孟子用一章的内容专门比较了伯夷和柳下惠的品格、行为,主要的内容与此章相同。不过,孟子叙述伯夷为人时说:"诸侯虽有善其辞命而至者,不受也。不受也者,是亦不屑就已。"君主用动听的言辞请他出来做官,他不接受,因为他不屑于接近那些不符合他心中标准的君主。在叙述柳下惠为人处世时,孟子说:"援而止之而止。援而止之而止者,是亦不屑去已。"柳下惠与世俗之人相处,别人拉他留下,他就留下。在孟子看来,柳下惠内心里实际是不屑于离开而已,因为他有足够的自信,认为自己不会受到对方的感染。

孟子在比较了伯夷和柳下惠的品格、行为后评论道:"伯夷隘,柳下惠不恭。隘与不恭,君子不由也。"伯夷狭隘,柳下惠不严肃。无论是狭隘还是不严肃,都不是君子应当效仿的。这样的评论,与本章的评论可谓相映成趣:"伯夷,圣之清者也。""柳下惠,圣之和者也。"清高或者和顺,都不是问题的本质,君子在坚守精神世界和道德操守的同时,用更加积极的姿态影响和改变现实,这是士人的道义和责任;孟子最为看重这种道义和责任,并多次为之大声呼吁。

由此说来，后人所津津乐道的大隐、小隐之论，在某种程度上不过是为隐而隐，把隐当成了一种招牌。在孟子看来，这样实属浅薄无趣。

3. 圣之时者

原文

孔子之去齐，接淅而行；①去鲁，②曰："迟迟吾行也，去父母国之道也。"③可以速而速，可以久而久，可以处而处，④可以仕而仕，孔子也。

孟子曰："……孔子，圣之时者也。⑤孔子之谓集大成。⑥集大成也者，金声而玉振之也。⑦金声也者，始条理也；⑧玉振之也者，终条理也。始条理者，智之事也；⑨终条理者，圣之事也。⑩智，譬则巧也；⑪圣，譬则力也。由射于百步之外也；⑫其至，尔力也；⑬其中，⑭非尔力也。"（《孟子·万章下》）

注释

①去齐：离开齐国。按：据《史记·孔子世家》记载，齐景公时，孔子赴齐国寻求机会，遭到齐大夫的排挤，齐景公最后也明确表示："吾老矣，弗能用也。"孔子于是离开齐国返回鲁国。接淅（xī）：把淘好的米漉干。按：《说文解字》："淅，汏米也。"本指淘米，这里指淘好的米。《说文解字》："漉，浚干渍米也。从水，鹿声。《孟子》曰：'夫子去齐，漉淅而行。'"

渍（jiàng），漉干淘过的米。许慎所见《孟子》作"滰淅而行"，意思是不等把淘好的米漉干就走，形容孔子离开齐国时毫不迟疑。清代段玉裁给《说文》作注时，认为今本《孟子》"接"应当是"滰"字之误。②去鲁：离开鲁国。按：据《史记·孔子世家》记载，鲁定公十四年（前496），由于齐国的离间，孔子离开鲁国，先到卫国，在外周游十四年方又回到鲁国。③迟迟：迟缓的样子，形容因眷念和依恋而行走迟缓。迟迟吾行：即吾行迟迟。道：方式，做法。④处（chǔ）：居处，特指居家不仕。⑤时：合时宜，即审时度势，根据当下的实际情况做出正确合理的选择。⑥大成：大的成就。孔子之谓集大成：孔子是所谓的集大成。按：这种"之谓"句中，"集大成"是被说明的对象，"孔子"是说明的内容，是对"集大成"的解释和举例。这种句式常用于强调个人的观点，有着强烈的主观色彩和明显的倾向性。参见何乐士《论"谓之"句和"之谓"句》（何乐士《〈左传〉虚词研究》，商务印书馆，1989年）。⑦金声而玉振之：指古代音乐演奏时以钟发声，用磬收束。振：整理，收束。⑧条理：脉络，秩序，这里指整首乐曲的旋律节奏。⑨智：指智者，有智慧的人。⑩圣：指圣者，圣贤之人。⑪譬则巧也：若要打比方，那（指智慧）是技巧。⑫由：通"犹"，如同。⑬其至：箭到达箭靶所在的位置。尔：你。⑭中（zhòng）：指射中箭靶。

译文

孔子离开齐国时，不等把淘好的米漉干就上路；离开鲁国时，孔子说："咱们慢慢地走吧，这是离开祖国的做法啊。"应该马上离开就立刻离开,应该久留就久留,应该闲居不仕就闲居不仕,应该出来做官就出来做官,这就是孔子啊。

孟子说:"孔子是圣人中合时宜的人。孔子是所谓的集大成。集大成的意思,就像音乐演奏时以钟发声,以磬收束。钟先发声,是开始旋律节奏;用磬收束,是终结旋律节奏。开始旋律节奏,是智者的事情;终结旋律节奏,是圣人的工作。智慧好比技巧,圣德好比力量。如同在百步之外射箭,射到那个地方,是靠你的力量;射中那个目标,就不是靠你的力量了。"

解说

孟子评价孔子是圣人之中合时宜的,并进一步高度称誉孔子乃圣人之集大成者。孟子关于孔子行为的陈述,只是说孔子在齐国受到排挤被迫离开时,非常果决;而在离开祖国鲁国时,百般眷恋不舍。由此推论出孔子做任何事情,都有明确的原则。"可以"表示道义情态,多用于许可义,这段话中的"可以"指情理上的许可,即依据当事人遵奉的道德原则或风俗习惯等条件或因素,应当怎样。"可以速而速"云云,表达的是孔子能够在坚守其信仰和原则的前提下,审时度势,与时俱进,而不墨守成规。

孟子用了两个比喻说明他对孔子历史地位的认识。一是以"金声玉振"比喻集大成。金声玉振是雅乐不可或缺的组成部分,前代圣贤或为金声,或为玉振;而孔子则总其成,正如东汉赵岐注所言:"孔子集先圣之大道,以成己之圣德者也。"意思是说,孔子集中了以往圣人最主要的美德,从而成就了自身的圣德。这样的集大成,是要把各种思想资源有机地融汇贯通,并以符合时代精神的新要素注入其中。这需要智慧,更需要圣德。二是用射箭比喻孔子之伟大。孔子具有圣德,这是他建立不朽功业的前提;可若无卓越的智慧,则仍然不能成就其至圣。

《论语·微子》中记述了孔子对历史上一些著名的隐逸不仕的贤人的评论,可以与《孟子》此章相发明。孔子赞赏伯夷能够做到"不降其志,不辱其身";认为柳下惠则是"降志辱身矣",不过他"言中伦,行中虑",言语合乎道理,行为经过思虑,这是值得肯定的。孔子拿自己跟这些贤人比较,说:"我则异于是,无可无不可。"孔子自言不同于这些人,没有什么可以,也没有什么不可以。孟子所谓"可以速而速,可以久而久,可以处而处,可以仕而仕",正可以看作对"无可无不可"所作的注脚。

参读《史记·孔子世家》来体会孟子的评价,对孔子之为人会有深刻的理解。司马迁在叙述孔子的生平事迹之后,论道:"《诗》有之:'高山仰止,景行行止。'虽不能至,然心乡往之。余读孔氏书,想见其为人。适鲁,观仲尼庙堂、车服、礼器,诸生以时习礼其家,余祗回留之不能去云。天下君王至于贤人众矣,当时则荣,没则已焉。孔子布衣,传十余世,学者宗之。自天子王侯,中国言六艺者折中于夫子,可谓至圣矣!"孔子生逢乱世,以一介布衣,肩负"为天地立心,为生民立命,为往圣继绝学,为万世开太平"(张载《张子语录》)的历史重任;孔子之后数百年,作为史家的司马迁誉孔子为"至圣",实乃诚挚之极的赞叹。

4. 孔子之为孔子

原文

万章问曰：①"或谓孔子于卫主痈疽，②于齐主侍人瘠环，③有诸乎？"④孟子曰："否，不然也，⑤好事者为之也。⑥于卫主颜雠由。⑦弥子之妻与子路之妻，兄弟也。⑧弥子谓子路曰：'孔子主我，卫卿可得也。'⑨子路以告。孔子曰：'有命。'⑩孔子进以礼，⑪退以义；⑫得之不得，曰'有命'。而主痈疽与侍人瘠环，是无义无命也。⑬孔子不悦于鲁、卫，遭宋桓司马将要而杀之，⑭微服而过宋。⑮是时孔子当厄，⑯主司城贞子，⑰为陈侯周臣。⑱吾闻观近臣，以其所为主；⑲观远臣，以其所主。若孔子主痈疽与侍人瘠环，何以为孔子？"⑳（《孟子·万章上》）

注释

①万章：孟子弟子。②或：有的人。卫：周王朝分封的诸侯国，范围包括今河南省东北部和河北、山东部分地区。主：以……为主人，即客居。痈疽（yōng jū）：人名，卫灵公宠爱的宦官。按：文献中或作"雍疽""雍睢""雍渠""雍鉏"等。《史记·孔子世家》："居卫月余，灵公与夫人同车，宦者雍渠参乘，出，使孔子为次乘，招摇市过之。孔子曰：'吾未见好德如好色者也。'于是丑之，去卫。"③侍人：君王的近侍小臣。多由阉人充任。瘠环：人名，齐景公宠幸的宦官。④诸：代词，

相当于"之",指代上文有人传说的孔子的所作所为。⑤不然:不是这样的,即不是传说的这种情况。⑥好(hào)事者:喜欢生事的人,喜欢无中生有地编故事的人。为之:编造出这样的说法。⑦颜雠(chóu)由:卫国大夫,有贤明的名声。⑧弥子:即弥子瑕,卫灵公的宠臣。子路:孔子的弟子仲由。兄弟:姐妹。古代姐妹亦称兄弟。⑨卿:执政的大臣。⑩命:命运,天意。⑪进:指到朝廷求取官职。以礼:按照礼义。⑫退:退守,指政治上没有机会而不得施展才能。⑬是:这。指代上文"主痈疽与侍人瘠环"的行为。⑭桓司马:宋国的司马桓魋(tuí)。司马:官职名,掌管军政和军赋。要(yāo):半路拦截。⑮微服:为隐藏身份、避人注目而改换常服。过:经过。⑯是时:这时。当(dāng):遇上。厄(è):困境。⑰司城:官职名,主管土木工程。司城贞子:人名,陈国大夫。⑱陈侯周:陈国国君,名周。⑲近臣:君主的左右。这里指本朝的臣子。下文"远臣"指外来的臣子。以:根据。所为主:给什么人做主人,即接待什么样的人为客。下文"所主",指寄住的主人。⑳若:如果。何以:以何,凭借什么。

译文

万章问道:"有人说,孔子在卫国时客居在痈疽家里,在齐国时客居在齐景公的近侍小臣瘠环家里,有这样的事情吗?"孟子说:"不,不是这么回事。是喜欢生事的人编造出这些说法的。孔子在卫国客居在颜雠由家里。弥子瑕的妻子与子路的妻子是姐妹,弥子瑕对子路说:'孔子寄住到我家里,卫国执政大臣的位置就可以得到。'子路把这话告诉了孔子。孔子说:'能否得到大臣的位置有命数。'孔子按照礼义到朝廷求取官职,没有机会而退居在野也是按照礼义;能不能得到官职,说'有命数'。如果寄住在痈疽和近侍小臣瘠环家里,这便是无视礼义、命运了。孔子在鲁国、卫国感到不快,又遭遇了宋国的桓司马想要半路拦截来害他,就改换了服饰悄悄经过宋国。这时孔子正遭遇困境,便寄住到司城贞子家里,给陈侯周当臣子。我听说,观察当朝的臣子,可以根据他所接待的客人;观察外来的臣子,可以根据他寄居的主人。如果孔子寄住在痈疽和近侍小臣瘠环家里,还凭什么是孔子?"

解说

孔子为了实现自己的政治抱负,带着众弟子周游列国寻求机会。在此过程中,他们历经磨难,留下了不少传闻。万章所说的是一则有关孔子的负面传闻。

在古人的文化观念里,身体发肤,受之父母,不可毁伤。刑余之人由于形体毁伤,所以被整个社会所鄙薄,甚至被视为禁忌物。《礼记·王制》说:"是故公家不畜刑人,大夫弗养,士遇之途弗与言也;屏之四方,唯其所之,不及以政,亦弗故生也。"孔子作为士,即使在路上偶遇宦官,也不应当跟他们说话,更不用说住到他们家里去,那是极端辱没自己身份的事情。

孟子从事实上和情理上证明,相关的传闻是被编造出来的,并由此阐述了孔子的做人原则:在追逐仕途时严格奉守道义,无论进退,都首先以礼义加以衡量,决不允许有丝毫苟且随意的举措;假如违背道义,有损人格,即便可以获得飞黄腾达的机会,也坚辞不受。

5. 君子三乐

原文

孟子曰:"君子有三乐,而王天下不与存焉。①父母俱存,兄弟无故,②一乐也;仰不愧于天,俯不怍于人,③二乐也;得天下英才而教育之,④三乐也。君子有三乐,而王天下不与存焉。"(《孟子·尽心上》)

注释

①王(wàng):称王,统治。与(yù):参与,关涉。焉:在其中。②故:变故,指灾难病患。③仰:抬头。俯:低头。怍(zuò):惭愧。④英才:才智杰出的人。英:杰出的,超群的。教育:教诲培育。

译文

孟子说:"君子有三件值得快乐的事,而称王天下不在其内。父母都健在,兄弟无病无灾,这是第一件快乐的事;抬头无愧于天,低头无愧于人,这是第二件快乐的事;得到天下的杰出人才而教诲培育他们,这是第三件快乐的事。君子有这三件快乐的事,而称王天下不在其内。"

解说

孟子说,对于君子而言,真正能在内心深处感受到人生的

满足与快乐的,无非是三件事:

一是父母双亲健在,同胞兄弟平安。父母兄弟,是一个人生命过程中最亲近的人,是所谓血浓于水的关系。一个人成长的过程,伴随的是父母的逐渐衰老。一个人由稚嫩到成人、到步入中年,父母双全是莫大的福分;"子欲养而亲不待",悲莫大焉!

二是无愧于心。在古汉语中,"愧"指因做错事而良心不安或悔恨焦虑,在自我谴责中内心受到折磨。人生活在现实中,难免会做错事,特别是有时会迫于各种压力而作出违心的选择。因此,无愧于心恐怕是做人的至高境界。扪心自问而无愧于心,实乃修身之大成,足为人生之乐。

三是教育立人。得天下英才,一则获得师生共同追求真知的过程中智慧碰撞的快乐;二则出自实现自身使命与责任的欣慰,对君子而言,为生民立命、为天地立心、为往圣继绝学,是义不容辞的使命。孔子说:"学而时习之,不亦说乎?有朋自远方来,不亦乐乎?"(《论语·学而》)孟子之乐与孔子之乐,在这一点上正可相互发明。

孟子在此章之中,两言"王天下不与存焉",对此,孟子在下一章作了阐发:"广土众民,君子欲之,所乐不存焉;中天下而立,定四海之民,君子乐之,所性不存焉。君子所性,虽大行不加焉,虽穷居不损焉,分定故也。"

拥有广土众民,是权力者的愿景;倘若权力者是君子,他便不会把这样的追求作为人生之乐。孟子宣称权力者实行仁政,民众将自愿投奔,如此权力者拥有的土地和人口自然增加了。实行仁政的前提是权力者的仁心仁术。也就是说,权力者修养德性,实行仁道,这是根本,也是权力者获得生命快乐的根本。

可叹的是，当时的权力者本末倒置，以拥有广土众民为乐，并为此不惜肆意践踏百姓的生命。

称王天下，使民众安居乐业，君子感到满足和快乐，但这样的满足和快乐并非源自其本性。对于君子来说，源自本性的东西，即使事业显贵通达也不会因此而增加，即使穷困隐居也不会因此而减损，这是由于本分已经确定的缘故。

孟子所说的君子"所乐""所性"，是属于生命自身的；而君子欲之求之的，是来自生命外部的获得，普通人的名利是如此，帝王的万世功业同样如此。人生的内和外，孟子分得很清楚。

6. 知人论世

原文

孟子谓万章曰："一乡之善士，① 斯友一乡之善士；② 一国之善士，斯友一国之善士；天下之善士，斯友天下之善士。以友天下之善士为未足，③ 又尚论古之人。④ 颂其诗，⑤ 读其书，不知其人，可乎？是以论其世也。⑥ 是尚友也。"⑦（《孟子·万章下》）

注释

①乡：古以一万二千五百家为乡。善士：有德之士。②斯：连词，则，那么。友：结交为友。③未足：还不满足，还不充分。④尚：向上，指上溯到古代。论：议论，研究。⑤颂：通

"诵",诵读。⑥其世:指作者生活的时代和社会情况等。⑦是:这。尚友:向上(与古人)为友。

译文

孟子对万章说:"一个乡里公认的有道之士,就和一个乡里的有道之士结交为友;一个诸侯国里公认的有道之士,就和这个国里的有道之士结交为友;天下公认的有道之士,就与天下的有道之士结交为友。觉得与天下的有道之士结交为友还不满足,又上溯到古代去研究古人。吟诵古人的诗歌,研读古人的著作,却不了解他们的为人,能行吗?因此研究他们所处的时代和社会背景等。这就是与古人为友。"

解说

在一个人的成长过程中,需要结交有共同兴趣和理念的人为友。孔子和孟子都认为,朋友之间切磋沟通,取长补短,这对一个人增益智慧、丰富心灵、开阔眼界,都是极为重要的。

《论语》开篇便说:"有朋自远方来,不亦乐乎?"孔子及其弟子都有不少关于朋友之道的论述。如孔子主张"主忠信,毋友不如己者"(《论语·学而》),认为与朋友相处的原则是"忠告而善道之,不可则止,毋自辱焉"(《论语·颜渊》)。曾子说:"君子以文会友,以友辅仁。"(《论语·颜渊》)

孟子同样认为"责善,朋友之道也"(孟子·离娄下)。他明确指出:"不挟长,不挟贵,不挟兄弟而友。友也者,友其德也,不可以有挟也。"(《孟子·万章下》)交友之道,重在德行。因对方的德行值得尊重和学习,双方志趣相投,所以交为好友。

所谓志趣相投,亦即双方有共同的价值观。价值观不同,不仅不可能成为朋友,即使家人之间恐怕也很难和谐相处。处在不同价值观体系中的人,根本不可能进行深层次的交流,又怎么可能成为相知相重的朋友呢?

孟子不厌其烦地在"善士"前面加上限定成分"一乡""一国""天下",是要说明同一层次的人具备相近的德行,因而可以相互交往。孟子曾谈到,鲁穆公有一次与子思讨论国君与士交友的话题,子思不高兴地拉下了脸。对此孟子解释说,子思内心的想法是,论地位,我作为一个士人与你一国之君交友自不合适;论德行,你只能以我为师,又有什么资格与我以朋友相交呢?

进而言之,同一层次的人,其观念和眼界也相近,因此,双方相互交往,就可能碰撞出更加璀璨夺目的智慧火花。

孟子说,除了要在现实中寻求志同道合的人结交为友,相互砥砺,相互促进,还要通过阅读与古代的贤哲交友,汲取他们的思想智慧。孟子特别提醒,阅读古代典籍,与古人对话,不可不知人论世。只有清楚地了解古人生活的时代背景,才能真正理解他们的思想。

7. 时雨化育

原文

孟子曰:"君子之所以教者五:有如时雨化之者,[①]有成德

者,②有达财者,③有答问者,有私淑艾者。④此五者,君子之所以教也。"(《孟子·尽心上》)

注释

①如:像。时雨:按季节下的雨,应时之雨。化:使化。按:"化"表变化义,指内在本质的改变,强调经过日积月累的过程,性质发生了根本变化。"化之"也就是使其受到感化而改变。如时雨化之,是说被教育者困于所思所学不能理解,此时加以点拨指导,对方便霍然领悟。②成:使成就。成德:成就德性。③达:使通达。财:通"才",才能。达财:指使被教育者特定的才能呈现出来。④私:私下。淑:通"叔",拾取。艾(yì):收割,获取。按:所谓"私淑艾",字面义是私下拾取获得,即不能直接及门受业,而是间接地从别人那里听闻。孟子曾说:"予未得为孔子徒也,予私淑诸人也。"(《孟子·离娄下》)

译文

孟子说:"君子用来教育的方法有五种:有的要像应时之雨化育万物一样,使他逐渐发生改变;有的要注重帮助他成就德性;有的要注重帮助他发现并发挥自身潜在的才能;有的则是在他心存疑惑时给予解答;有的则是(靠品德学问的流传)使人私下受到教诲。这五种是君子施行教育的方法。"

解说

教育的根本目的,是帮助被教育者清醒地认识自己,发展健全的人格，培养能动的学习能力。教育并不是简单地传授专业知识和技能，而是能使人有能力自主地学习和掌握他所喜欢的任何一门学科，并能够根据自己的意愿胜任任何一种职业。对此，孟子有非常明确的认识。读《孟子》，我们看不到孟子教育弟子的细节记述；由此章，我们可以理解孟子的教育思想，那就是通过点化和答问以及弟子的自学，使被教育者完善道德人格、发现自己的兴趣和才能。这与现代教育的理念是基本吻合的：鼓励学生自由地发挥个人潜质，帮助学生确定生命成长的方向，培养学生批判性独立思考的能力，使学生对自己的观点和判断有清醒和自觉的认识，学会用事实和逻辑阐述自己的观点，从而为终身学习打下基础。如果教育堕落为具体的知识技能传授或者僵化的观念灌输，那就真正是民族和社会的悲哀了。

8. 不合时宜的孟子

原文

孟子去齐，① 居休。② 公孙丑问曰：③ "仕而不受禄，古之道乎？"④ 曰："非也。于崇，⑤ 吾得见王，⑥ 退而有去志；⑦ 不欲变，故不受也。继而有师命，⑧ 不可以请。⑨ 久于齐，⑩ 非我志也。"（《孟子·公孙丑下》）

注释

① 去：离开。按：公元前 312 年，年逾六旬的孟子感觉自

己的思想主张不可能被采用,于是辞去官职离开齐国。②居:止息,停留。休:古城邑名,在今山东滕州市西北。③公孙丑:孟子弟子。④仕:做官。禄:俸禄。古之道:古人的道理,古人的做法。⑤崇:地名,所在不详。⑥得:能够。⑦退:指与齐王会面结束后退出。去志:离开的意愿。⑧继:继此,即紧随着孟子在崇与齐王见面之后。师命:军令,指齐国攻伐燕国、燕民反叛齐军等战事。⑨请:请求,指向齐王请求离开。⑩久:持久,长时间地居留。

译文

孟子离开齐国,途中在休邑停留。公孙丑问道:"担任职务而不接受俸禄,是古代的道理吗?"孟子说:"不是的。在崇邑,我跟齐王见面,退出来后就有离开的意愿;因为不想改变这个意愿,所以不接受俸禄。不久齐国有战事,不能提出离开的要求。在齐国久留并不是我的意愿。"

解说

这则故事的主要内容是说,孟子当年与齐王见面,已经感觉到齐王不会成为实行仁政的一代明主,于是便萌生去意;而且为了能随时抽身而退,孟子虽然接受了齐王所授予的职位,可是却没有接受职位所应享有的俸禄。他的学生公孙丑对这一举动不能理解,因此当孟子最终决定离开齐国,在返回故乡的途中,公孙丑便提起了这个话题。

孟子特别强调,当自己意识到齐王不太可能采纳自己的主张时,其实就确定了离去的意愿;只是由于客观局势而逗留时间较长。而孟子的逗留，恰足以表现出孟子的道义感和责任心。在这一过程中，不拿齐王的俸禄，是尊重自己的意愿，是真正的不忘初心。

对于君子而言，在任何时候都不会忘记自己的原则；无论受到怎样的现实利益的诱惑，他都会有非常明确的态度，显示出卓然独立、超逸世俗的风貌。对于世俗而言，这样的人不通情理，不近人情。然而，始终把自己融入现实，始终合时宜，这样的人或许在现实中如鱼得水，混得风生水起，不过，也仅仅是混一混罢了，其人生之苍白无力，恐怕连他自己都不敢面对；无奈之下，只能以自己捞到的富贵作为自己成功的表征。

9. 浩然有归志

原文

孟子去齐。①尹士语人曰：②"不识王之不可以为汤、武，则是不明也；③识其不可，然且至，则是干泽也。④千里而见王，不遇故去；⑤三宿而后出昼，是何濡滞也！⑥士则兹不悦。"⑦高子以告。⑧曰："夫尹士恶知予哉？千里而见王，是予所欲也；不遇故去，岂予所欲哉？予不得已也。⑩予三宿而出昼，于予心犹以为速，⑪王庶几改之。⑫王如改诸，则必反予。⑬夫出昼而王不予追也，予然后浩然有归志。⑭予虽然，岂舍王哉？⑮王由足用为善；⑯王如用予，则岂徒齐民安？天下之民举安。⑰王庶几改之，予日望之。⑱予岂若是小丈夫然哉?⑲谏于其君而不受则怒,悻悻然见于其面;⑳去则穷日之力而后宿哉?㉑尹士闻之,曰:"士诚小人也。"㉒(《孟子·公孙丑下》)

注释

①去:离开。②尹士:人名。齐国人,事迹不详。语(yù):告诉。③识:知道。王:指齐宣王。汤:指商汤,是商王朝的开国之君。武:指周武王姬发。武王讨伐商纣王,灭掉商朝,建立周朝。是:这。回指"不识王之不可以为汤、武"。④然:连词,可是。且:尚且,还。按:"且"在此表示"识其不可"作为前提,推论出"则是干泽也"的结论。干(gān):求取。泽:恩惠。⑤遇:遇合,即相遇而互相投合,思想主张被对方接受。故去:所以就离开。⑥三宿(sù):住了三夜。昼:地名。在齐都临淄西南。何:多么,表示程度高。濡滞:迟缓拖拉。⑦士:尹士自称。兹:代词,这。指代"三宿而后出昼"的做法。兹不悦:不悦兹,不喜欢这样的做法。⑧高子:孟子弟子。齐国人。⑨夫(fú):那。恶(wū):何,哪里。予:我。⑩岂:表反问语气的副词,相当于"哪里"。不得已:不能停止。这里是不能不如此、无可奈何的意思。⑪于予心:在我的心里。犹:还,仍然。速:快,迅速。⑫庶几(shù jī):差不多,或许。改之:改变自己的想法。⑬如:如果。诸:代词,相当于"之"。反:使返回。这个意义后来写成"返"。⑭不予追:不追予,不把我追回去。然后:这样以后。浩然:水势汹涌浩大的样子。归志:回去的想法。⑮虽然:尽管如此。舍(shě):放弃。⑯由:通"犹",还。足用:足以。为善:行善。

这里指实行仁政。⑰徒：只，仅仅。安：安定，安乐。举：副词，全部，都。⑱日：每天。望：期望，盼望。⑲若：像。是：那，那种。小丈夫：小男人，指心胸狭窄、见识短浅的男子。⑳悻悻然：怨恨失意的样子。见（xiàn）：表现，显示。这个意思后来写作"现"。㉑穷：穷尽。穷日之力：指竭尽全力地走一整天。这是形容因恼怒而气鼓鼓地拼命赶路。㉒诚：确实，的确。小人：指道德平庸、见识浅陋之人。

译文

孟子离开齐国。尹士对别人说："不知道齐王不能成为商汤、周武王那样的圣君，那是不明智；知道他不行，可还是来到齐国，那就是来求取富贵的。千里迢迢地跑来跟齐王见了面，不相投合，所以离开就罢了，可又在昼地住了三夜才走。这也太迟缓拖拉了。我就对这种做法很不喜欢。"高子把尹士的话告诉了孟子。孟子说："那尹士哪里懂得我呢？千里迢迢来见齐王，这是我所愿意的；不相投合而离开，哪里是我愿意的呀！我是无可奈何。在昼地住了三夜离开，在我内心里仍然觉得太急促了，因为大王或许会改变自己的想法。大王如果改变了自己的想法，那就一定会召我回去。出了昼地，大王却不来追寻，我这才满心都是返回故乡的念头。尽管如此，我哪里就彻底放弃大王了呀？大王还是完全可以实行仁政的；大王如果用我，那么哪里只是齐国的百姓得以安定呢？天下的百姓全都得以安乐。大王或许会改变自己的想法，我每天都在期盼着。我哪里会像那种心胸狭窄、见识短浅的小男人的样子呀，向自己的君王进谏而没有被接受，就满心恼怒，怨恨失意的样子写在脸上；

要离开就拼尽全力地走上一整天然后再住下过夜，我哪里会这样呀！"尹士听说了孟子的话，说："我尹士真是个小人。"

解说

《孟子》用了五章记述孟子去齐。本章中，孟子离开齐国时因慢腾腾的似是有意拖延，惹得别人不满，于是提出了尖锐的批评。孟子解释说：缓缓而行，是希望齐王能够改变心意，派人请我回去。我的观点主张都反复对齐王阐述过了，若是齐王让我回去，就意味着准备采用我的主张了。这样不仅齐国百姓从此可以得到安乐，天下的百姓都能从此得到安乐呀。

孟子追逐仕途的目的一向是极明确的，那是受以天下为己任的道义感的驱使，是要寻求机会将自己的政治理念付诸实践。他相信只要有君王用他，就一定能使"天下之民举安"。他没有将入仕视为个人飞黄腾达的途径，因此在权力面前永远保持着超然的姿态和泰然的心境。

在孟子的眼里，君王掌握了一国的最高权力资源，是实现济民救世的目标不可或缺的道具。他不放弃宣王，是因为他感觉宣王尚足以为善，于是便热诚地期待着宣王改变心意。倘若宣王根本不具备为善的潜质，孟子一定毫不在意地弃之如敝屣。朱熹《孟子集注》由本章读出孟子"爱君泽民惓惓之余意"，那是将宋儒的观念强加在孟子身上罢了。

小丈夫的表现与孟子不同。小丈夫之怒，是恼羞成怒，乃是由于其谏于君的目的在于求取个人功名富贵；小丈夫之悻悻，是仕途遭遇挫折后的焦虑和失意致使内心失衡，因而无法与自己的处境达成谅解。小丈夫们在追逐仕途的过程中总是患得患失。他们得到权力便骄横跋扈,不可一世;失去权力就落魄惶惑,痛苦愤怒。"穷日之力而后宿",孟子用白描的手法把小丈夫的形象刻画得活灵活现,入木三分。

10. 舍我其谁

原文

孟子去齐,充虞路问曰:①"夫子若有不豫色然。②前日虞闻诸夫子曰:③'君子不怨天,不尤人。④'"曰:"彼一时,⑤此一时也。五百年必有王者兴,⑥其间必有名世者。⑦由周而来,⑧七百有余岁矣。以其数,则过矣;以其时考之,则可矣。⑨夫天未欲平治天下也;⑩如欲平治天下,当今之世,舍我其谁也?⑪吾何为不豫哉?"⑫(《孟子·公孙丑下》)

注释

①充虞:人名,孟子的弟子。路:在路上。②若:好像。豫:喜悦。色:脸色,表情。然:……的样子。③前日:前些日子,以前。闻诸:闻之于。④尤:责怪,归咎。按:"君子不怨天,不尤人",原是孔子的话,见《论语·宪问》。⑤彼一时:那是一个时候,相当于今天说"那时是那时"。⑥兴:兴起,出现。⑦名世者:名显于世的人,即德业声望闻名于世的人。这话的含义是,王者需要有贤者作为辅佐。⑧由周:自从周朝建立。⑨其时:指当下的时势。当时正是乱极思治的形势。可矣:

可以了,这是指时势需要王者和名世者出现。⑩平治:使太平。⑪舍(shě):放开,除去。其:表反问的语气副词。⑫何为:为何,为什么。

译文

孟子离开齐国,充虞途中问道:"先生好像有不悦神色的样子。以前我曾听先生说:'君子不埋怨上天,不责怪别人。'"孟子说:"那时是那时,现在是现在。每五百年一定有称王天下的人出现,这中间必定有著称于世的贤人。自周朝建立到现在,已有七百多年了。按照年数来说已经超过了五百年;按照时势推算,该有圣贤出现了。上天不想使天下太平兴盛就罢了,假如要使天下太平兴盛,在当今的社会,除去我还会是谁呢?我为什么不悦呢?"

解说

充虞的话虽然前面使用了"问曰",可话里并没有提出问题;大概因他先讲自己对老师神色的实际观察,然后谈到老师以前的教诲,这两者之间有明显的自相违迕,由此他的疑惑就很清楚了。如果把他的问题补出来,应当是:"既然您认为一个人在任何时候都不应当怨天尤人,才能称为君子,那么您为什么要如此快快不快呢?这难道不是怨天尤人的表现吗?"

孟子先说"彼一时,此一时也",也就等于承认了充虞的质疑是事实,孟子的确陷入怅然若失的不悦,对此他要向学生作出合理的解释。他所谓"彼一时,此一时也"的意思是,当初我教导学生应以"不怨天,不尤人"的态度对待生活,是强调凡事"行有不得者,皆反求诸己"(《孟子·离娄上》)。那时齐宣王对孟子表现出高度的尊重,孟子感觉有机会辅佐齐宣王践行仁政,成就一代圣王,所以利用一切机会,苦口婆心地向齐宣王灌输仁政思想。可齐宣王最终还是更倾向于选择急功近利的霸道,企图使用武力称霸诸侯,结果在攻下燕国后遭到燕国军民的强烈反抗,其他诸侯国也准备联手讨伐齐国,齐军被迫撤离燕国。孟子这时看清自己的思想主张不可能在齐国实行,于是毅然辞去待遇优厚的上卿职位离开齐国。此一时也,他心中所想并非自身的际遇问题,而是放眼天下,没有明主能接受他的仁政主张,各国诸侯将继续征伐不休,杀人盈野、生灵涂炭的悲惨场景将不断出现,对此他感到深深的悲悯和痛苦。于是他话锋一转,谈起历史,提出从历史发展的规律看,当下应是有王者兴起的时代,而自己身负辅佐王者平治天下的使命;如果反求于己,他自觉完全可以胜任这样的历史使命,不会为此而不悦。只是那位冥冥之中当应世而兴的王者,一直无法寻求到。

孟子相信五百年必有王者兴,后世学者作了详细考证,如宋代朱熹在《孟子集注》中说:"自尧、舜至汤,自汤至文、武,皆五百余年而圣人出。"孟子处在社会失序、政治混乱的动荡之世,期望着圣王出现,但他的断言同时也表明,圣王之后又将陷入乱世,要等下一位圣王问世来收拾局面。孟子之后两千多年的历史也正是在这样的历史周期律中反复循环,一个王朝到了天怒人怨、民不聊生的地步,便有野心勃勃的人物出来夺取天下,史书上也就把这些人物称颂为解民于倒悬的救世主。韩非不同于孟子,他从治乱的周期性想到:"尧、舜至乃治,是千世乱而一治也。"一定要等待所谓的圣王出现才能实现天下太平，百姓岂不是太悲惨了吗？所以他主张着力于制度建设，使昏庸无道的君主不能肆意妄为，使各种为祸社会民生的势力无法存在，从而达到天下太平。

附录

《十三经注疏·孟子注疏》与本书篇目对照表*

卷一 梁惠王章句上（凡七章）

1.1 孟子见梁惠王王曰——天下熙熙，皆为利来（6.1）
1.2 孟子见梁惠工工立于沼上　与民同乐（4.5）
1.3 梁惠王曰寡人之于国也——五十步笑百步（2.5）
1.4 梁惠王曰寡人愿安承教——为民父母？（3.3）
1.5 梁惠王曰晋国天下莫强焉——仁者无敌（2.1）
1.6 孟子见梁惠王出语人曰——引领而望（2.14）
1.7 齐宣王问曰——保民而王（2.6）君子远庖厨（2.7）不能和不为（2.8）推恩（2.9）缘木求鱼（2.10）仁政的效用（2.11）恒产与恒心（2.12）

卷二 梁惠王章句下（凡十六章）

2.2 齐宣王问曰文王之囿方七十里——文王的园林与宣王的园林（3.6）
2.6 孟子谓齐宣王曰王之臣——王顾左右而言他（4.4）

---

* 《对照表》每卷篇题后括注《孟子注疏》该卷实际章数，卷下各章以阿数表示，章题取每章首句或首两句；破折号后为对应的本书篇名，并括注该章所在位置。例如："卷一 梁惠王章句上（凡七章）"，"凡七章"为《十三经注疏·孟子注疏》本卷实际包含的章数；"1.1 孟子见梁惠王王曰——天下熙熙，皆为利来（6.1）"表示《孟子注疏》卷一第一章"孟子见梁惠王曰"对应的本书篇目为本书第六章第一篇《天下熙熙，皆为利来》。

2.8 齐宣王问曰汤放桀——孟子的微言大义（3.4）

2.9 孟子谓齐宣王曰为巨室——君王的能耐（3.12）

2.11 齐人伐燕取之——谁能救民于水火？（3.7）

2.12 邹与鲁哄穆公问曰——出尔反尔（5.3）

2.13 滕文公问曰滕小国也——民弗去（2.13）

2.14 滕文公问曰齐人将筑薛——善不可失（4.15）

2.16 鲁平公将出——鲁平公与他的男宠（4.13）

卷三 公孙丑章句上（凡九章）

3.2 公孙丑问曰夫子加齐——虽千万人吾往矣（5.13）揠苗助长（7.8）

3.3 孟子曰以力假仁者霸——王霸之争（3.5）

3.6 孟子曰人皆有不忍人之心——不忍之心（1.9）

3.7 孟子曰矢人岂不仁于函人——谨慎择业（1.17）

3.8 孟子曰子路人告之以有过——与人为善（1.2）

卷四 公孙丑章句下（凡十四章）

4.1 孟子曰天时不如地利——得道多助，失道寡助（3.13）

4.4 孟子之平陆——君王之罪（5.12）

4.9 燕人畔——有错不改（5.10）

4.10 孟子致为臣而归——贱丈夫（6.2）

4.12 孟子去齐尹士语人曰——浩然有归志（8.9）

4.13 孟子去齐充虞路问曰——舍我其谁（8.10）

4.14 孟子去齐居休——不合时宜的孟子（8.8）

卷五 滕文公章句上（凡五章）

5.4 有为神农之言者许行——厉民以自养（4.9）率天下而路（4.10）

尧舜之治（4.11） 相率而为伪（4.12）

卷六 滕文公章句下（凡十章）

6.2 景春曰公孙衍张仪岂不诚大丈夫——大丈夫（7.4）

6.6 孟子谓戴不胜曰——学说齐国话（4.14）

6.7 公孙丑问曰不见诸侯——君子何养？（7.13）

6.8 戴盈之曰什一去关市之征——政客的拖延症（2.16）

6.10 匡章曰陈仲子岂不诚廉士——关于一名道德楷模的评价（1.8）

卷七 离娄章句上（凡二十八章）

7.1 孟子曰离娄之明——规矩（4.3）

7.2 孟子曰规矩方员之至——殷鉴不远（4.6）

7.3 孟子曰三代之得天下也以仁——仁与不仁（2.2）

7.4 孟子曰爱人不亲——自求多福（5.11）

7.5 孟子曰人有恒言——天下国家（3.1）

7.8 孟子曰不仁者可与言哉——自作孽不可活（3.8）

7.9 孟子曰桀纣之失天下也——得民心者得天下（2.3）

7.10 孟子曰自暴者——自暴自弃（1.13）

7.12 孟子曰居下位而不获于上——思诚（5.8）

7.14 孟子曰求也为季氏宰——率土地而食人肉（3.9）

7.16 孟子曰恭者不侮人——侮夺人之君（6.9）

7.17 淳于髡曰男女授受不亲——男女授受不亲（6.4）

7.18 公孙丑曰君子之不教子——父子之间不责善（1.16）

7.19 孟子曰事孰为大——孰能事亲若曾子（1.14）

7.20 孟子曰人不足与适也——君正莫不正（3.11）

卷八 离娄章句下（凡三十三章）

8.2 子产听郑国之政——惠名昭著的子产（3.16）

8.3 孟子告齐宣王曰——孟子的不臣之论（7.12）

8.18 徐子曰仲尼亟称于水——声闻过情（7.6）

8.20 孟子曰禹恶旨酒而好善言——视民如伤（4.2）

8.27 公行子有子之丧——右师不高兴（6.11）

8.28 孟子曰君子所以异于人者——敬人者，人恒敬之（5.6）

8.29 禹稷当平世——闭户（6.6）

8.30 公都子曰匡章通国皆称不孝——五种不孝（1.15）

8.33 齐人有一妻一妾而处室——齐人之福的背后（7.15）

卷九 万章章句上（凡九章）

9.2 万章问曰诗云——各得其所（5.4）

9.7 万章问曰人有言——厨子伊尹（4.1）

9.8 万章问曰或谓孔子于卫主痈疽——孔子之为孔子（8.4）

卷十 万章章句下（凡九章）

10.1 孟子曰伯夷——圣之清者（8.1）圣之和者（8.2）圣之时者（8.3）

10.3 万章问曰敢问友——交友之道（6.10）

10.5 孟子曰仕非为贫也——牛羊茁壮（7.5）

10.8 孟子谓万章曰一乡之善士——知人论世（8.6）

10.9 齐宣王问卿——齐宣王问卿（4.8）

卷十一 告子章句上（凡二十章）

11.2 告子曰性犹湍水也——人性向善（4.16）

11.9 孟子曰无或乎王之不智也——一暴十寒（2.15）

11.10 孟子曰鱼我所欲也——舍生取义（6.14）

11.11 孟子曰仁人心也——求放心（1.10）

11.12 孟子曰今有无名之指屈而不信——无名之指（5.5）

11.13 拱把之桐梓——种树与养身（1.1）

11.14 孟子曰人之于身也兼所爱——无以小害大（7.2）

11.15 公都子问曰钧是人也——大人和小人（1.3）

11.16 孟子曰有天爵者——天爵与人爵（7.3）

11.17 孟子曰欲贵者人之同心——良贵与人所贵（1.11）

卷十二 告子章句下（凡十六章）

12.1 任人有问屋庐子曰——礼与食色（6.12）

12.2 曹交问曰人皆可以为尧舜——人人可以为尧舜（1.18）

12.4 宋牼将之楚——何必曰利？（6.13）

12.7 孟子曰五霸者三王之罪人——罪人（3.14）逢君之恶（3.15）

12.11 白圭曰丹之治水也愈于禹——以邻为壑（6.7）

12.13 鲁欲使乐正子为政——距人于千里之外（1.12）

12.14 陈子曰古之君子何如则仕——君子入仕的前提（7.11）

卷十三 尽心章句上（凡四十七章）

13.4 孟子曰万物皆备于我——万物皆备于我（5.9）

13.5 孟子曰行之而不著——习焉不察（5.2）

13.6 孟子曰人不可以无耻——无耻之耻（7.16）

13.7 孟子曰耻之于人大矣——机变之巧（5.7）

13.8 孟子曰古之贤王——贤士的姿态（7.9）

13.9 孟子谓宋勾践曰——独善其身（7.1）

13.19 孟子曰有事君人者——臣之四品（4.7）

13.20 孟子曰君子有三乐——君子三乐（8.5）

13.23 孟子曰易其田畴——民可使富（2.17）

13.24 孟子曰孔子登东山而小鲁——曾经沧海难为水（6.3）

13.25 孟子曰鸡鸣而起——鸡鸣而起（1.6）

13.38 孟子曰食而弗爱——豕交兽畜（7.17）

13.41 孟子曰君子之所以教者五——时雨化育（8.7）

13.44 公都子曰滕更之在门也——弟子提问，孟子为何不答？（6.8）

13.45 孟子曰于不可已而已者——进锐退速（7.7）

卷十四 尽心章句下（凡三十八章）

14.1 孟子曰不仁哉梁惠王——糜烂其民的君王（3.10）

14.3 孟子曰尽信书则不如无书——尽信书不如无书（2.4）

14.6 孟子曰舜之饭糗茹草也——舜的泰然（1.5）

14.14 孟子曰民为贵——民为贵（3.2）

14.21 孟子谓高子曰——茅塞顿开（5.1）

14.23 齐饥陈臻曰——冯妇搏虎（6.5）

14.31 孟子曰人皆有所不忍——言与不言（1.4）

14.32 孟子曰言近而指远——芸己之田（1.7）

14.34 孟子曰说大人则藐之——孟子的底气（7.10）

14.37 万章曰孔子在陈——狂狷与乡愿（7.14）

参考文献

（东汉）赵岐注，（宋）孙奭疏，《十三经注疏·孟子注疏》，北京大学出版社，1999年。

（清）焦循，《孟子正义》，中华书局，1987年。

杨伯峻，《孟子译注》，中华书局，1962年。

金良年，《孟子译注》，上海古籍出版社，2004年。

钱逊，《〈孟子〉读本》，中华书局，2010年。

杨逢彬，《孟子新注新译》，北京大学出版社，2017年。